高倉浩樹・山口 睦 編

震災後の地域文化と被災者の民俗誌

【フィールド災害人文学の構築】

新泉社

目次

II 被災地からみた民俗芸能の復興・継承

IV

被災者・家族の暮らしの再建と地域社会

装幀・本扉写真提供……服部隆男
ブックデザイン……藤田美咲
＊特記のない写真は、各章の執筆者撮影

序論

フィールド災害人文学の構築にむけて

高倉浩樹・山口 睦

二〇一一年三月一一日、東北地方太平洋沖地震に由来する地震・津波・原発事故の複合震災が発生した。その復旧・復興過程の早い段階から、被災者支援や被災地復興の一環として、祭礼や民俗芸能などの役割が着目されるようになったのは、この震災の特徴の一つであった。マスコミなどでの報道と並行するように、行政の側から伝統文化や地域文化の専門家が震災復興に貢献してほしいという要請が現れたのである。本書はそのような政策に直接・間接的に関わりながら取り組んだ研究者や、それとは別に震災後の被災地や被災者のもとで継続的にフィールド調査を行ってきた研究者によって編まれたものである。

本書の問題関心は二つある。第一に、被災者の暮らしの復興に文化はどのような役割を担っているのか、あるいは復興政策の一つとして、文化に関わる研究者はどのような役割を果たすことができるのかである。とくに、民俗芸能などが地域復興政策と結びつけられた結果、少なからぬ研究者がこれに関わることになった。それらの者は、必然的にこの問題と直面することになったのである。

もう一つは、被災者は震災後どのような状況下でどのように暮らしているのか、人びとの日常を丹念に記録し、その社会的変化を解明することである。マスコミの報道も含めて多くの場合、成功した復興が語られがちである。しかし、その背後で何が生じているのかはなかなかわかりにくい。東日本大震災のもう一つの特徴は、大量の人口が一時的にせよ中長期間であるにせよ、移動したことである。それは個人単位の場合もあるし、ある程度まとまった集団の場合もある。そのことは被災者・避難者自身にとって、また被災者を受け入れた地域社会にとって、新しい事態であった。この中には、分散避難した人びとが震災前の人びとのつながりをどう再建(解消)していくのかという問題も含まれている。震災後、被災者と地域社会は従来みられなかった相互作用を起こしており、それを住民の視点から探究することは、災害後の社会過程の全貌を明らかにすることに貢献するのである。

東日本大震災は、文化人類学・民俗学・宗教学などのフィールドワークを行う人文学にとって、社会実践のあり方とそれに伴う方法や理論という点で新しい考察を始めるきっかけとなった。というのも、これらの学問は人類文化の多様性と普遍性の解明、あるいはその歴史的経緯の探究などを主要な目的としており、知見を現実社会へ貢献するという問題意識はそれほど強いものではなかったからである。もちろん近年、応用的なアプローチはさまざまなかたちで開発されており、社会実装への挑戦は行われてはいる。とはいえ、応用的な側面はこれらの学問の必須領域というよりは補足的・発展的なものであるというのが一般的な理解であると思う。しかし、震災は多くの研究者に自らの専門的知識を生かした災害復興への貢献という問題意識を浮上させたのである。

震災復興には多くの研究分野が参加した。その特徴は、それぞれの専門知を生かして復興政策や被災者支援に関わることであった。例えば、土木工学、医学、心理学、経済学、社会学などがあり、それぞれまちづくりや被災者の健康、経済的な対策やコミュニティ形成支援などという具合であった。一方で文化人類学や民俗学は生活文化全般を対象としており、また方法としても中長期に調査対象者と関係をつくりながら問いを深めていくというアプローチを取る。それゆえに、当初、震災復興支援という場面では、どのように専門知を生かすことができるか、参与観察や聞き取りを中心とする方法論は、体育館などの避難所で可能なのかと、人類学を専門とする筆者などは逡巡してしまったことを憶えている。宗教学は研究対象が比較的はっきりしているが、個人の信仰に絡む問題にどう専門的知見が生かせるのかという課題設定は人類学などと同様に難しかったのではないかと想像できる。それゆえに、地域信仰が関わる祭礼や民俗芸能が地域復興とつながることがマスコミをはじめとして社会の側で認識されたことは、筆者を含めて、震災復興に関わるこれらの分野の研究者の背中を押す効果があった。

とくに、無形民俗文化財に関わる行政が、そのような考えのもとで文化財支援を復興支援事業として実施したことは大きい。それは地域社会の日常生活やいわゆる伝統文化の専門家の震災復興に果たす役割が公的に表明されたことを意味したからである。もちろん、この背景には文化行政と民俗芸能や祭礼などの関係の歴史的経緯やその社会的意義を分析する研究蓄積がある[橋本 2000; 俵木 2003]。これらの中で、伝統的文化の真正性をめぐっては批判的な分析がされつつも、無形民俗文化財が地域社会の社会経済的活性化に寄与する文化的資源となりうることは認識されていた。それらを基盤にして、復興政策の一つとして無形民俗文化財への着目が政策的に提示されたのである。

一方で、そのような文化政策による復興支援という文脈とは別に、少なからぬ人類学者・民俗学者・宗教学者が、被災地や被災者に対する支援を含む調査研究を行ってきた。その始まりの動機はさまざまである。そして試行錯誤を重ねるなかで、聞き書きという調査方法が、被災者支援において一定の役割を果たすことが認識されていった。多くのフィールド系人文学者の場合、あらかじめ調査者が規定した質問項目を尋問するやり方ではなく、大まかな質問は決めつつも、話者の語りに任せながら聞き取る手法をとる。そこでは一定程度、調査対象者と共感的な関係を構築することが望ましい。聞き取りから得られるのは、情報内容そのものであることはいうまでもないが、その情報が当事者によってどのように整理されているのかなどの語りの構造的側面や、話者は語りそのものにどのような意義を見いだしているのかなどの主観的評価といった点も含めて解釈される。このような調査をゆっくりと続けるなかで、原発事故による母子避難者の困難、被災者を受け入れた地域社会の対応、仮設住宅コミュニティの中での積極的な経済活動、未曾有の震災を個々の地域社会はどのように慰霊し記憶するのか、といった課題が見えてきたのである。

また、震災を体験した、あるいは報道などで知った研究者の個人的な思いがきっかけとなり、さまざまな調査や支援、さらに学生を巻き込むような活動も行われた。市民として、教育者として、研究者として、さまざまな立場が錯綜しながら、しかし何かを行いたいという研究者が出現したのである。いずれにあっても、復興プロセスに関わった研究者たちは、もともと災害を研究していたというよりは、当事者的な感覚と社会正義的な感情のなかで、まさに「巻き込まれ、応答してゆく」[清水 2016]なかで災害復興実践を行った。

東日本大震災の経験からいえるのは、災害復興の場面において人びとの生活文化の役割を積極的に理解し、この可能性を探究し、復興に貢献していく社会的責任が研究者にあるということである。これは当たり前のことのように思われるが、自然科学や経済学などには当てはまっても、人文学は果たしてそうだろうかという自問がかつて、とくに震災直後にはあった。しかし、編者は人文学研究者にはその責任があると主張したいのである。自然災害と対峙した被災地の人びとの文化やコミュニティのあり方は多様性を見せており、人文学研究のように、災害と向き合う人びとの生活を捉える学問は、被災地の外部からやって来る災害復興政策がどのような社会・文化的効果を及ぼすのか、あるいは住民が好ましいと考える復興政策はどのようなものなのかを明らかにすることができるからである。

実際、文化人類学・民俗学・宗教学などは、さまざまな調査研究そして実践活動を行ってきた。その結果、紛れもなく、これらの分野で災害研究という確たる領域が形づくられてきた。それは無形民俗文化財の被災と地域復興の問題から始まり、福島県を中心とする原発事故による放射能問題、母子避難、遠隔地への避難、追悼・慰霊、被災支援、文化行政、故郷の概念、コミュニティ支援などが含まれる。編者は、文化人類学・民俗学・宗教学においては、災害およびその被災支援に関わる実践的領域は、もはや補足的なものではなく、これらの分野に必須の下位領域を構成していると確信している。

われわれはこのような領域をフィールド災害人文学という名前で呼ぶことを提唱したい。それは、フィールドワークを行う文化人類学・民俗学・宗教学などの分野において、被災者や被災地域を訪れ、人びとと交流することを通して調査研究し、その成果を広い意味での復興に寄与することを目的とするものである。まだ十分練られたものではないが、定義的な説明をするなら、フィールド災害人文学とは、フィールドワークという方法を用い、社会的価値の学術的探究をしながら災害復興に関わる実践的学問だということである。

文化人類学・民俗学・宗教学はこの点で、社会に内在する歴史文化的価値の解明に貢献できる。被災した社会や個人は、今ここにあるだけの存在なのではない。それらは歴史的な経緯と文化的な背景のなかに存在していること、その価値を理解し発信することは、災害支援をどう個別的に実行していくかについての指針を考える上で、重要な情報となりうるのである。被災地は被災地として一般化されるものではなく、それぞれ固有の歴史文化的・社会経済的特徴をもつ存在だからである。一方、歴史文化的価値とは肯定的なものだけではない。社会が記憶すべき価値には、震災過程で生じた困難や苦痛などいわゆる負の記憶も含まれる。その解明は、被災者が震災経験をどのように未来に向けて継承させていくかを方向づけるという点で、復興に寄与するのである。震災による窮状は客観的に整理されがちであるが、それと同時に個々の被災者の主観にアプローチした記述が重要である。正と負の社会的価値と震災復興の関係を理論化することは、さらに防災や減災政策にも寄与することができるだろう。復興で行われた(行われるべき)ことは、震災前の対策への示唆となるからである。

なお、災害に関わる人文学といえば、多くの人は、歴史資料レスキューや有形の文化財レスキューを思い浮かべるかもしれない。在地の歴史文書や民具などの暮らしの道具は、地域社会の歴史やアイデンティティを継承・維持・発展させる上で重要なものであり、東日本大震災以降にはこれらもまた行政的な支援も含めて多くの研究実践が組織的に行われるようになった[加藤 2017; 日高編 2012; 平川・佐藤編 2011]。同様に、音楽や美術などの分野による復興支援は、社会の芸術的価値の解明を通して行われるという点でおそらく類似した位置づけにある[文化芸術による復興推進コンソーシアム編 2013]。編者らが考えるフィールド災害人文学は、そうした有形の文化財レスキューや芸術支援とあわせて、包括的な災害に関わる人文学の一部を構成するものである。

フィールド災害人文学の中の人文学という言葉は、ゆるやかに、学術を通して社会の価値を見つける営為とし、いわゆる社会科学・自然科学との関係における相互排他的な意味では用いない。そもそも、日本の学術界では人文学に分類される文化人類学は、欧米では社会科学である。人文学と社会科学の違いについての検討は本論の射程を越えている。ただ、人文学を狭く定義づけることはあまり生産的ではない。方法論的には社会科学・自然科学・工学等を含めて幅を持たせておき、学術によって社会にとっての人文的価値を発見するという点に力点を置きたい。

おそらく、フィールド災害人文学の当面の中心的な課題は、第一に、危機に瀕した人びとのコミュニティのレジリエンス(回復性)における無形民俗文化財の位置づけ、第二に、被災後の個人や地域社会はどのように日常性を回復しているのかについて民族誌(民俗誌)的な解明、さらに、研究の知見を社会実装化するための方法論の開発という三つが挙げられるだろう。本書において、第一の課題は、第Ⅰ部「無形民俗文化財の被災と復興事業」と第Ⅱ部「被災地からみた民俗芸能の復興・継承」で論じられている。第二の課題は、第Ⅲ部「災害死者の慰霊・追悼と記憶の継承」と第Ⅳ部「被災者・家族の暮らしの再建と地域社会」が議論している。残念ながら、第三の課題である研究の知見の社会実装化のための方法論を明示するまでには至らなかったが、第Ⅰ部から第Ⅳ部の論考の中には、実際に震災に直面した研究者がどのような取り組みを行ったか、その実践報告が含まれている。市民として生きる研究者が震災という現場の中で何ができるのか、それがどのような社会的効果をもたらすのか、それらから読み取ることができるはずである。

こうした三つの研究領域の発展は今後の課題であるが、編者らがまず強調したいのは、無形民俗文化財いいかえれば暮らしの文化が、震災後の復興において重要な位置づけを持っているということである。フィールド人文学に関わる研究者は、従来から知られている歴史文書と物質文化などの有形文化財だけでなく、暮らしの文化そのものが持つ震災復興への力を探究する必要があるということを認識すべきだと主張したい。

＊　＊

本書は四部構成である。**第Ⅰ部「無形民俗文化財の被災と復興事業」**は四篇からなる。ここには行政主導による被災無形民俗調査に参加したさまざまな立場の研究者による論考が収められている。東北歴史博物館所属の小谷竜介(第一章)は、宮城県の委託事業の仕掛け人であり、もともと宮城県の沿岸部をフィールド調査してきた。本章では、県の文化財保護行政の現場にいた小谷が、大規模災害によって破壊・消失の危機にある無形民俗文化財を目の前にして、計画・実施してきた宮城県被災民俗文化財調査事業が、民俗芸能の担い手や復興プロセスにどのような影響を与えたかについて客観的に総括している。

小谷が県の文化行政に携わるのに対して、国立文化財機構である東京文化財研究所に所属する今石みぎわによる論考（第二章）が続く。彼女は、アーカイブ構築や被災地の民俗誌作成などの実務の経験に基づき論じている。民俗学者として、「昔の暮らし」に固着する自身がいかに震災後の地域社会において「役に立つ」のか、多様な人びとが関わる被災地における立ち位置を自問するものとなっている。今石と同じく東京文化財研究所に所属している久保田裕道の論考（第三章）は、東日本大震災後に東京文化財研究所が行った無形文化遺産への支援事業、ネットワーク化やアーカイブ化を振り返りつつ、その経験を今後の文化財防災にどのように生かしていくべきかという提言としてまとめられている。三者の視点から浮かび上がってくるのは、文化財行政に携わる国、地方行政、大学等の各研究機関による平時からの連携の重要性、協力体制を構築する必要性である。これは、今後の文化財防災において、強調されるべきだろう。

第Ⅰ部最後の俵木悟の論考（第四章）は、二〇一一年三月、東京文化財研究所から現職である成城大学へ移籍することが決まり、残務処理に追われるなかで東日本大震災が発生したという話から始まる。俵木は、東日本大震災後に五つの復興関連事業に継続的に携わった。被災地調査に加え、復興支援基金の助成選考委員を務めた経験が述べられている。社会が民俗学者に求めること、自分がそれに対してどのように向き合うか、悩みや難しさが吐露されている。

第Ⅱ部「被災地からみた民俗芸能の復興・継承」は、そうした復興事業の対象とされた無形民俗文化財が実際に被災者や被災地の回復にどのような作用をもたらしているのかについての四篇の論考からなる。

最初の稲澤努（第五章）は、宮城県の山元町《やまもとちょう》の八重垣《やえがき》神社の祭りの復興プロセスを描いている。小谷が第一章で指摘した地域の文化としての民俗が、新市街地の整備、仮設住宅の住人の減少といった地域社会の変化にどのように対応して生き延びているかということが描かれている。また、稲澤自身を含めた外部の「神輿《みこし》の担ぎ手」と地域住民との交流がいきいきと描かれており、行政や研究者がどこまで関与するべきかという今石(第二章)の問いに対する一つの答えとなっていると考えられる。続く呉屋淳子(第六章)は、宮城県山元町で被災した二つの神楽《かぐら》が、統合された小学校における「子ども神楽」として復興する様子を描いた。小学校の「総合的な学習の時間」において、子ども、神楽保存会のメンバー、そして教師が新たな民俗文化の担い手として活動しているのである。これは伝統が新たな未来を切り開こうとする事例だと思われる。これら二つの章は、それぞれの本文の中でも言及されているが、継続的調査の中間的報告でもある。地味ではあるが、被災地で無形民俗文化財をめぐってどのような事態が生じているのかを丁寧にフォローしているという意味で資料的価値がある。

一柳智子(第七章)は、福島県において被災無形民俗調査を行った民俗芸能学会福島調査団に関わった一人である。一柳は、岩手県や宮城県の津波災害地における高台移転や居住制限による故郷の喪失とは根本的に異なる福島における状況を、「福島型広域・超長期的避難」と呼ぶ。その中で、復興・継承される福島県浜通り地方の三つの田植踊を取り上げ、震災後の復興プロセスや、被災者にとっての田植踊のもつ意味や意義について論じている。高倉浩樹(第八章)は、福島県いわき市の獅子舞《ししまい》と双葉町《ふたばまち》の流れ山踊りを取り上げ、福島原発事故の災害復興において無形民俗文化財が果たす役割を、災害後の減災という観点で論じている。とくに双葉町は、強制避難となり、その一部の人びとが茨城県つくば市に避難した。高倉は、つくば市の避難者の中でこれまで踊りに馴染みのなかった人びとが踊りを教えられ、装束を用意し、再会のきっかけとなったと指摘する。民俗芸能は市民によって変えられてきた伝統であり、そこには社会統合性、地域社会のアイデンティティ、回帰的時間の要素が備わっている。それゆえに、独自な歴史文化的構造をもつ社会的つながりをつくり出すことができ、これをうまく使えば災害復興政策への寄与が可能だと主張する。

震災後の六年以上の間、被災地域では被災者自身による、また被災者をめぐる多様な活動が続いてきた。**第Ⅲ部「災害死者の慰霊・追悼と記憶の継承」**は、震災後の六年間の被災地の人びとの活動を丹念に追った成果であるが、とくに災害死者を社会はどのように慰霊・追悼し、その記憶を社会化しようとしているのかについて論じた四篇からなる。

いろいろなものを失った被災者、被災地は、生きていくために死者と向き合っていかなければならない。川島秀一(第九章)とセバスチャン・ボレー(第十章)は、災害死者をどのように弔うのかについて論じている。川島は、民俗学的調査により、全国の海における海難事故や津波災害、自殺者といった「漂流」遺体の弔い方の事例を取り上げている。これらの事例が「無縁の霊」であるがゆえに、「祟《たた》る霊」とさせないために手厚く供養されるのに対し、東日本大震災後の慰霊は、失った、またはいまだ見つからない親しい者への惜別の念が動機となっているといえる。ボレーは、宮城県名取市閖上《ゆりあげ》地区を取り上げ、子どもを亡くした遺族によって建てられた中学校の慰霊碑、仏教団体によるお地蔵さん、自治体によって建てられた記念碑について紹介し、地域社会における記念碑の役割について検討する。東日本大震災後には、日本各地において、津波伝承や水害の前兆現象を知らせる言い伝えが再確認された。日本民俗学における災害にまつわる伝承記録や研究の価値も再認識すべきであろう。

災害は、日本だけで起こっているわけではない。ボレーによる外部者からの日本の慰霊についてのまなざしがあり、次の福田雄(第十一章)によるインドネシア・アチェの津波被災についての日本人からのまなざしがあり、慰霊の文化についての国際比較研究が進められる可能性がみえてくる。

福田は、二〇〇四年スマトラ島沖地震に見舞われたアチェと、東日本大震災後の宮城県石巻市において行われた津波記念行事を比較している。アチェは、「メッカのベランダ」と呼ばれるほどイスラーム社会において重要な地位にあり、その記念式典も神との絆を問うものである。比べて、「無宗教式」で行われる東日本大震災の慰霊祭は、死者への慰霊とよりよい災害後の社会をつくる誓いが中心となっている。福田は、両者を比較する「災禍の儀礼」という枠組みを提示する。

研究者が暮らす場という意味で、あるいはメディアなどを通して震災に直面したとき、研究者自身が支援活動に参加することもある。黒崎浩行(第十二章)は、「宗教者災害救援ネットワーク」「宗教者災害支援連絡会」など「宗教の社会貢献」を研究する仲間とともに支援活動に参加してきた。また学生ボランティアの引率なども行い、その活動を回顧し、宗教学者として支援に関わるとはどのようなことであったのかを論じている。

最後の**第Ⅳ部「被災者・家族の暮らしの再建と地域社会」**は、被災地に生き残った被災者にせよ、避難した被災者にしても、人びとはどのように暮らしを再建しているのか、そうした被災者と地域社会はどのように相互作用を起こしているのかについて論じた四篇からなる。

いうまでもないことだが、被災者は、避難生活を続けるなかで、何らかの支援を受け入れながらも自立への経済活動を行っていく必要がある。山口睦(第十三章)は、被災者の中でも弱者と位置づけられる女性を中心とする手仕事ビジネスを取り上げている。東日本大震災後には数多くの手仕事ビジネスが生まれたが、本章ではとくに宮城県気仙沼市と東松島市の事例を取り上げ、事業発足の経緯、発展のプロセスを追い、とりわけ外部者との関わりの重要性を指摘する。母子避難者にも共通するが、災害後は、被災者自身による自助に加え、公助や共助がいかに継続して注ぎ込まれていくかが、生活を支えていく要《かなめ》となっていることがわかる。

これまでも何度か触れてきたように、東日本大震災の特徴の一つは、福島第一原子力発電所の事故とそれに伴う全国規模の広域避難である。次の堀川直子(第十四章)、及川高(第十五章)は、それぞれ避難者の側、支援者の側から、広域避難をした母子避難者に焦点を当てている。東日本大震災後も各地で多様な災害が起きており、誰もが支援される側、する側の両方になりうる可能性があり、両側面から物事をみる必要性があろう。

堀川は、関東地方に自主避難した福島県出身の母子にインタビューを行い、原発事故の影響で法や制度によって新たにつくられた災害弱者である「母子避難者」を描き出した。堀川が引用するように、

「自主避難」という言葉は、「逃げなくてもよいのに自分で勝手に避難した人々」という意味を含む危険性があり、とくに避難指示区域外からの母子避難者は、自己責任で対処すべきという論理に多かれ少なかれ晒されている。時に、家族の離散という結果に結びつくとしても、子どものために自主避難という選択をする人びとの姿が描かれている。続く及川は、放射能から逃れる有力な避難先と目された沖縄における避難者受け入れ過程とその体制について論じている。東日本大震災の被災者を「疎開者」と位置づける沖縄の地元新聞の記事引用から始まり、誰一人予測できなかった長期化する震災後の避難生活を支える沖縄社会の、及川によって「空気」と表現される、支援における当事者性の欠如が指摘されている。

被災者と地域社会の相互作用は、前記のような避難の場所だけで起こるわけではない。被災地の外国人とどう向き合うのかという問題が、被災地そのもので発生するのが現代社会である。本書では、東日本大震災における外国人被災者の問題(例えば、東日本大震災在日コリアン被災体験聞き書き調査プロジェクト編[2015])は扱うことができなかったが、外国で被災した日本人に当地の地域社会がどう対応したかについての興味深い論考を所収することができた。二〇一一年二月二二日、つまり東日本大震災の一七日前にニュージーランドのクライストチャーチで地震災害が起こり、犠牲者数一八五名のうち二八名が日本人であったことを覚えている日本人は多くはないかもしれない。スーザン・ブーテレイ(第十六章)は、ニュージーランドのカンタベリー大学で日本研究者として教鞭をとっており、その語学力を生かして日本人犠牲者の家族と現地警察、外務省の間を通訳するボランティアとして活動した記録が述べられている。そして、これから起こりうる災害に際して、外国人被災者と現地社会を結ぶ通訳の重要性や、あるべき支援について提言を行っている。

これらの論考から主張できるのは、以下の三点である。まず、震災復興と防災・減災的政策に無形民俗文化財は貢献できることである。また、避難や慰霊などの震災後の社会過程は、われわれの社会がまさに記憶しなければならない価値を持つということだ。最後に、研究者の個人的思いが、フィールド災害人文学をつくり出す力となっていることである。

＊　＊

なお、この序論でも触れた無形民俗文化財など類似する用語について解説しておきたい。無形民俗文化財とは、日本の文化財保護制度の中の言葉である。本書に関連することでは、歴史文書や絵画・仏像などが含まれる有形文化財、歌舞伎や工芸技術などを意味する無形文化財がある。これらは美的・学術的価値があるものとして判断される。それに対し、「我が国民の生活の推移を示す」ために認定されるものとして民俗文化財というカテゴリーがあり、この中で民具などを含む有形民俗文化財と祭礼・民俗芸能などの無形民俗文化財がある(第一章参照)。わかりにくいのは、近年、ユネスコによる無形文化遺産という概念があるためである。これはグローバル化のなかで文化的多様性を維持するために設けられた概念で、意味内容としては無形民俗文化財に近い。しかし、伝統性にこだわる必要はなく現代化されていてもよいし、特定の集団が排他的に伝承する必要はなく、歴史的過程のなかで他の集団と共有していてもかまわないという点で、いわゆる変わらない伝統という本質主義的な文化理解を排除している点に特徴がある。(1) 本書の中では、さまざまな執筆者によって無形民俗文化財、無形文化財、無形文化遺産という用語が使われており、それぞれの文脈があるため、表記統一はしていない。章によっては定義をしながら用語を使っている場合もあるが、もしわからなくなったら、この解説に戻ってほしい。

最後になるが、本書制作の経緯について触れておきたい。本書の執筆者の多くは、東北大学東北アジア研究センターが宮城県から受託した事業である宮城県沿岸部の被災無形民俗文化財調査(二〇一一

〜二〇一三年度)に関わったことで被災地の研究に着手するようになった。このプロジェクトの経緯や成果はさまざまなかたちで出版している[高倉・滝澤・政岡編 2012; 高倉・滝澤編 2013, 2014; Takakura 2016]。その後の展開はさまざまなかたちで実施したが、その一つとして、日本を超えた世界の自然災害被災地との交流がある。ニュージーランド、インドネシア、中国などの地域において地震・津波被害と人文学研究者がどう向き合ってきたのか、研究交流が行われた。さらに、津波被害の把握という当初の課題を超えて、福島県を中心とする放射能問題など、扱う課題は広がりを見せている。また、岩手県と福島県の被災地の無形民俗文化財調査の関係者と交流することができたのも重要な成果であった。本書には、そうした成果の一部を論考として寄稿していただくことができた。

本書は、ある意味では二〇一四年に刊行した『無形民俗文化財が被災するということ——東日本大震災と宮城県沿岸部地域社会の民俗誌』(高倉浩樹・滝澤克彦編、新泉社)の続編ということもできるが、テーマ・地域ともに幅広く震災の問題を取り上げることができたと考えている。

最後になるが、これらの調査研究活動を運営したのは、東北大学東北アジア研究センタープロジェクト研究「災害と地域文化遺産に関わる応用人文学研究ユニット」(二〇一四〜二〇一六年度)および関連する共同研究である。原稿は、研究会やシンポジウムの発表をもとに各著者が論文として執筆した。編者の高倉浩樹はユニット代表、山口睦は教育研究支援者(二〇一五〜二〇一六年度)として、その活動運営を行った。

註

(1) UNESCO, "What is Intangible Cultural Heritage?" UNESCO Website (https://ich.unesco.org/en/what-is-intangible-heritage-00003)[最終アクセス:二〇一七年八月一五日]

文献

加藤幸治［2017］『復興キュレーション——語りのオーナーシップで作り伝える〝くじらまち〟』東京：社会評論社

清水展［2016］「巻き込まれ、応答してゆく人類学——フィールドワークから民族誌へ、そしてその先の長い道の歩き方」、『文化人類学』八一（三）：三九一—四一二

高倉浩樹・滝澤克彦・政岡伸洋編［2012］『東日本大震災に伴う被災した民俗文化財調査　二〇一一年度報告集』（「東北アジア研究センター報告」五号）、仙台：東北大学東北アジア研究センター

高倉浩樹・滝澤克彦編［2013］『東日本大震災に伴う被災した民俗文化財調査　二〇一二年度報告集』（「東北アジア研究センター報告」九号）、仙台：東北大学東北アジア研究センター

———［2014］『無形民俗文化財が被災するということ——東日本大震災と宮城県沿岸部地域社会の民俗誌』東京：新泉社

橋本裕之［2000］「民俗芸能の再創造と再想像——民俗芸能に係わる行政の多様化を通して」、香月洋一郎・赤田光男編『民俗研究の課題』（「講座　日本の民俗学」一〇巻）、東京：雄山閣、六九—八〇頁

東日本大震災在日コリアン被災体験聞き書き調査プロジェクト編［2015］『異郷被災——東北で暮らすコリアンにとっての3・11　東日本大震災在日コリアン被災体験聞き書き調査から』（「叢書東北の声」三二）、仙台：荒蝦夷

日高真吾編［2012］『記憶をつなぐ——津波災害と文化遺産』大阪：千里文化財団

俵木悟［2003］「文化財としての民俗芸能——その経緯と課題」、『藝能史研究』一六〇：四八—七三

平川新・佐藤大介編［2011］『歴史遺産を未来へ』（「東北アジア研究センター報告」三号）、仙台：東北大学東北アジア研究センター

文化芸術による復興推進コンソーシアム編［2013］『文化芸術による復興推進コンソーシアム　平成二四年度調査研究報告書』（http://bgfsc.jp/wordpress/wp-content/uploads/2013/08/fix_h24_houkoku.pdf）

Takakura, Hiroki [2016] “Lessons from anthropological projects related to the Great East Japan Earthquake and Tsunami: Intangible Cultural Heritage Survey and Disaster Salvage Anthropology,” in John Gledhill ed., *World anthropologies in Practice: Situated Perspectives, Global Knowledge*, London: Bloomsbury, pp. 211–224.

I

無形民俗文化財の被災と復興事業

第一章

文化財化する地域文化
――大規模災害後の民俗文化財をめぐる対応から

小谷竜介

1 はじめに

民俗学者は、自らのフィールドが被災したとき、どのような行動を取ることができるのであろうか。東日本大震災の後、自問している問題である。宮城県立の博物館学芸員として、宮城県の沿岸部をフィールドに活動をしてきた筆者は、自分の見知っているフィールドの多くが物理的に姿を失った現実に目を向けたとき、何かをしなければならない、という思いと、何ができるのか、という問いかけに直面することになった。

博物館学芸員である筆者は宮城県教育委員会の職員でもあり、そして発災時の年には文化財保護行政の担当者として宮城県庁が職場であった。それゆえ、災害直後から被災文化財への対応を業務として担うことになった。この過程で、被災地における民俗文化財調査事業の企画に携わることになる。

民俗文化財は「民俗」とあるように、民俗学の対象である日本社会における民俗に関する文化財であり、その保護対象は民俗学の成果に影響を受けている。しかしながら、それはあくまでも文化財保護法に規定される文化財であり、そこには「我が国民の生活の推移を示す」文化財として規定されており、民俗の文字はない。すなわち、民俗学が対象とする「民俗」自体が文化財になるのではなく、定義に基づいて対象を選ぶと、結果として民俗学の対象である「民俗」に似たものが選ばれるのである。「民俗」文化財ではあるが、この民俗が、民俗学の民俗とは必ずしも一致していない。こうした民俗文化財と民俗との関係は民俗学から指摘されてきているが［岩本 1998］、法に基づく行政の観点が抜けた分析になっており、議論が噛み合わない印象を筆者は持っている。それは、文化財が法的に定義される以上の存在ではないにもかかわらず、何か学術的なカテゴリーを指しているという誤解があるためと思われる。以下、本章では民俗文化財と民俗学の対象という視角を出発に、東日本大震災後に取り組んだ民俗文化財調査を通して、大規模災害後の地域社会における民俗について考えてみたい。

2 民俗文化財と民俗学

日本の文化財保護制度は、有形文化財、無形文化財、史跡名勝天然記念物、文化的景観、伝統的建造物群、そして民俗文化財の六つのカテゴリーに分けられている。この区分は、文化財を保護する形態の違いによって保護措置が異なることから設けられている。例えば、無形の文化財は変化する性格を有しているのに対して、有形文化財は同じ状態を維持することに価値を有するように、文化財としての価値を保存する上で対応が異なる。土地を対象とする文化財としては共通する史跡名勝天然記念物と文化的景観では、現状を可能な限り維持するのが史跡名勝天然記念物であり、人の営みにより徐々に変わっていく景観のシステムが文化的景観となるため、その保存の方向が異なり、文化財カテゴリーも別となる。民俗文化財は有形民俗文化財と無形民俗文化財という、有形無形の両面を持つ特異な文化財である。そして、変化を許容する無形民俗文化財と形態を保存する有形民俗文化財を同一の保護措置の中で保存することに最大の特徴がある。

さらに、民俗文化財はもう一つの特徴を文化財の指定に際して有している。指定は財産権の制限につながる行政行為であるため、国が文化財指定をするにあたっての「指定基準」が定められている。他の文化財の指定基準を見ると、判断のもとになるのは二つの視点に整理される。一つは美的な基準である。もう一つは学術的な基準である。そして前者にしても、文化財として価値を見いだされた美術工芸品を研究するための美術史研究や建築史研究というかたちで学問化していることを考えれば、学術的な観点で基準が定められているといっても過言ではない。では、民俗文化財の場合はどうであろうか。民俗文化財の指定基準には、「一　風俗慣習のうち次の各号の一に該当し、特に重要なもの。㈠由来、内容等において我が国民の基盤的な生活文化の特色を示すもので典型的なもの、㈡年中行事、祭礼、法会等の中で行われる行事で芸能の基盤を示すもの。二　民俗芸能のうち次の各号の一に該当し、特に重要なもの。㈠芸能の発生または成立を示すもの、㈡芸能の変遷の過程を示すもの、㈢地域的特色を示すもの」とある。そこには学術的な評価について触れられておらず、民俗「学」的な視点以外の観点も許容できるように設計されている。ここが他の文化財と大きく異なる部分となる。

では、民俗文化財の扱う範囲はどうなるのであろうか。無形民俗文化財では風俗慣習と民俗芸能、民俗技術という三つの分野に分けられる。この分野分けは大変わかりにくく、説明も困難である。文化庁で民俗文化財部門の主任文化財調査官を務めた大島暁雄の説明によれば、風俗慣習で無形民俗文化財はすべてを網羅できるが、別の文化財カテゴリーである無形文化財が古典芸能と工芸技術という二つの分野に分かれていることからこの区分けを引き継いだものとなる［大島 2007］。無形文化財未満だが、「我が国民の生活の推移を示す」無形の文化財を別に把握するために設けられているということになる。

一方、有形民俗文化財は、無形民俗文化財に使用される道具という説明になるが、指定は以下の分類に基づいてなされる。①衣食住、②生産、生業、③交通、運輸、通信、④交易、⑤社会生活、⑥信仰、⑦民俗知識、⑧民俗芸能、娯楽、遊技、⑨人の一生、⑩年中行事の一〇項目となる。この分類は、主として有形民俗文化財を研究対象とする民具研究においては文化庁分類と呼ばれ、資料の分類の基準となっているとともに、民具研究の対象がほぼ網羅されている。同時に、民俗学の対象も網羅されているといっても過言ではなく、民俗学的な知識が反映していることが読み取れる。

それでは、風俗慣習と民俗学の扱う民俗はどのような関係になるのであろうか。柳田国男は民俗学の目的として、対象を伝承にあるとした上で、伝承には写真に撮ることのできる「有形文化」、耳で聞くことのできる「言語芸術」、そして日々の心持ちを指す「心意現象」の三つに分類した。『日本民俗大辞典』から引くと、心意現象は、「微妙な感覚に訴えることによってはじめて理解できるもので、人の心から心へと伝わってきた民俗をいう。（中略）柳田は、心意現象を明らかにすることが民俗学の究極の目標であるとしている」［谷口 1999: 878］と整理される。このまま読めば民俗文化財は民俗学の対象の表層部分となり、それゆえ、民俗文化財のみを対象にすると民俗学の目標と乖離が生じるという岩本の危惧にもつながるのではないだろうか［岩本 1998］。この危機の内実は学問のあり方と密接に関わる。すなわち、民俗学の研究が、心意現象の探求を抜きにした民俗文化財の価値づけ中心となっていく恐れが生じるのである。それは、考古学を学んだ学生が文化財保護行政の専門職として就職することが多くなった結果、遺物と埋蔵文化財、遺跡と埋蔵文化財包蔵地が同義、少なくとも区分けされずに調査研究されるようになったのと同様の事態が想定されるからである。

このようにみていくと、民俗文化財と民俗学が対象とする民俗とは、同じ事象を対象にしているとはいうものの、異なる面から見て評価するものであるのは当然だということがわかる。一方で民俗文化財の運用、とくに指定に際しては、専門家による裏付けが求められる。国による文化審議会や、地方自治体の文化財保護審議会への諮問と審議会からの答申である。民俗文化財の答申には民俗文化財担当の審議委員が主導することになる。公開されている国および地方自治体の審議員をみると、多くの場合は民俗学者がその任を負っている。そこでは、民俗的な評価に基づき民俗文化財を審議していることが推察され、この点で民俗文化財の実態は民俗学により評価されているということができる。この二面性が民俗文化財の最大の特徴となる。

3 文化の被災・文化財の被災

東日本大震災に際して、文化財保護行政の現場にいた筆者は、必然的に文化財の被災に対応することになった。それは、物理的に壊れた文化財をどのように修理するか、という仕事である。具体的には、指定文化財の修理の方向性を定め、必要な補助金の予算化を図ることが業務となる。これに加えて、東日本大震災では未指定文化財の救援という活動が加わった。文化財レスキュー事業という名で知られる活動では、指定・未指定を問わず動産の文化財を対象に救援活動が行われた。また、建造物についても歴史的建造物を対象に文化財ドクター派遣事業が行われた。この二つの事業は未指定文化財も対象にしたことで、文化財保護行政の世界では画期的な活動であった。それは指定文化財とは、行政が保存していく価値を認めた文化財であることを示し、それゆえ私的財産でもある個人所有の文化財に、補助金というかたちではあるが公費を投入する根拠になっているためである。もちろん、東日本大震災における文化財レスキュー事業、文化財ドクター派遣事業についても募金による活動で、公費は投入されていない［岡田 2012: 19; 関口 2013: 47］。ただ、文化庁が音頭を取って未指定文化財をケアしたことが重要である。そして、動産文化財を対象にした文化財レスキュー事業には有形民俗文化財も含まれた。

他方で、無形の文化財はどうだったのか。無形文化財のカテゴリーに入る文化財は東日本大震災の被災地にはないので、ここでは無形民俗文化財が対象となる。無形民俗文化財をめぐっては興味深い動きがあった。民俗芸能に対する注目である。注目は二つの面からみることができる。第一に愛好家による注目である。第二が被災者である担い手からの発信である。前者は震災前より民俗芸能に関心を持ち、被災地の民俗芸能にも注目していた人たちであり、東日本大震災の被害状況を見れば、自ずと民俗芸能がどのような状況になっているのかについて関心を持つ人たちである。それゆえ、人命救助などが落ち着くと、個人的なつながりから少しずつ被災地と連絡を取り合い、状況を確認することになった［飯坂 2012 など］。

一方、後者はこの震災の一つの特徴であろう。比較的早い時期に、担い手の被災状況や用具の被害を発信し、芸能を再開したいという意思表示が、担い手の側から発信された。それも、愛好家がまだ躊躇している段階からである。そして、それに呼応するように愛好家が外部にソーシャルメディアなどを通して情報発信をして、民俗芸能をめぐる支援の動きが出てくるようになった。ここで留意が必要なのは、民俗芸能ということばは、その発生から文化財と密接に関わっているものであるが［俵木 2013］、当然ながら担い手の側は必ずしも文化財だから救援を求めているわけではないということである。この点が、先に触れた文化庁の音頭により、既知、未知を問わない文化財レスキュー事業や文化財ドクター派遣事業と決定的に違う点である。この二つの事業は前提として対象となるものが「文化財」であるためである。

民俗芸能の愛好家は文化財、民俗文化財としての民俗芸能という側面は十分承知しているが、やはり「芸能」として愛好しており、自分の好きな芸能を護りたいという観点からの支援となる。他方、担い手側はどうなるのであろうか。一つは、すでに文化財指定されている民俗芸能で、指定されているがゆえに残す必要を感じ、そのための支援を求めるという動きになる。もう一つは、文化財としての意識はなく、生活再建の過程で必要性を感じ、声をあげた動きである。後者は興味深い動きであるが、まずは前者から見てみよう。

　重要無形民俗文化財雄勝法印神楽《おがつほういんかぐら》（石巻市）は、東日本大震災による津波で用具のほとんどが流出し、神楽師も亡くすなど大きな被害を受けた〔小谷 2014 参照〕。筆者は文化財保護担当職員として、国および県指定文化財の被災調査の一環として保護団体である雄勝法印神楽保存会と連絡を取り、被災状況を確認し、指定文化財として再開の目処等の情報を収集した。これに応えるように、雄勝法印神楽保存会では発災後二か月が経たない二〇一一年五月の連休中に用具借用の目処を立て、再開を決めた。雄勝復興市と名付けられたイベントでの公演は、重要無形民俗文化財としての公演というよりも、雄勝地域のための公演であるが、それとて、重要無形民俗文化財であるということは重要な要素にもなっている。それは、その後に招聘される神奈川県鎌倉市での公演など、外部公演の際はより強調される部分になることからも読み取ることができる。

　東松島市大曲《おおまがり》浜《はま》獅子舞《ししまい》は、東松島市指定無形民俗文化財である。沿岸に位置する大曲浜地区は大きな被害を受け、地区全域が災害危険区域に指定され、今後戻ることのできない場所となった。獅子舞の用具もすべて流出し、数百人の被害者を出した。二〇一一年七月に保存会会員と再会したとき、彼らは「獅子舞の再開は当面難しいのではないか」と話していた。また、不幸があった家は獅子舞に参加できない決まりがあるなか、大曲浜に不幸のない家は一軒もないのでしばらくは難しい、という説明もあった。筆者は東松島市指定の文化財になんの権限もないが、別れ際に、「それでも市の文化財だから、すぐの再開は無理でも、やめるというのはなしでお願いします」と話してその場は終わった。この言葉がどの程度効果があったのか不明だが、ひと月も経たない八月になると獅子舞の再開を決め、翌二〇一二年の正月に再開したいので協力してほしい、という連絡をもらった。若い人たちからの獅子舞をやりたいという要望を受け、動き出したものである。これもまた指定文化財の効果もあったであろう。いずれも行政担当者である筆者という愛好家の一人からの声かけが一つの契機になっているともいえよう。

　他方、後者である担い手からの発露は、文化財として意識されるものではなく、日常のなかで芸能を欲することから出てくる。それは文化財とは意識されていないので、文化財の被災を問われても出てくることはないものである。女川町《おながわちょう》竹浦《たけのうら》の獅子振りを例にみてみよう。竹浦は一戸を除きすべての住宅が流出した。避難所の再編のなかで二次避難として秋田県仙北市の観光ホテルに集落の皆で移動することになった。この際、地域の中心的な役割を担うある人が瓦礫の中から自分の笛を発見し、それを洗浄して持参していた。なぜ持参をしたのかの記憶はないとのことである。観光ホテルということもあって、ホテルの宴会場には和太鼓があった。避難生活のなかで、戯れに囃子の太鼓を叩き始めた人が出たとき、彼は獅子振りの笛を吹いた。すると、囃子をするならオシシサマ(獅子頭)が必要と、地域のおばあさんが手近にあった座布団とスリッパなどを使って獅子頭を作り、舞った。この獅子舞は地域の日常のなかで舞われ、震災後も避難所で欲せられたものである。そして、本格的な再開を模索するなかで、ある財団による無形民俗文化財への支援の申し出を受け、再開を果たし、さらには東京などの招聘公演に呼ばれるようになった。

東日本大震災の後、民俗芸能の被害が大変だという話が各所から上がった。そこで話が出てきたのは、既知の民俗文化財、雄勝法印神楽や大曲浜獅子舞などであった。そしてその動きにつられるように、女川の獅子振りも民俗文化財として支援の対象に数え上げられるようになっていった。宮城県被災民俗文化財調査事業(以下、「みやしんぶん」調査)は、こうした動きと並行して企画された。それは、民俗文化財調査と銘打っているが、既知の民俗文化財よりも、未知の民俗文化財である民俗芸能や祭礼行事以外の民俗文化財、すなわち地域社会の民俗、つまり生活文化全般を掘り起こすことも意識していた。

この背景には、本章の冒頭にも記したように、筆者は当時、宮城県の文化財保護行政の担当者として文化財被害の調査と復旧対応にあたっており、一定の被災状況の把握は、筆者の持つネットワーク、主に行政ネットワークや担い手のネットワークを通して進めていた。一方で、沿岸をフィールドとしてきた研究者としてこの地域の再生の行く末にも関心があり、被災した地域社会の再生過程においては震災前からの文化との連続性をもつような再生が望ましいと考えた。こうした認識は、南三陸町波伝谷《はでんや》という津波で大きな被害を受けた集落の共同調査を行っていた東北学院大学の政岡伸洋氏と共感できた。そして、それは波伝谷だけではなく、被災地全体についても震災前の地域社会の様子についての質的調査を実施する必要性を感じた。そうしたなかで、文化庁より被災地における民俗文化財調査事業実施の可否について照会を受けた。単なる被災状況の調査であれば、先に触れたように、筆者がすでに進めているヒアリングで十分であると考えた。そこで、未知の民俗文化財も対象に、すなわち地域の生活文化全般を対象にした調査を実施するプロジェクトがつくれないか検討することにした。そのようななか、本書編者の高倉氏が人文学の立場から震災復興への関わり方を模索しており、調査事業に関心があるとの情報をもらったことから、「みやしんぶん」調査の事務局を務めてもらうことになり、具体化することになった。

4 「みやしんぶん」調査と民俗文化財

こうした意図を持っていた「みやしんぶん」調査であったが、実際のところは前記のように当初前面に考えていた地域の生活文化全般を対象にした民俗学者や文化人類学者による調査から、芸能や祭礼を中心にした既知の民俗文化財を前面にした調査へとシフトしていった。その背景には、民俗文化財調査という場合に、どうしても既知の民俗文化財、なかでも民俗芸能や祭礼行事に目が向いてしまう面があり、事実、同時期に立ち上がった福島県、岩手県の民俗文化財調査はこの両者に特化して調査事業が実施されている［民俗芸能学会福島調査団編 2014；東日本大震災民俗文化財現況調査実行委員会編 2012］。同時に、本地域においては民俗芸能や祭礼行事が地域社会の構成に大きな位置を占め、とくに発災直後の応急対応、復旧期には地域再生に対して一定の役割を有していた面もあり、その点から、この段階の調査において無形民俗文化財としては最もよく目に入ることになった。

では、このときに何に目を向けるべきなのであろうか。とくに民俗芸能については、何をもって被災とするのか、という課題がある。すなわち、民俗芸能は二つの側面を有している。「民俗」と「芸能」である。地域社会に存する芸能という民俗芸能の定義［三隅 1981］に従えば、地域社会が民俗とイコールになる。一方で、民俗芸能には芸能としての評価という側面がある。民俗芸能研究を確立した本田安治をはじめ、初期の民俗芸能研究者は芸能史研究から民俗芸能研究に入っている人が多い。そのため、民俗芸能はあくまでも伝統的な芸能の一つとして位置づけられ、研究がなされてきた。そこでは、伝承されてきた背景ではなく、技芸に注目がいく。それは、民俗芸能の活用にもつながる。

文化財保護法が意図する文化財の保護は、保存と活用が両輪となると説明される［大島 2007 など］。つまり保存するだけではなく、公開などを通して広く国民に知ってもらうことが求められる。民俗芸能の場合は公演となる。それは舞台公演を意味する。神楽のように舞台芸能であれば、それは同じことを地元の神社の神楽舞台でやるのか、劇場の舞台でやるのか、ということになり、観客は同じものを見ることができると言える。一方で、群舞や円舞はどうであろうか。正面のない芸能の場合、正面のある舞台向けに大なり小なり演技を変える必要がある。また、盆踊りのように即興の歌詞を淡々と続ける芸能であれば、始まりと終わりを作る必要がある。活用のために、舞台公演には大なり小なり舞台にあわせた変更を加える必要があるのである。こうした変化を見せる舞台芸能としての民俗芸能は、芸能研究者から生まれた活用策でもある。すなわち、芸術性の観点から芸能を評価する芸能研究の立場からは、美しさを民俗芸能に見いだし、価値づけるのである。そして、そこでは地域とのつながりという観点は失われる、とまでは言い切れないが、薄まることは間違いない。

こうした性格を有する民俗芸能を保持していた地域社会が災害により大きな被害を受けたとき、どのような対応になるのか。筆者は民俗芸能の被災として、①人の被災、②ものの被災、③環境の被災と整理している［小谷 2016b］。①は災害により担い手が亡くなることや、芸能自体ができなくなることを示し、②は道具の被害を示している。しかし、民俗芸能にとって最も深刻な被害は、③で示した環境、それは芸能を保持していた環境、すなわち地域社会の被災であるとして、発信してきた。これは、先の整理でいえば、筆者は民俗学の研究者であるので、地域社会のさまざまな文化の一つとして民俗芸能を捉えているためである。同時に、東日本大震災後における「民俗芸能の復興」という表現が、用具を揃え直し、公演ができたときに使われていたことへの違和感を発信したかったためである。

地域社会と切り離された舞台の上で、愛好家を中心とした観客を対象に芸能を行うことを「復興」と言えてしまうことに違和感がある。しかしながら、行政に籍を置く民俗文化財担当者としては、こうした舞台公演は十分に無形民俗文化財の修復を意味し、違和感はない。ここに筆者の民俗学者としての立ち位置が大きく影響している部分がある。ただし、この「復興」については、地域社会が壊れている状況において民俗芸能が特殊な位置を占めていた、という東日本大震災後における特徴的な面はあるので［小谷 2016a］、注意が必要である。それを差し引いても、民俗芸能に対する対応は特異であり、同時に、これが無形民俗文化財の災害対応のかたちとしてスタンダードになった点が興味深い動きであるとも言える。

そして、用具が被害を受けた無形民俗文化財＝民俗芸能をリストアップし、地域社会が壊れ、無形民俗文化財の活用＝公開の機会が失われた文化財をリストアップし、対応として、用具を揃えるお手伝いをし、公開の機会を設定することが無形民俗文化財の災害対応のかたちとして定まっていった。文化財保護行政として、地域社会の再生に直接関わる必要はないのだが、一方で、高倉が宮城県震災復興計画をひもとき、「震災後の地域コミュニティの再構築を政策的に実現するための施策の一つとして無形民俗文化財再生が捉えられていることになる」［高倉 2014: 296］と整理するように、無形民俗文化財の再生は地域コミュニティの再生への直接的な方策に位置づけられている。この視点は、民俗学がイメージする地域社会の再生に一見すると重なる部分である。そして、その一翼として無形民俗文化財が地域社会の再生を担っていることになる。もちろん、筆者もこうした観点について議論しており、そうした役割も持っているのであるが［小谷 2016a］、筆者がそこで強調したのは、本章でみてきたような無形民俗文化財＝民俗芸能＝芸能としての側面ではなく、民俗芸能＝民俗としての側面である。

筆者が指摘したいのは、民俗芸能を芸能の側面から再生するのが第一歩だとすると、次の一歩はそこから民俗性を取り戻すことにあるという点である。雄勝法印神楽では、重要無形民俗文化財として再生を果たした後、担い手である神楽師は、観客が本来自分たちの神楽を見ていた雄勝という地域の人ではなくなっていることに気づき、雄勝の人に見てもらう神楽をどのように取り戻すのか、ということに力を置いて次の一歩に取り組み始めた［小谷 2016a］。こうした被災地で起こっている地域の文化をめぐる動きはどのようなものなのであろうか。

5 文化財化する民俗と地域文化の行く末

地域社会にあるさまざまな文化事象の一つとして民俗がある、というのが民俗学の民俗理解である。この民俗を捉えるためには、地域社会に存する地域文化の総体を捉える必要があることから、出発点として総合的な調査を行う。この総体としての地域文化を考えたとき、民俗文化財が定義上指し示す範囲は、そのすべてではない。風俗慣習の指定基準には、「由来、内容等において我が国民の基盤的な生活文化の特色を示すもので典型的なもの」とある。この法文の解釈は広く取ることができるが、特色を示す典型的なもの、という部分でいえば、地域的な特色を有していない、例えば全国一律に設立された青年団の活動などは、ここに含まれないのかもしれない。そうしたなかで、東日本大震災後の地域社会を考えたとき、興味深い動きを読み取ることができる。

それは、民俗の文化財化とでも呼べる動きである。東日本大震災の後、無形民俗文化財に対しては、指定文化財の用具の新調は当然として、前項で述べたようなかたちで、担い手が声をあげたことへの対応が文化財保護行政の側からなされた。さらに、研究者や愛好家からの声を受けて、その範囲は広がった。指定・未指定を問わず、広範な民俗文化財が支援の対象となった。「みやしんぶん」調査はそうした動きと並行して動いている。

同様に、災害により、これまでは民俗文化財として意識されてはいなかった民俗芸能や祭礼が、文化財として意識され、支援の対象に組み込まれた。民俗文化財が意識の上で拡張したと言ってもよい。その一方で、民俗文化財の枠組みはこれまで指定されているものから大きく変化をしていないとも言える。ひとえに、これまで文化財として意識されていなかった事象を文化財として捉え、それゆえ支援の対象にリストアップされることになった。例えば、新春の春祈禱行事に付随していた獅子舞は、毎年、新年になると家に訪れてくることが当然のものであり、特別な、そして公共のものとして護る文化財とは意識されていない。そうした獅子舞が民俗芸能として、地域として護るべきものとして意識されたのである。そして、「みやしんぶん」調査は、そうしたものを掘り起こす役割を担った。この動きは、コミュニティの再生という観点からすると、気づかれなかった地域文化を文化財として定位するという役割を担ったと評価される。

では、そこに上がらなかったものはどうなるのであろうか。民俗芸能はある程度分類されており、こうした場面で眼前に姿を現すことがわかっており、「こうしたときに何かしませんか?」という質問を通して確認することができる。しかしながら、無形民俗文化財の他のカテゴリーである民俗技術や風俗慣習はどうであろうか。民俗技術は生業活動と関わるもので、無償の支援のしにくい性格という面がある。他方、風俗慣習は先に指定基準も触れたが、何でも対象になる可能性があるゆえ、最も気づきにくい民俗文化財である。

岩手県陸前高田《りくぜんたかた》地域で調査をすると、「礼法」ということばをよく耳にする［小谷 2017］。小笠原流礼法《おがさわらりゅうれいほう》を示しており、礼法を修めた人は婚礼の式次第などを差配する。その師範はいわゆる礼儀作法一般をすべて身につけ、指南する役割となる。礼法自体は全国的なものであるが、この地域では、学校の卒業式の次第などにも礼法の師範が呼ばれ、次第の指南をするなど、幅広い場面で求められている。また、客への湯茶の給仕教室を地域の人たちで開催し、師範は講師として招かれる。現在も広く礼法が用いられるというのは非常に稀である。この点で、礼法の存在は陸前高田市域という地域的な特徴とみることができ、まさに地域文化ともいえる。

こうした地域文化は、地域の中でどのように振る舞っていくのか。この領域は、東日本大震災から六年以上を経て、復興期に入った現在の課題でもある。一方で、ささやかな地域文化を保持してきた集落組織などは、解散というかたちで姿を消し、高台移転地などでは行政組織を使った新たな集落組織を構築する動きも見られるようになってきている。こうした動きは、明治の三陸津波から一〇年ほどして契約講という集落組織の規約を制定した南三陸町波伝谷の動きにつながるのかもしれない［小谷 2016c］。

集落組織にしても、ささやかな地域文化にしても、震災前の地域社会を成り立たせてきた要素である。こうした部分と、文化財になることで、震災後に残されることになった民俗はどのように関わっていくのか。そして、民俗文化財は民俗文化財だけで保護することができるのか。こう考えると、民俗文化財がどのように定義されていようとも、民俗文化財を保存していくためには、自ずと地域社会との関わり抜きにはありえないことになる。獅子舞は、舞手だけで成立するわけではなく、それを見る地域住民、舞手を生み出す社会システム、獅子舞の縁起を受け入れる信仰がなくては続けていくことはできない。この部分への気づきもまた民俗文化財調査には必要な事項になる。やはり、大規模災害後の民俗調査も、被災状況のみならず質的な調査を伴い、地域文化の中にどのような文化要素があるのか、その連関も摑みながら、残していくものを見いだしていく必要があろう。

6 おわりに

東日本大震災後の地域社会の再生において、文化財、とくに民俗芸能に注目が集まった。そして、それぞれを再生させようという動きが盛んにみられた。その出発点はすでに知られている指定無形民俗文化財(民俗芸能)であり、その後、文化財として認識されていなかった民俗芸能が文化財として支援の対象となっていった。祭礼行事まで広がるこの動きは、地域社会再生の一つの契機として評価ができる[橋本 2015]、筆者も同感である[小谷 2016a]。そしてその広がりをみるとき、それは民俗芸能、祭礼行事の文化財化という動きであると評することができる。さらには、文化財であるがゆえに、文化財としての範囲の中で行政が関わる復興支援が成立した。

一方で、文化財化の動きは、地域社会から切り離し、文化財として独立した存在になることでもある。それは、文化財の保護の視点から生まれてくるものでもある。両者の折り合いについては、文化庁が歴史文化基本構想などで結びつけようとする動きに読み解けるが、必ずしもうまくいっているとは言えない状況にあろう。本章で指摘したかった点は、この部分である。出発点としての民俗文化財調査は位置づけられるが、その背後の地域文化を見いだす必要があるということである。この結びつけまでを行っていくことで、復興し新たにつくられる地域社会に、震災前の社会との接合した地域社会が構築されるのではないだろうか。そして、その動きまでを民俗学が見ていく必要があるのではないだろうか。少なくとも、震災前から被災地に関わってきた一民俗学者としての筆者が取り組むべき課題である。

文献

飯坂真紀[2012]「津波から一〇〇㎞のまちで――ふるさと岩手の芸能と震災」、東京文化財研究所無形文化遺産部編『記憶・記録を伝承する――災害と無形の民俗文化』(「第七回無形民俗文化財研究協議会報告書」)、東京:東京文化財研究所無形文化遺産部、七―二三頁

岩本通弥[1998]「民俗学と「民俗文化財」のあいだ――文化財保護法における「民俗」をめぐる問題点」、『國學院雑誌』九九(一一):二一九―二三一

大島暁雄[2007]『無形民俗文化財の保護――無形文化遺産保護条約にむけて』東京:岩田書院

岡田健[2012]「文化財レスキュー事業　救援委員会事務局報告」、『東北地方太平洋沖地震被災文化財等救援委員会平成

二三年度活動報告書』東京：東北地方太平洋沖地震被災文化財等救援委員会事務局、一六—四六頁
小谷竜介［2014］「雄勝法印神楽の再開過程と民俗性——文化財の保存と活用の観点から」、高倉・滝澤編［2014］六八—七八頁
——［2016a］「雄勝の神楽師になること——地域社会と神楽師の関わりからみる芸能と震災復興」、橋本裕之・林勲男編『災害文化の継承と創造』京都：臨川書店、二一八—二三六頁
——［2016b］「宮城県の神事芸能の被災と復活」、神社新報社編『東日本大震災　神社・祭り——被災の記録と復興（本編）』東京：神社新報社、一九二—二〇〇頁
——［2016c］「波が伝わる谷の今——南三陸町波伝谷の暮らし方に見る」、『東北学』〇七：一〇四—一一七
——［2017］「小笠原流礼法と謡」、中野泰編『川と海の民俗誌——陸前高田市横田・小友地区民俗調査報告書』茨城：筑波大学人文社会系中野泰研究室、六一頁
関口重樹［2013］「文化財ドクター派遣事業について」、『月刊文化財』六〇二：四七—四九
高倉浩樹［2014］「東日本大震災に対する無形民俗文化財調査事業と人類学における関与の意義」、高倉・滝澤編［2014］二九〇—三一一頁
高倉浩樹・滝澤克彦編［2014］『無形民俗文化財が被災するということ——東日本大震災と宮城県沿岸部地域社会の民俗誌』東京：新泉社
谷口貢［1999］「心意現象」、福田アジオ他編『日本民俗大辞典　上』東京：吉川弘文館、八七八頁
橋本裕之［2015］『震災と芸能——地域再生の原動力』大阪：追手門学院大学出版会
東日本大震災民俗文化財現況調査実行委員会編［2012］『東日本大震災民俗文化財現況調査報告書　岩手県—I』埼玉：東日本大震災民俗文化財現況調査実行委員会
俵木悟［2013］「あのとき君は〈無形文化財〉だった——文化財としての民俗芸能の昭和三〇〜四〇年代」、岩本通弥編『世界遺産時代の民俗学——グローバル・スタンダードの受容をめぐる日韓比較』東京：風響社、二一五—二三八頁
三隅治雄［1981］「概説」、仲井幸二郎他編『民俗芸能辞典』東京：東京堂出版、二四頁
民俗芸能学会福島調査団編［2014］『福島県域の無形民俗文化財被災調査報告書二〇一一〜二〇一三』福島：民俗芸能学会福島調査団

第二章

生きた文化財を継承する

――無形文化遺産と被災・復興

今石みぎわ

1 はじめに

東日本大震災から早くも六年以上が経過した。あらためて今、二〇一一年前後の日本社会を振り返ると、震災という巨大なインパクトが、単に被災地域や関係する方々だけでなく、暮らしや学問、政治、思想といった社会のきわめて広い分野に不可逆的な変化をもたらしてきたことが実感される。

ごく個人的な事情に触れておけば、筆者が、独立行政法人国立文化財機構東京文化財研究所という、研究と文化財行政の間に位置するような現職に就いたのは二〇一一年四月のことであった。余震におびえる東京での最初の仕事がこの震災に向き合うことであり、すでにその時点でその後数年の活動は決定づけられていたと言ってよい。

活動は主に二つの異なる観点に拠って行ったものである。文化財保護行政の中での面的な活動と、民俗学の応用・延長にある点的な活動である。手探りで進めてきたなかでなしえたことはごく限られており、その検証作業も終わっていないが、本章ではこれらの活動を振り返り、みえてきた課題を整理しておきたい。

なお、本章で用いる「無形文化遺産」という言葉は、本来、指定・未指定を含む無形文化財、無形民俗文化財、選定保存技術を指す専門用語である。しかし、このたびの震災に限っていえば、復興支援の対象となったのはほとんどが民俗芸能や祭礼行事（風俗慣習）など無形の民俗文化財であった。したがって、本章では無形文化遺産と無形の民俗文化財をほぼ同義で用いることをご了承いただきたい。

2　文化財行政としての無形文化遺産の復興支援

東京文化財研究所（以下、東文研）は、有形・無形の文化財の保存・継承のための基礎的な研究を行う機関である。震災後に立ち上がった東北地方太平洋沖地震被災文化財等救援委員会の活動（いわゆる文化財レスキュー事業）では、東文研にその本部が置かれ、ほぼすべての職員が何らかのかたちでレスキュー活動に携わることになった。しかし、文化財レスキューはその名のとおり緊急的なレスキューを必要とする有形文化財を主な対象としており、無形文化遺産に関しては組織的な動きは望めない状況であった[1]。組織として動けないなか、無形文化遺産の復興支援として何ができるのか、それが無形文化遺産部に所属する筆者のスタートラインであった。

2-1　無形文化遺産をめぐる諸問題

人びとが民俗芸能の再開に一方ならぬ思いを持っている、そうした声が報道で取り上げられるようになったのは、震災後一か月余り経った四月下旬頃からであろう。例えば、二〇一一年四月一九日付「岩手日報」には、大船渡市三陸町越喜来《おきらい》の浦浜念仏剣舞《うらはまねんぶつけんばい》が、面や道具を失いつつも「こういうときだからこそ舞わねば」と再生を誓ったという記事が掲載された。あるいは、同年五月二日付の「日本経済新聞」では、大槌町《おおつちちょう》で臼澤《うすざわ》鹿子《しし》踊《おどり》が披露されたこと、「震災に負けるわけにはいかない」、「踊りを途絶えさせるわけにはいかない。最初は自分たちだけでも継続ののろしをあげよう」という伝承者の決意が報じられている。

こうした状況の一方、時間の経過とともに無形文化遺産の復興支援の前に多くの問題が立ちはだかっていることも明らかになってきた。その「壁」のほとんどは震災前から内在していた根深い問題であり、それが震災のインパクトによって顕在化したものであった。

第一に問題となったのは、無形の民俗文化財の所在情報が集約されていなかった点である。被災した東北三県の沿岸部では、少なくとも一四〇〇件近くの民俗芸能や祭礼行事が営まれていたが、そのうち震災前に国や県、市町村の指定や選択を受けていたものはわずか一一〇件余り、とくに未指定の文化財については、どこにどのようなものが、どういう状態であるのか、また関係者の連絡先等も不明なものがほとんどであった。

前提に触れておけば、未指定文化財の位置づけは、民俗文化財とその他の文化財では大きく異なる。有形の文化財の指定基準は、「歴史上」「芸術上」あるいは「学術上」、「価値の高いもの」であることであり、厳選主義・優品主義を基本とする。一方、民俗文化財（と文化的景観）は唯一、普遍的価値を問わない文化財で、指定の基準は「国民の生活の推移の理解のために欠くことができないもの」であること、つまり人びとの暮らしのあり方やその変遷を示す典型例であることに求められる。その民俗文化財の中でも、人を介して表現され、伝えられる無形の民俗文化財は、人間に価値の上下がないのと同じで、国指定であろうと未指定であろうと価値に序列はないというのが考え方の原則である。こうしたことから、無形の民俗文化財の場合は、未指定文化財も、国指定の文化財と同等に保護（支援）の対象になりうると考えることができるし、そのように考えるべきである。(2)

こうした未指定の無形文化遺産は、要するに人がいるところにはどこにでも存在しうる。その数は膨大であり、所在情報の把握は一朝一夕で実現できるものではなかった。

復興支援にかかる第二の問題として、慢性的な人材や組織、資金の不足も課題となった。文化財課に民俗の専門家がいる地方公共団体はごく限られているし、そもそも行政機関ではそれぞれの指定案件への対応が最優先事項になる。東京国立博物館や奈良文化財研究所など七つの施設に約一八〇名の専門職員を抱える国立文化財機構とて、民俗の専門家は筆者を含め東京文化財研究所の二名のみであり、膨大な未指定文化財の復興支援に対応できる母体組織は事実上存在しない。

組織間のネットワークも不足していた。例えば民俗文化財と同じく、地域所在の文化財を多数含む歴史資料に関しては、一九九五年の阪神・淡路大震災を契機につくられた歴史資料ネットワークが東日本大震災の際に大きな活躍を見せ、現在もさらなる活動の広がりを見せている。これに対し、無形文化遺産に関しては、管見の限り、有事の際に有効に機能する活動体はこれまで組織されていない。むしろ無形文化遺産に対する復興支援活動は、その多くが個人の努力と善意と情熱によって支えられていたという印象が強い。それはそれで素晴らしいことであるが、他方で情報の収集から支援の仲介までを少数の個人で行うのは負担が大きすぎ、どうしても目が行き届かず、支援格差が生まれる場面が出てくるのが大きな課題であった。

こうした体制上の問題に加え、無形文化遺産が「生きた文化財」であるがゆえの困難も大きかった。無形の文化財は人、モノ、時、場など、さまざまな要素が有機的に結びつくことで形づくられる。したがって、芸能の担い手である人の命が助かっても、道具が流された、演ずる場や道具の保管場所が流された、門づけをする家がなくなった、避難や転居で人が集まれなくなったなど、多種多様な被災のあり方があった。こうした被害の中には、一見しただけではわからないものや、一定の時間が経たないと顕在化しないものも多い。こうしたことが、支援の前提となる被害状況の把握をより困難にさせた面がある。

また、「変化していくこと」を前提とした文化財を、どのように「保護」するのかという議論も成熟していたとは言いがたい。博物館資料のようにガラスケースに入れて保存するわけにはいかないが、指定という考え方をとる以上、何らかの保護措置を講じなければならない。そこで、無形の民俗文化財に関しては、「記録」が最も重要な保護手段と考えられてきた時代は長かった[3]。

一方、被災地域では民俗芸能や祭りがダイナミックな変貌を遂げつつあった。これまでのように限られた人たち(行政や研究者、一部の愛好家)だけではなく、マスコミや観光客、アーティストやIターン・Uターン者など、より幅広い層の人びとが積極的に関わるようになり、芸術・音楽活動、地域おこしやツーリズムなどさまざまな領域とコラボレーションした新しい活動も出てきた。こうして「外からの力」によって復興を果たし、その力なしには維持できなくなった芸能や祭りも今や少なくない。そうした現象は、自らを「外」に向かってひらくことが、無形文化遺産の新しい継承(保護)のかたちになるのではないかという可能性を示唆するものであった。しかしながら、検証すべき課題は山積みであった。どういった変化なら〝許容〟範囲なのか、行政や研究者がどこまで関与すべきなのか、外の力を受け入れる仕組みや外への発信方法など、議論は、現在進行形の変化を目の当たりにしながら、現象を後追いするかたちで進めなくてはならなかった[4]。

2-2 「無形文化遺産情報ネットワーク」の活動

こうした諸問題に接し、無形文化遺産の復興支援を考える上で筆者が必要性を痛感したのは、ネットワークであった。そこには、巨大災害を前にして個人や一組織にできることはごく限定的だという、筆者自身の無力感がまずあった。他方で、行政や民間団体、保存会関係者、研究者、愛好家など、それぞれの立場で復興に尽力する人びとがいることもわかってきた。そこで、それぞれが持つネットワークや情報、得意分野をつなぐことで、より目が細かく大きな支援の動きを支えることができないか、そうした考えから取り組んだのが、後方支援としての「311復興支援無形文化遺産情報ネットワーク」の活動であった。

活動の経緯

「無形文化遺産情報ネットワーク」は、情報の集約と発信を通じて関係者の緩やかなネットワークを構築することを目的に、公益社団法人全日本郷土芸能協会、一般社団法人儀礼文化学会、国立研究開発法人防災科学技術研究所、東文研の四つの団体の協働で始まった(5)。

核となったのは、全日本郷土芸能協会と儀礼文化学会(正確には、両団体に所属する個人)が行ってきた情報収集活動である。両団体では震災直後から、被災した民俗芸能や祭礼行事の情報収集を行ってきた。まず、既存の報告書類から無形文化遺産の名称や所在地、公開情報などの基礎情報をピックアップし、リスト化した。そこに、個々人のネットワークを駆使して収集した被災情報を書き込んで関係者間で共有し、支援の仲介等を行ってきた。東文研は約一年遅れ、二〇一二年夏頃からこの情報収集活動に加わるようになった。無形文化遺産部の事業の一つと位置づけ、民俗芸能関係の院生アルバイトを雇用し、マニュアルを作って情報収集や整理・入力作業を進めた〔無形文化遺産情報ネットワーク編 2014 参照〕。

二〇一三年三月には、より広い情報収集と発信、ネットワークの構築を目指し、正式に「無形文化遺産情報ネットワーク」を立ち上げた。これにあわせ、それまで関係者のみで共有されてきた一覧表を公開するため、地図と連動して情報発信できるウェブサイトを構築した(図2-1)。これには、情報システム面で防災科学技術研究所の全面的な協力を得られたことが大きかった。

その後、復興状況が多様化、複雑化、個別化し、単に復興したか否かという尺度ではかるのが難しくなったこと、支援・受援の動きがひと段落したことを受け、二〇一四年三月末をもって網羅的な情報収集事業は終了している(ただし、震災後の復興の記録としてウェブサイトは引き続き公開している)。

　こうした動きに並行し、二〇一二年度からは毎年三月に、主に後方支援者を対象とした「無形文化遺産情報ネットワーク協議会」を東文研で開催し、情報共有に努めている(協議会の記録は、東文研編［2016a］に収録)。また、二〇一四年三月には支援や復興の過程を記録として残すことを目的に、三〇名近い関係者に執筆いただいた報告書を刊行した［無形文化遺産情報ネットワーク編 2014］。

被災文化財マップ

　これらの活動のうち、紙幅の関係から被災文化財マップに絞って簡単に紹介しておきたい。二〇一三年に公開された「無形文化遺産情報ネットワーク」のウェブサイトでは、一覧表に加え、地図による被災情報の提示を試みている。

図2-1
「311復興支援　無形文化遺産情報ネットワーク」ウェブサイト
(http://mukei311.tobunken.go.jp)

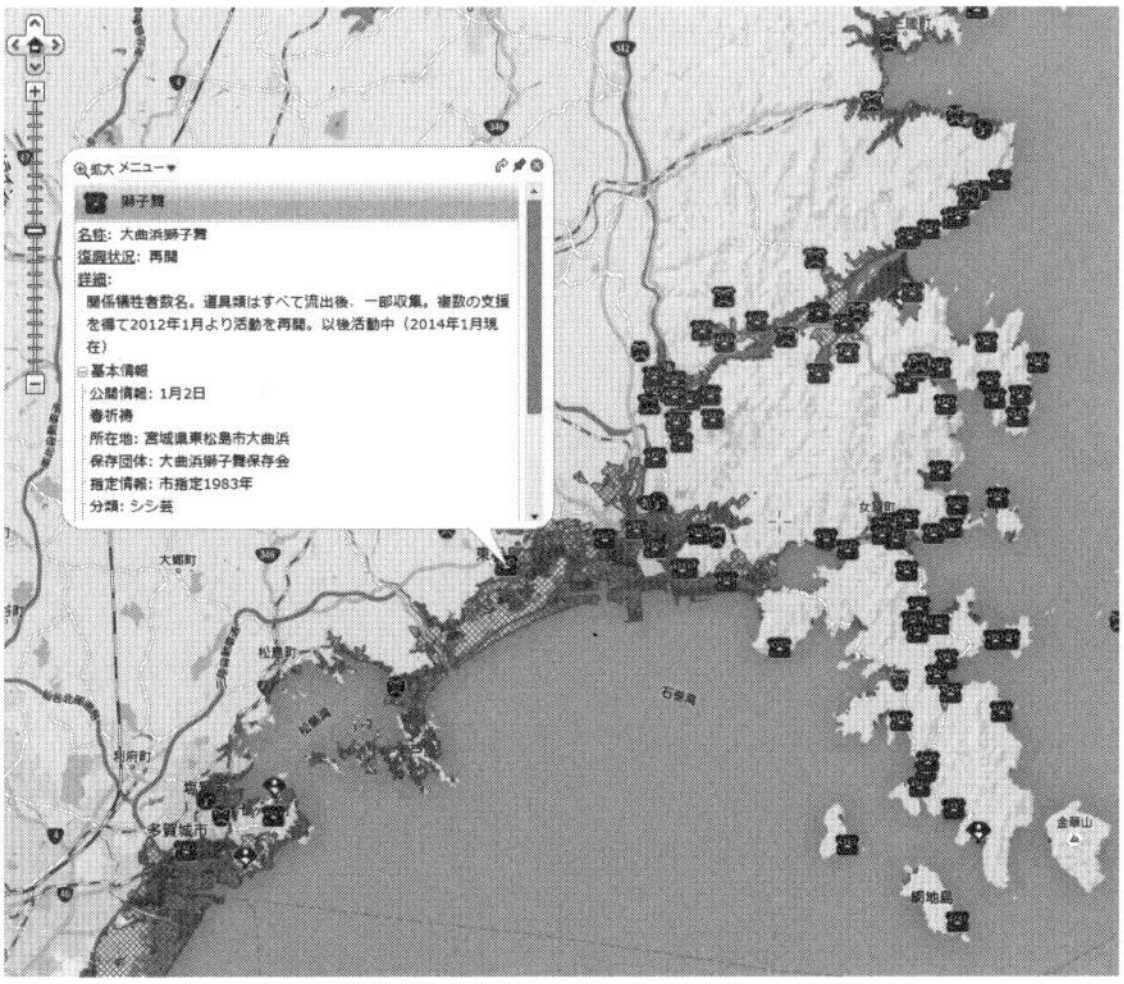

図2-2　被災・復興情報を掲載した民俗芸能マップ

地図上の所在地にプロットされたアイコンをクリックすると、芸能や祭礼ごとの詳細情報がポップアップ表示される仕組みで、何らかの被災・復興状況を把握できているものは青色のアイコンで、把握できていないものは赤色のアイコンで示した(図2-2)。色分けをしたのは、現状を把握できていない文化遺産が多数あることを感覚的に示し、情報提供を呼びかけるためであった。

また、防災科学技術研究所の地図システムでは、通常表示の地図(Google Map)に被災後の航空写真や津波の浸水域などを重ねる機能が搭載されており、被災前後の状況の確認や、被害を類推することができるようになっている。

こうした地図による被災・復興情報の提示は、一覧表で示すより可視的、感覚的に被害の状況、大きさを伝えることができ、より広い層に支援を訴えていくのに一定の力を持っていると言える。また、これは当初意図していたことではないが、密集して海岸線を覆いつくすアイコンが、沿岸地域にいかに多くの無形文化遺産があるのかを示す結果ともなった。震災の風化に歯止めがかからないなか、より息の長い支援を得るためには、「気の毒だから」「かわいそうだから」支援するのではなく、そのものに大きな魅力があるからこそ支援するのだという価値転換をしていくことも必要であろう。その意味で、地図によってその地域の文化の豊かさを示し、まずは興味関心を持ってもらう、そうした手法も後方支援の一つのあり方と言えるのではないか。今後は、平時には文化財マップとして、災害時には被災・復興状況を加筆した災害マップとして活用できるようなシステムが、全国規模で実現できるのが理想であろう。

2-3 活動を通して顕在化したこと、これからの課題

無形文化遺産情報ネットワークの活動は、その後、無形文化遺産部の通常業務の一つとしてアーカイブ事業や防災事業などに引き継がれている。二〇一六年三月からは、防災科学技術研究所と協同で開発した「無形文化遺産アーカイブス」(http://mukeinet.tobunken.go.jp)の公開も開始し、芸能や祭礼行事を検索する機能と、関連映像や写真、音声等の記録を集積するアーカイブ機能を搭載している(現在の取り組みや今後の展望について詳しくは本書第三章の久保田の論考を参照)。

以上のように事業はいまだ途上であるが、ここでは被災地域の復興活動に関わったなかでみえてきた、無形民俗文化財の保護における今後の課題を二点挙げておきたい。

無形文化遺産が持つ力と文化財制度

一点目は、無形文化遺産が持つ力と文化財制度の関わりについてである。民俗芸能や祭礼行事が復興に際して大きな役割を果たしたことは今も記憶に鮮やかである。震災後、早いものでは百箇日法要にあたる二〇一一年六月頃から死者供養の行事であるお盆にかけて、被災地域では民俗芸能や祭りが次々に再開していった。災害という巨大な非日常の只中において、芸能や祭りは衣食住と同じように切望され、むしろそれこそが、日常を取り戻すための縁《よすが》になったようにも見える。この凄まじいまでの復活劇を目撃するまで、芸能や祭りを研究対象にしてきた研究者ですら、その力を過小評価していたのではないだろうか。

こうした無形文化遺産の持つ力についてはは、ぜひとも強調し、社会に向けて発信していくべきであろう。もちろん民俗学を学ぶわれわれとしては、地域が決して一枚岩でないことも承知している。また、華やかな祭りの裏に、膨大で平凡な日常があることも、面倒臭さやしがらみをすべて引き受けてこそのハレ舞台であることも承知しているつもりだ。そのことは承知しつつも、予算も人員も先細りの一途を辿る文化財行政の中で、今後、無形文化遺産の保護の重要性を主張していくためには、無形文化遺産が社会に対して果たしうる役割をいま一度検証し、いわば戦略的に発信していくことも必要であろう。

阪神・淡路大震災後、建造物の専門家として文化財防災の制度改革に尽力された村上裕道氏(兵庫県教育委員会)は、無形文化遺産特有の力――コミュニティの結束を強めたり、レジリエンス(回復力)を高める力――は社会関係資本としての側面を持ち、それが災害に遭った後の「被災感」を短くする効用があることを指摘している。兵庫県では、平時においても文化財部局で行った芸能や祭りの調査結果を、地域計画や福祉などを担当する部署と共有する試みを行っているという。例年どおり芸能や祭りを続けられなくなったコミュニティには何かしらの問題が内在・勃発している可能性が高い、といったように、それがコミュニティの健全性をはかる一つの指標になると考えられるからである(6)。こうした無形文化遺産が持つ力を検証・再評価し、発信していくことは、文化財行政における無形文化遺産の居場所を確保していく上で、今後大きな意味を持つものであり、筆者らが取り組んでいくべき課題の一つと位置づけられる。

そのことと一見矛盾するようであるが、無形文化遺産の力の大きさに焦点が当たれば当たるほど、かえって存在感を失うのが民俗文化財の制度である。東北の太平洋岸地域は内陸部に比べて指定の無形民俗文化財が少なく、震災前は民俗芸能の研究も盛んではなかったといわれている。岩手県を例に震災前の文化財の指定件数をみても、国指定・県指定の無形民俗文化財三二件のうち、沿岸部のものは「黒森神楽《くろもり》」(宮古市)など七件のみであった。

指定件数が少ない最大の理由は、沿岸部の芸能には比較的新しいものが多く、また常に変化を続けてきたからとされている。自己表現の発露として、観客を喜ばせるために、お花代をより多くもらうために、エンターテインメントとして常に変わり続けてきたのが沿岸部の芸能に共通する特徴であり、例えば矢野陽子氏は、震災後の山田祭(岩手県山田町)について丹念に取材する中で、大正の初めに釜石市から習ってきたという境田虎舞《さかいだとらまい》が「人に見せることをいちばん大事」にしてきた「創作芸能」であり、衣装や演出を大胆に変えてきた歴史を持つことを、伝承者自身が語る言葉によって示している[矢野 2017: 89–104]。

「生きている」がゆえの変化が文化財制度の考え方にそぐわず、指定の対象になりえなかったということ、しかし「生きている」からこそ復興の原動力になりえたということは、何という皮肉であろうか。文化財制度はもともと有形の文化財を念頭に設計された制度であり、無形の、しかも民俗文化財などは、生まれ落ちたときから制度の異端児であった。そうしたひずみが如実に現れたのが震災後の無形文化遺産をめぐる現状であり、今後、検証・止揚していかなければならない大きな問題の一つであろう。

忘れられた民俗技術

今後の課題として第二に挙げておきたいのが、伝統的な技術についてである。震災後、同じ無形文化遺産の中でも、民俗技術など伝統的なわざに対する情報収集や支援は、文化財行政の中ではほとんど行われなかった。その背景には、民俗文化財における民俗技術が二〇〇五年の文化財保護法の改正で追加になった新しい分野であり、民俗芸能や祭礼行事にまして所在情報の集約が進んでいなかったという事情がある。加えて、技術そのものが持つ性質も関係している。民俗芸能や祭礼行事は基本的に集団によって共有されるハレの行事である。それゆえ非日常の昂揚感が復興の原動力へと転化されやすく、コミュニティの結束や絆を強める象徴的な存在としても機能した。それに対し、技術は個人によって生活の糧として営まれるもの、すなわち個人/日常に属するものが多いことから、その存在が知られにくく、話題としても取り上げづらかったように見える。

実際には、地形や地質の変化、原発事故による放射能汚染等によって原材料が入手できなくなる、流通網やマーケットが壊滅したなど、技術特有の被災があったはずである。和船の造船技術や漁具製作技術など、震災後に逆に需要が高まったものもあるだろう。報道機関など民間で取り上げられることの少ない、こうした一見〝地味〟な文化財こそ、本来は公的制度や行政によってバックアップしていく必要があるはずである。しかし、福島県の大堀《おおぼり》相馬焼や宮城県の雄勝硯《おがつすずり》などわずかな例を除き、個々の技術に関する震災後の動向や課題の把握は、今日に至るまでまったく進んでいない。

今後この課題に取り組むにしても、まずは基礎情報や議論の蓄積が必須であり、その道のりは長い。この「忘れられた民俗技術」の問題は、震災後の復興支援が、平時の調査研究の蓄積の上に実現するものだという事実を突きつけるものでもある。今後起こりうる災害に対する防災の意味でもこうした基礎作業の積み重ねが急がれるところである。

3 民俗誌作成プロジェクト
——民俗学に何ができるか

これまで取り上げてきた取り組みが文化財保護の観点に依拠していたのに対し、民俗学的な手法を生かして何ができるかという観点で始まった試みが、民俗誌作成プロジェクトである。

3-1 活動の方針

このプロジェクトは、震災前の暮らしのあり方やその変遷、土地に堆積している〝小文字〟の歴史や文化を民俗学的なフィールドワークの手法で記録し、地域で共有できるかたちにまとめることを目的とした活動である。民俗芸能や祭りといった民俗文化の華やかな側面はもちろんだが、より注目したのは、ごく当たり前の日常であった些細な暮らしの断片である。生業、住まい方、土地の利用方法、屋号や地名などは、総体としてその土地の暮らしを形づくってきた要素であり、コミュニティや暮らしのあり方が変わっていくなかで最初に忘れられていくものでもある。そうした小さな民俗文化を記録しておくことは、単に過去を記録することにとどまらず、地域の方々が自分たちの背負ってきた歴史や文化を知り、アイデンティティを再確認するために、また復興の過程で新しい地域像を模索する際に、大切な手がかりになるのではないか。そのような思いから活動は始まった。

その念頭には三つの方針があった。一点目は、一つの地域にできるだけ時間をかけて向き合うこと。民俗文化はたとえ隣接する地区でも異なる側面を持っており、人びとはその違いに誇りを持っていることが多い。しかも、その地域の現在や未来にとって大切なのはまさにそうした「おらほ(俺方)の文化」であった。そこでこの記録活動は、どこまでも地域限定的で小さな取り組みに徹するべきだと考えた。

二点目に、活動の成果をできるだけわかりやすいかたちで地域にお返しすることを目指した。専門分野の手法や経験を生かしつつも、研究のための調査ではなく、地域にとって意味のあるものを作りたいという一貫した思いがあった。そこで、活動の成果を地元の方が手に取りやすい冊子という形にまとめ、全戸配布することにした。

三点目に、この一連の事業を通して意識的に調査・記録したのは、過去の定点的記憶だけではなく、地域が辿ってきた変遷史であった。地域は常に変化を続けている。この巨大な震災も、後に振り返ってみれば途切れることのない変化の歴史における一ページとなる。それをわかりやすく提示することで、今まさに取り組んでいる復興もその変遷史の延長にあること、過去の暮らしの上に成り立っているものであることを強調したい意図があった。

3-2 活動の経緯

こうした方針を携え、活動を行ったのは、岩手県南部、碁石《ごいし》半島の「碁石五地区」と呼ばれる五つの集落である(大船渡市末崎町《まっさきちょう》)。この五地区のうち被害が大きかったのが西《にし》館《たて》・泊里《とまり》・碁石で、とくに西舘・泊里は戸数の九割以上が家屋流失などの甚大な被害を受けている。

震災一年後の二〇一二年夏、縁あって初めて西舘を訪ねたのがきっかけで活動が始まった。それから二〇一三年度末まで、民俗学や民俗芸能、民家建築を専門とする研究者三名とともに、おおよそ三か月に一度、二〜四日のペースで通い、昭和の初め頃から震災前までの暮らしについて、地域の方々にお話を伺った。[7] 聞き取りの内容は漁業や農業について、祭礼や信仰、年中行事、地名や屋号、家々の歴史など、多岐にわたった。調査する側の専門分野にどうしても偏ってしまう部分はあったが、基本的には最初にテーマありきではなく、できるだけ話したいことを話してもらうかたちをとった。

聞き取りに加えて重点的に行ったのは、写真や地域文書(公民館活動や地区行事、祭礼に関わる文書等)など、関連する資料の収集である。とくに写真については、各家庭のアルバムが流失してしまったなか、新たな地域共有アルバムを作りたいという意図で、地域の方のご協力のもと重点的に収集した。こうした写真はさまざまな記憶を呼び起こす優秀な装置でもあり、お話を聞く際にも大きな力になった。

　こうした活動を通して、二冊の冊子が刊行された。一冊目は当地の熊野神社で二〇一二年に開催された式年大祭の記録『西舘の祭りは世代を越えて』〔西舘公民館編 2013〕で、企業メセナ協議会「東日本大震災　芸術・文化による復興支援ファンド(GBFund)」の助成を受けて西舘の方々とともに作ったものである(事業主体は西舘公民館、二〇一三年一〇月刊行)。熊野神社の式年大祭は碁石半島の九地域の氏子によって四年に一度執り行われる祭りで、神輿《みこし》の海上渡御《かいじょうとぎょ》のほか、各地区から民俗芸能などが出て大変華やかである。震災の翌年の二〇一二年はちょうど祭りの開催年に当たっており、西舘では流失した衣装や道具、屋台などを支援により新調・修理し、祭りに臨んだ。その経緯や当日の記録、七福神を奉納した子どもたちの感想文、祭りに関わる古写真などを地域の方々とともに一冊にまとめた。

　もう一つは、津波の被害が甚大であった西舘や泊里を中心としつつ、碁石五地区を対象とした『ごいし民俗誌』〔東文研編 2014〕である(二〇一四年三月刊行、第四章図4-1参照)。この冊子では漁業などの生業、祭りや信仰、伝統的な住まい方、土地利用、風景の変遷などいくつかのトピックを取り上げ、写真や図などのビジュアル資料を多用してまとめている。

　そのほか、調査を通じて収集した写真等の資料は、この地域に関心のある方がいつでも閲覧できるように、東文研が運営する先述の「無形文化遺産アーカイブス」(第三章図3-1参照)での公開を行っている。

3-3 活動を通してみえてきたもの

　こうした活動は、筆者が従来行ってきた民俗学的な調査手法を用いて実施したものであるが、被災地域ならではの難しさを感じることも多かった。

　被災地域では実に多岐にわたる人——さまざまな分野の研究者、ボランティアグループ、行政関係者など——が入り乱れ、めまぐるしく日常が動いていた。こうした状況での調査はなかなか経験のないことであり、〝被災地に寄ってくる有象無象〟の一人として、自分にはいったい何ができるのかを常に自問することになった。とくに復興計画の進展が急がれ、都市計画の専門家たちが具体的な提案を次々に出していくなかで、筆者らはいつまで経っても「昔の暮らしの記憶」という大海を彷徨《さまよ》っていた。文系の研究分野は成果が言葉になるまでに時間がかかる。それが復興のスピードに追いつかない、というのが正直な気持ちであった。

そこには、自らと、自らの学問分野に対する失望もあった。民俗学は、他のどの学問よりも地域の暮らしに寄り添い、そこに愛着を持ち、微に入り細に入り記録してきたと自負してきた。その誰よりも地域を知っているはずの民俗学が、震災後、地域の復興に積極的に寄与することができなかった。筆者の力不足と言われればそれまでだが、そうしたかたちで社会とつながるチャンネルや言葉、経験値が著しく欠けている、そう自問せざるをえなかった。

例えば、この一帯は気仙大工の根拠地であり、豪快な漁師たちに支えられた伝統的家屋は大変豪壮であった。日常の暮らしはもちろん、この地域ならではの冠婚葬祭や年中行事も、この家のそれぞれの場で営まれてきた。震災直前まで続けられてきた行事も少なくない。そうした行事は、移転先の画一化された造りの家ではどのように受け継がれていくのか。あるいは、熊野神社の祭礼では船に乗せられた神輿が泊里浜を出航し、沖合に浮かぶ麻腐島《おくされじま》まで渡御するのが習わしである。かつて海の彼方からこの島に獅子頭や財宝が流れ着き、それを祀ったのが熊野神社の創始とされる伝承があるからだ。この泊里浜に一二メートルの防潮堤を造る計画が進んでいる。巨大な防潮堤が出来ると、神輿渡御の伝統はどのように変わっていくのか。

地域の未来を選択し、つくっていくのはもちろん地域の方々である。しかし、このたびの震災のような大きな社会的変化を伴う事態に直面し、新しい地域像を模索しなければならない局面に立たされたとき、立ち止まってこれまでの暮らしのあり方を思い返し、それらをどう受け継ぐのか、あるいは受け継がないのかという視点を持つことは重要な意味を持っている。そのための材料を掘り起こし、提供するのは、本来、民俗学をはじめとする社会科学系の学問の務めなのではないか。現在ではそうした思いを強くしている。

碁石には今後も定期的に顔を出し、つながっていくことで、地域のこれからを見守っていきたいと考えているし、碁石以降、無形文化遺産部では宮城県や福島県でも同様の記録事業を継続している。こうした活動を通して、民俗学が「地域の今」にいかに貢献できるのかを引き続き考えなくてはならないし、また実践していく段階にあるのだと、あらためて自戒している。

4 おわりに

以上、震災後の活動と残された課題について、不十分ながらも整理を試みてきた。先の災害から何を学び、どう次に活かしていくのか、それを考え続け、行動していくことは、歴史的な巨大災害に遭遇したわれわれの責務であろう。とくに地球が活動期に入ったと言われるいま、災害列島・日本においてはいつどこで次の大災害が起こっても不思議ではない。文化財行政の末端に連なる一員として、また一研究者として、今後も試行錯誤を重ねていきたいと考えている。

註

(1) 「東北地方太平洋沖地震被災文化財等救援事業実施要項」(二〇一一年三月三〇日、文化庁次長決定)によれば、「事業の対象物」として「国・地方の指定等の有無を問わず、当面、絵画、彫刻、工芸品、書跡、典籍、古文書、考古資料、歴史資料、有形民俗文化財等の動産文化財及び美術品を中心とする」ことが明言されている。

(2) ただし文化財レスキュー事業においては、対象の「指定等の有無を問わず」とあるように(註1参照)、未指定の文化財もレスキュー対象とする方針が貫かれた。これは画期的なことであったと言ってよい。

(3) 一九五四年に無形民俗文化財の前身である「無形の民俗資料(風俗慣習)」が初めて保護の対象となったときから、無形の民俗資料は「自然的に発生し、消滅していく」性質を持っており、「そのままの形で残存させようとしてもそれは不可能であり、意味のないこと」であるため、「記録保存の措置をもって足りる」とする認識が示されていた(一九五四年六月二二日付、文化財保護委員会事務局長通達「文化財保護法の一部改正について」の「第四 民俗資料一項の注」による)。大島暁雄氏によれば、こうした考えは一九七五年の法改正後も継承され、現在でも行政的施策の中心にあるとされている[大島 2007: 31–33]。

(4) 無形文化遺産部では、二〇一五年一二月に開催した第一〇回無形民俗文化財研究協議会で「ひらかれる無形文化遺産――魅力の発信と外からの力」をテーマにこの問題に取り組んでいる[東文研編 2016b]。

(5) 立ち上げた当時は、全日本郷土芸能協会は社団法人、儀礼文化学会は任意団体、防災科学技術研究所は独立行政法人であった。

(6) 第一一回無形民俗文化財研究協議会における村上裕道氏のコメントによる[東文研編 2017]。

(7) 調査メンバーは以下のとおり。鈴木清(民俗建築研究所)、俵木悟(成城大学)、森本孝(漁村研究家)、今石みぎわ。

文献

大島暁雄［2007］『無形民俗文化財の保護――無形文化遺産保護条約にむけて』東京：岩田書院

久保田裕道［2013］「東日本大震災と無形伝承の課題――災害地における地域の儀礼文化をめぐって」、『儀礼文化学会紀要』一（通巻四四）：一六三―一七六

東京文化財研究所無形文化遺産部編［2014］『ごいし民俗誌――岩手県大船渡市末崎町碁石五地区』東京：東京文化財研究所無形文化遺産部

――［2016a］『震災復興と無形文化遺産をめぐる課題』東京：東京文化財研究所無形文化遺産部

――［2016b］『ひらかれる無形文化遺産――魅力の発信と外からの力』（「第一〇回無形民俗文化財研究協議会報告書」）、東京：東京文化財研究所無形文化遺産部

――［2017］『無形文化遺産と防災――リスクマネジメントと復興サポート』（「第一一回無形民俗文化財研究協議会報告書」）、東京：東京文化財研究所無形文化遺産部

（＊報告書はすべて東京文化財研究所無形文化遺産部のウェブサイトで公開している。http://www.tobunken.go.jp/ich/publication/）

西舘公民館編［2013］『西舘の祭りは世代を越えて――熊野神社式年五年大祭の記録』（「東日本大震災　芸術・文化による復興支援ファンド」助成事業）、東京文化財研究所監修、岩手（大船渡市）：西舘公民館

無形文化遺産情報ネットワーク編［2014］『東日本大震災被災地域における無形文化遺産とその復興』（「311復興支援無形文化遺産情報ネットワーク報告書」）、東京：東京文化財研究所無形文化遺産部

矢野陽子［2017］『震災があっても続ける――三陸・山田祭を追って』東京：はる書房

第三章

無形文化遺産の防災という考え方

——東日本大震災の教訓と無形文化遺産アーカイブスの試みから

久保田裕道

1 震災復興から防災へ

二〇一一年三月の東日本大震災発生直後、東北地方太平洋沖地震被災文化財等救援委員会が立ち上がった。いわゆる文化財レスキュー事業である。この委員会は二〇一三年三月末をもって解散されたが、このときレスキューに参画した団体・機関を中心に新たに立ち上げられたのが「文化遺産防災ネットワーク推進会議」である。(1) 基幹となるのは、国立文化財機構で発足した「文化財防災ネットワーク推進本部」となる。

被災した文化財を救出しようという目的で立ち上げられた組織が、来るべき災害に備えようと次のステップを踏み出したわけであるが、この中に無形文化遺産はどのように位置づけられていようか。文化遺産防災ネットワーク推進会議に連なる参画団体を見ると、基本的には博物館・美術館をはじめとして、図書・公文書・歴史資料に関わる団体で占められている。無形文化遺産に関わる機関といえば、国立文化財機構内で無形文化遺産部をもつ東京文化財研究所と、ユネスコ絡みで設置されたアジア太平洋無形文化遺産研究センター(2)、それに民俗分野を唯一含む全国歴史民俗系博物館協議会くらいでしかない。

それ以前に、そもそも東日本大震災における文化財レスキューの際には、無形文化遺産は対象にならなかったということを踏まえる必要があろう。もちろん、瓦礫に埋もれた太鼓や獅子頭などは救出されたものの、組織立った無形文化遺産対象のレスキューは行われなかったという事実である。推測するに、人間が伝える無形文化遺産は、そもそも人命救助が最優先されている状況下であえて文化財レスキューの中に組み入れる必要もない、というのが当時の暗黙の理解だったのではないか。

それでも震災後に、無形文化遺産――ことに民俗芸能や祭礼――については社会的な関心が高まったこともあり、復興のための支援が民間団体を中心に広まっていった。行政でも、文化庁の「文化遺産を活かした観光振興・地域活性化事業」の補助金を応用するなどして、調査と支援が行われるようになっている。こうした状況を踏まえて、震災復興に無形文化遺産は重要だというような認識がなされるようになったといえよう。

二〇一五年三月に仙台で開かれた国連防災世界会議では、国際専門家会合「文化遺産と災害に強い地域社会」の中において、無形文化遺産の防災についても話題となった(3)。例えば、その際に国立文化財機構と文化庁とで制作した六分ほどの映像「文化遺産と災害に強いまちづくり(4)」では、岩手を中心に民俗芸能等の映像記録を続けてきた阿部武司氏(東北文化財映像研究所)の映像等が用いられ、「無形の文化遺産が心の復興を、有形の遺産が記憶の継承を支え、生活の再建やまちの復興に活力をもたらす」ということが語られた。参加者の話では、無形文化遺産の復興が成功事例のように受け取られていたとも聞く。

しかしながら、同会合を通じて無形文化遺産の防災が明確になったわけではない。その報告を見ると、コンテクストとして「文化遺産」の定義に、不動産遺産・動産遺産、市街地や景観、公文書や蔵書に加えて無形遺産も含まれることが明示されている程度である。また、同会合の「勧告」の中で無形が登場するのは、「国際レベル及び地域レベルの遺産関係機関は、第一に、さまざまな遺産部門(例:動産及び不動産、有形及び無形)の間で、より良いコミュニケーションと統合を促進しなければならない」という遺産の例示箇所のみとなっている。

つまるところ、無形文化遺産の災害復興と防災という問題は、社会的関心から、あるいは支援事例として、また復興後の注目度から取り上げざるをえない課題ではあるのだが、その一方でいまだ対象も方法論も定まっていない状況に置かれているのである。災害からの復興に無形文化遺産が重要な意義を有すること自体は認知されつつある現在、無形文化遺産の防災をどのように行うべきか、早急にその方法を提示し、実践していく必要があろう。

2 無形文化遺産の防災とは何か

無形文化遺産の防災とは何かを考えるためには、先に「無形文化遺産」と「防災」の定義を明らかにする必要がある。まず、「無形文化遺産」の定義であるが、ユネスコで二〇〇三年に採択された「無形文化遺産の保護に関する条約」には次のように述べられている。「無形文化遺産とは、慣習、描写、表現、知識及び技術並びにそれらに関連する器具、物品、加工品及び文化的空間であって、社会、集団及び場合によっては個人が自己の文化遺産の一部として認めるものをいう」。慣習・描写・表現・知識・技術という非常に広大な範囲であることがわかる。

一方、日本では「文化財保護法」によって定められた「無形文化財」と「無形民俗文化財」、それに「選定保存技術」とが無形文化遺産に相当するものとなる。このうち「無形文化財」は、「演劇、音楽、工芸技術その他の無形の文化的所産で我が国にとつて歴史上又は芸術上価値の高いもの」と定義されており、例えば芸能でいえば能や歌舞伎といったいわゆるプロフェッショナルの技能が対象とされている。「無形民俗文化財」の場合は、まず「民俗文化財」の定義として「衣食住、生業、信仰、年中行事等に関する風俗慣習、民俗芸能、民俗技術及びこれらに用いられる衣服、器具、家屋その他の物件で我が国民の生活の推移の理解のため欠くことのできないもの」が挙げられ、そのうちの無形である部分が下位分類としての無形民俗文化財となる。端的には、「風俗慣習・民俗芸能・民俗技術」である。さらに「選定保存技術」は、有形文化財の修理技術と、それに必要な材料や道具の製作技術を指す。

私見ながら、これらをあえて大雑把にまとめれば、三つに集約することができる。①演劇・音楽・民俗芸能・風俗慣習の一部(人生・儀礼、娯楽・競技、年中行事、祭礼・信仰等)のように行為そのものが価値の対象となるもの。②工芸・民俗技術・保存技術・風俗慣習の一部(生産・生業等)のように有形の成果を生み出すための技、もしくは収穫のための技。③風俗慣習の一部(社会生活・民俗知識等)のように言語や知識など特定の行為には結びつきにくいもの。煩雑になるためこれ以上の説明は避けるが、要はそれだけ性質の異なるものに対して総括的に「防災」を想定することは、非常に困難だということである。

他方で、「防災」という言葉もまた範囲が広い。そもそも「災」が何に起因するものかという部分と、「防」の度合いとを明確にする必要がある。ことに「防」に関しては、被害抑止を第一義としながらも、減災・危機管理・復興などを含めた意味合いで用いられている。専門家は当然使い分けていようが、「無形文化遺産の防災」とした際に、それをどこまで求めるのかを明らかにする必要がある。そして、それが有形を対象とした防災よりも困難である最大要因は、相手が人間だという点である。換言すれば、無形文化遺産の防災とは、あくまで伝承者の防災と、それに付随した有形物の防災でしかありえない。有形であれば、例えば免震や耐震といった技術を踏まえた維持管理、保管場所や保管方法の検討、災害時の対応、復旧のための技術といったことが課題として挙がるが、無形では人命救助が最優先される——というよりも何より優先される人命救助こそが、無形文化遺産の防災につながることは事実なのである。

例えば、重要無形文化財保持者、俗に言う「人間国宝」を災害から守ろうとすれば、その住居の耐震工事といった話になりかねない。もちろん、それも「無形文化遺産の防災」の一環ではあろう。しかし人間である以上、怪我や病気、そして死というリスクは避けることができず、さらにいえばモチベーションの低下ですら無形文化遺産の継承に影響を及ぼす。つまり災害のみならず、常に消失・変容のリスクにさらされているのが無形文化遺産なのである。それゆえ、伝承者にアクシデントが生じた際に技が継続されるよう、継承者の育成と技の記録を行うことは、無形文化遺産の防災という以前に日常的な保護策なのである。しかしそうなると、あえて防災を強調せずとも、平常時の無形文化遺産保護こそ、無形文化遺産の防災ということにもなる。

それでは、「無形文化遺産の防災」という施策はありえないのであろうか。振り返って無形文化遺産の防災の必要性が叫ばれる契機を考えてみると、やはり東日本大震災が出発点であった。震災からの復興のなかで、民俗芸能や祭礼が大きな役割を果たしたという事実を多くの人が目の当たりにしたからである。一つだけ例を挙げるとすれば、宮城県女川町のある集落では、避難先が数十か所に分散したため、集落の人びとが顔を合わせる機会を失ってしまった。それでも正月と四月末の例祭のみ、被災した集落跡地に住民が集まり獅子舞を楽しんだ。獅子舞が、コミュニティをつなぎとめる手段だったのである。こうした例は被災した各地で見ることができた。つまり、無形文化遺産の機能として、地域コミュニティの再生に効果があるということが立証されたともいえよう。

そうなると、「無形文化遺産の防災」に新たな可能性が加わることになる。すなわち、地域コミュニティの災害からの復興過程において、無形文化遺産を活用することが効果的だということである。とくに精神的な復興では、民俗芸能や祭礼といった地域の無形文化遺産は、大きな効果を生む。つまり地域防災の中に、被災後の復興という視点も含めた上で、それに貢献しうる無形文化遺産を組み込むということである。したがって、それは「地域防災のための無形文化遺産の活用」ということであり、なおかつ災害時に活用できるように、無形文化遺産の災害時におけるダメージを最小限にとどめるために「無形文化遺産の防災」が必要とされるのである。

3 無形文化遺産の防災に必要とされること

先の文言を繰り返すことになるが、ここでの「無形文化遺産の防災」を、「地域防災のための無形文化遺産の活用」とそのための防災という観点に限定した場合、どのような問題が想定され、何が必要とされるのか、ここでは列挙してみたい。

3-1 個別被災事例の収集

コミュニティ再興における無形文化遺産の役割・意義は、個々の事例ごとに異なるということを最初に理解すべきであろう。例えば同じ「民俗芸能」であっても、三陸地方の神楽のようなセミプロ集団ともいうべき集団が村々を訪れ巡業する芸能と、獅子舞のように村の青年が行う芸能とでは、地域での役割も意義も異なる。加えて、伝承者の居住地からみた被災エリアも一地区のみならず、他地区にまたがる場合もある。東日本大震災の際には、こうした事例ごとの差異が、復興にも大きな影響を及ぼしていることがわかった。したがって、東日本大震災等のこれまでの災害において、どのように被災をして復興したのかという事例を収集・分析し、それを防災に取り組む地域の状況に変換して考える必要がある。

3-2 支援の枠組み

東日本大震災の後、日本財団や企業メセナといったさまざまな民間支援によって、無形文化遺産に特化した支援事業が行われた。流失した道具類などのかなりの量が、これらの支援によって復活することができている。

しかし、どこにどれだけの支援を行うかという支援の分配は大きな問題であった。被災情報が行き渡らないことから、情報のある団体に支援が偏るという事態も起きていた。また被災状況によって、あるいは地域によって復興のスピードは異なる。しかし、支援に関してはさまざまな制約から時期を限って募集せざるをえない状況にあり、支援が必要なときに適した支援がないという状況も起きていた。とくに震災直後は多くの支援があっても、時を経るごとに減少していった事実も否めない。防災という観点からは、こうした支援側の方法論も再考する必要があろう。

さらに、これは被災者側が決して口にできることではなく、誤解を招く言い方になるかもしれないが、「他人からもらったものは大切にしづらい」という現実もあったと聞く。祭礼用具などにしても、常々は多くの苦労を重ねて製作や購入をするものを、支援だからといって簡単に入手できてしまうと、感覚的には受け入れがたいという事態も頷けよう。単に物質的なものだけを復活させればよいという話ではないのである。また支援が続くと、それに対して何か返礼をせねばという観念が生じ、無意識下であっても精神的負担になる。あるいは支援に関わる妬みの問題なども起きる。加えて、支援者同士のトラブルも起きており、金銭が絡む問題であるだけに、支援をめぐる問題は大きいと言わざるをえない。防災として支援のあり方にまで目を配ることは難しい上に、こうした負の側面は事例収集も困難ではある。しかし問題点の集積は、来るべき災害に備えて必要とされるはずである。

3-3 個人情報への対処

東日本大震災の後に、被災情報収集という作業の前に立ちはだかったのが、個人情報という壁であった。とくに福島県の調査においては、転々と避難先を変える伝承者の行方を追うことが難しく、役場に問い合わせても個人情報保護の観点から教えてもらえないという状況が、調査をより難航させたと聞く。文化財に関わる個人情報については、扱いが難しいことは事実である。とりわけ美術・工芸分野に関しては、必ずしも所有情報の公表を望まない所有者も多い。文化財に指定された時点で公的な側面を持つため公表すべきとしている自治体もあるが、一方で公表によって盗難等の可能性が拡大するという危惧もあり、一概に是非を問うことはできない。無形文化遺産、とくに民俗文化財においては、そこまで厳格に考える必要はないかもしれないが、無形とはいえ希少な(有形の)道具を用いる場合も多いため、同様の問題が起きかねない。しかしながら、膨大な数の文化財について網羅的に公表の是非を確認する作業も大変な困難を伴い、また結果的に公開を望まないようであれば問題は継続したままとなる。

後に述べるが、筆者の勤務する独立行政法人国立文化財機構東京文化財研究所では、地方指定(都道府県・市町村指定)に関する文化財情報を、文化財防災の一環として二〇一六年度より収集している。このとき、文化庁による文化財の個人情報についての見解は次のようなものであった。

「行政機関の保有する個人情報の保護に関する法律」の第八条第二項第三号によれば、「行政機関の長」が、「他の行政機関、独立行政法人等、地方公共団体又は地方独立行政法人に保有個人情報を提供する場合において、保有個人情報の提供を受ける者が、法令の定める事務又は業務の遂行に必要な限度で提供に係る個人情報を利用し、かつ、当該個人情報を利用することについて相当な理由のある」と認めた場合には、個人情報の提供が認められるとある。そのため、独立行政法人である東京文化財研究所が、個人情報を含む文化財情報を取得する場合、行政の長が判断すれば所有者等個人への確認は不要だというのである。端的にいえば、いわゆる公的機関であれば、地域行政機関の長が承諾さえすれば、個人の承諾を得ずとも個人情報を扱うことができるということである。

しかし逆にいえば、行政機関の長が承諾しない限りは提供は受けられず、都道府県側も災害時に文化財情報をどのように開示すべきかといった、文化財に関する防災計画を策定しない限り判断は難しい。さらには個人所有の文化財であれば、災害時でも所有者の要請がない限りは救援を行うことができないとすれば、個人情報をあらかじめ把握する必要はないのではないかという声もある。

ただし、要請に応じてしか救援ができないという前提は、無形文化遺産の場合はやや異なる。何よりも東日本大震災の折に所在情報すら得られず、得られても個人情報保護の前に確認ができなかったという経緯は、反省とともにしっかりと考慮されるべきであろう。何より救援要請の声をあげることがなかなかできず、外部の支援者が手を差し伸べることでようやく復興へ踏み出すことのできた団体が多く存在したが、これは要請ありきの救援だけでは応じることができない。無論、災害時には盗難も多発することから安易な情報公開は危険を伴うが、それでも無形文化遺産とそれ以外の分野では方法論が異なるという大前提を周知させる必要がある。

行政機関の文化財担当部署は、どうしても有形・無形にかかわらず「文化財」という一元的な見方をする傾向がある。しかし、ここで述べつつある「地域防災のための無形文化遺産の活用」という観点は、一般的な文化財保護とは異なる観点で考えることが必要とされよう。とくに、博物館・美術館を中心とした美術・工芸分野とは異なる「地域の文化財」は、そうした活用的観点が重視されるべきである。そして個人情報の問題は、そうした観点を確立することによって理解を求めていくべきであろう。

3-4 ネットワーク構築

東日本大震災後に流失した獅子頭を、外部の支援によって作り直した伝承団体がいくつもある。しかし、ある団体のもとを訪れてみると、「せっかく作ってもらったけれど、もう維持できない」という声を聞いた。震災前から過疎・高齢化が進む集落であったが、震災を機に若者の転出が加速し、もはや獅子舞を演じる正月でさえも人が集まらないのだという。その地域はさらに高台移転を控え、先行きの不透明な状況であった。そのようななかで、この民俗芸能にはどのような前途があるのか。

こうした問題は、被災した各地が抱えている。とくに原子力発電所事故の避難地域では、道具の物理的な損壊はわずかであったが、震災後に再開できずにいる無形文化遺産も多い。「復興支援」は、どうしても形あるものに流れてしまう。有形文化財であれば修復・再生を行えばそれが到達点となるわけだが、無形文化遺産の場合には、道具が修復・再生を果たしてからが出発点となることが、支援する側に見過ごされているのである。それゆえ、「防災」の観点にその部分を盛り込むことが難しい。

そのような状況に対処するためには、被災後に継続的に伝承者に寄り添い、その時点での問題点は何かということを把握していく以外に方法はない。震災後の被災地には、ケースワーカーが入って被災者の精神的なケアを行う活動が見られるが、同様に無形文化遺産を通して地域コミュニティの問題を共有できる存在が必要とされるのである。また、外部者がその無形文化遺産に関わることで、伝承者側のモチベーションアップにもつながる効果も期待できよう。

そうした状況を生み出すために有効な手段としては、伝承者と外部の人間をつなぐネットワークを構築することであろう。伝承者と文化財行政担当者、支援団体、研究者、そして愛好者をも巻き込んだゆるやかなネットワークこそ、被災後に効力を発揮する手段となりえるはずである。そうしたネットワークの存在は、大きな災害のみならず、日々その無形文化遺産を襲う過疎化や少子高齢化などによる消滅のリスクにも対処できよう。

しかしながら、日本の文化財行政における決定的な弱点として、民俗文化財の担当者の配置がきわめて少ないことが挙げられる。行政的な発掘調査が必須の考古担当に対し、民俗文化財は軽視され、かつ専門職を忌避する風潮がそれに拍車をかけているのが現状である。こうした傾向もまた、無形文化遺産を襲うリスクだといっても過言ではないかもしれない。とはいえ、こうした傾向は一朝一夕に改善できるものではなく、それを補うためにもさまざまな立場の人びとをつなぐネットワークの構築が望まれるのである。

3-5 情報収集と発信

ここまで、災害後に有効な復興支援をめぐる体制やその際の問題点について挙げてきたが、最後に復興の際に必要とされる情報について述べておきたい。災害に備えて、「防災」として行うべき情報収集作業のことである。

まず、最初に必要とされるのが、所在情報の収集である。東日本大震災の際には、岩手・宮城・福島の沿岸部にある民俗芸能と祭礼・行事の数は、既存の調査成果数からみて一千を超えていた。しかし、そのうち国から市町村までの何らかの文化財指定を受けていたものは、わずか八パーセントほどにすぎなかった。指定されていないものは、行政的な把握が困難となる。どこに何があるのかがわからない状況というのは、復興支援の対象化はおろか、被害の把握すらできないことを意味している。

さらに、市町村指定・都道府県指定文化財であっても、その情報がリスト化されていないというケースも多々存在するのである。さすがに都道府県指定ともなると、リストがほぼあると言ってよいが、市町村指定まで広げた場合、とくにデジタル化したリストは必ずしも存在していない。指定物件に関しては報告義務のある文化庁でもまた、報告がデジタル化される以前のデータに関してはリスト化がなされていない(5)。

つまり、指定を受けていない物件はおろか、指定された文化財であっても全国的なリストは存在しないのである。他分野ではあるいはそれを補うリストがあるのかもしれないが、少なくとも無形民俗文化財に関しては存在しないと言い切ることができる。例えば、日本に獅子舞がいくつあるのか、神楽がいくつあるのかということは誰も知らないのである。したがって、まずは網羅的なリストを作成することこそ、何にも先んじて行わなければならない「無形文化遺産の防災」だといえよう。ただし、所在リストは一度作ればよいというものではない。常に変化するのが無形文化遺産であり、定期的な更新まで含めて、このリストを維持することが要求される。

また、その範囲を未指定物件にまで広げようとした際に問題となるのが、どこまでを対象とするのかという点である。例えば、同じ無形民俗文化財であっても、民俗芸能や祭礼などに比して民俗技術の認知度は低く、調査データも少ない。そうしたものをどれだけ含むことができるのか。また民俗芸能であっても、例えば近年始められたものをどう扱うのかという問題がある。創作和太鼓や「よさこいソーラン」などはわかりやすいが、伝統的なスタイルながら戦後に始められた伝承といった例は、東日本大震災の被災地でも多く見られた。学術的な観点からは外すことができても、「地域防災のための無形文化遺産の活用」という観点からは、外しがたいものも多々ある。しかし、安易に含めればそれだけデータ量は膨大になり、含めなければその伝承が忘れられてしまう、被災時に支援対象から外されてしまう、といった危惧がつきまとう。このことは、東日本大震災後にリストを作成した際に、実際に受けた指摘でもある。

さて、所在情報に加え、被災後に復元を可能にするデータを収集しておくことも重要である。例えば、東日本大震災によって獅子頭を流失したある地域では、関連する写真類もすべて流されたために、復元する際にも職人が苦労を強いられた。[6]データ類を分散して保管することももちろん必要だが、それ以前に写真や計測データなどを用意しておくことこそ、重要な文化財防災である。さらには音楽・芸態・技術のようにまさに「無形」である部分に関しては、映像による記録作成をしっかりと行わなければならない。

そして、このようにして収集された情報は、秘匿すべきものを除いてできる限り発信すべきであろう。被災後の発信については、東日本大震災の際には慎重に行うべきだという意見もあった。不特定多数が被災地へ集まることの危惧などもあったため、確かに一概に論じることはできない。しかし、先に述べたネットワーク構築の必要性と同様に、無形文化遺産の保護には人のつながりをつくり出すことが重要視される。とくに観客や顧客を必要とする無形文化遺産に関しては、上演・購入等についての情報を発信していく必要がある。また、そうした情報を継続的に発信することで、ネットワークの活性化も期待できよう。

4 アーカイブスの構築

ここまで述べてきたことを踏まえ、現時点での東京文化財研究所における取り組みを紹介しておきたい。第二章にて今石みぎわにより「無形文化遺産情報ネットワーク」の活動とウェブサイトについての説明がなされているため、その経緯については省く。簡潔にいえば、東日本大震災後に無形文化遺産被災情報を集めるために、各県で震災前に行われていた民俗芸能緊急調査報告書と祭り・行事調査報告書のリスト等をもとに作成した新たなリストと地図を、[7]ウェブサイト「311復興支援　無形文化遺産情報ネットワーク」上で公開したということである。この目的は、支援等に役立つ所在情報を示すとともに、被災情報・復興情報を収集するためでもあった。結果的には、この試みは支援団体やマスコミに無形文化遺産の被害のボリュームを示すためには大いに役立ったが、情報収集の手段としてはそれほど機能していなかった。やがて復興もある程度進むなかで、先に述べたように復活したものの維持できないといった新たな問題も表出してきたため、二〇一四年度末をもって更新を止めている。

代わって立ち上げたのが、「無形文化遺産アーカイブス」[8]である。システムについては、311復興支援の際と同じく国立研究開発法人防災科学技術研究所の協力を得て構築。旧来の「311復興支援　無形文化遺産情報ネットワーク」よりも使いやすい検索システムを目指した。これが「311復興支援　無形文化遺産アーカイブス」であり、データとしては岩手・宮城・福島沿岸部の情報のみを対象としている。二〇一七年度以降は、これをもとに新たに構築した全国版の「無形文化遺産アーカイブス」に、全国の無形文化遺産情報を収納していくことになる(図3-1)。

その情報の収集方法としては、文化庁および都道府県の教育委員会等の文化財所管に協力を依頼し、都道府県を通じて行うものを基礎とする。ただし、必ずしも市町村指定文化財までのデータが揃っているわけではないため、未指定まで含めた調査方法については都道府県ごとに協議する必要がある。二〇一六年度に数回にわたって担当者会議を開催し、全都道府県の担当者とこの事業の目的を共有することができたが、具体的な収集作業は今後のことになる。あわせて更新をいかにして継続させるのかということも、重要な課題である。いずれにしても、ネットワークを形成しつつアーカイブを構築するという同時進行が必要とされ、あわせて既存のネットワーク等との連携も必須となろう[9]。

「無形文化遺産アーカイブス」に収納する情報については、基礎データに加え、画像・映像・音声・文書・刊行物といったさまざまなものも対象とする。現物を収納できない場合には、そのメタデータなどを入れるようにすることも必要となろう。また、「311復興支援　無形文化遺産情報ネットワーク」で行ってきたような、いわゆるデータベースとしての機能も充実させなければならない。とくに防災としての項目をどのように充実させるのかについては、これからの重要な課題である。例えば、伝承地とハザードマップの照合をはじめ、道具の保管場所、道具の製作先、伝承者が広域にわたる場合の表示など、考えるべき項目は多い。さらに画像や映像のみならず、消失の際に復元可能な道具の計測も、芸態・音楽・技術といった無形部分の記録作成を行い、そうしたデータを収納することも必要とされよう。いずれもすぐに進められるものではないが、防災意識が高まりつつある現在こそ提言していく必要があり、そのことを通じて無形文化遺産の価値の再認識、そして関係者間のネットワーク形成が進めばよいと考えている。

このようにして集められたデータは、日本の無形文化遺産の全体像を知るための基礎情報ともなり、それによって他地域の文化遺産との比較も可能となる。そこから導き出される特色や魅力は、観光資源としての活用、生涯学習や学校教育での活用、地域間交流、海外への情報発信等にも役立てることができる。また、一般のいわゆるファン層を増大させることができれば、伝承者への刺激となることも期待できよう。ただしそのためには、この「無形文化遺産アーカイブス」は専門的すぎる傾向にあり、一般向けにより間口を広げたウェブサイトの構築も、あわせて検討しているところである。

図3-1　「311復興支援　無形文化遺産アーカイブス」

5 海外への発信

最後に、この「無形文化遺産の防災」が海外でいかに考えられているのかについて触れておきたい。冒頭で述べたように、無形文化遺産の防災という概念は、国連防災世界会議でも話題となった。日本でも確立しているとは言いがたい概念だが、東日本大震災の経験があるからこそ日本が発信できる問題であり、日本が期待を背負っている分野だともいえる。

東京文化財研究所と同じ国立文化財機構に属するアジア太平洋無形文化遺産研究センターでは、無形文化遺産の防災をテーマにしたアジア・太平洋での関係者への調査や協議を行っている。筆者はその調査に協力するかたちでベトナムを訪れる機会を得たが、洪水をはじめとした自然災害が頻繁なこの国では、無形文化遺産の防災は大変興味を持って受け入れられた。ただし、そこで示される無形文化遺産は、これまで述べてきたものとは少し性格を異にするものであった。本章第2節で無形文化遺産を三つに集約したが、そのうちの「特定の行為には結びつきにくいもの」に相当する「民俗知識」(ローカルナレッジ)である。

例えば、ある少数民族は山上に集落をつくっていたが、気候変動による洪水の危険性が指摘され、山を下りることとなった。移住先では、他民族と一緒に生活せざるをえなくなり、結果として伝統的な文化が消滅したのだという。それに対して、研究者はたとえ移住先で祭りを行っても、神聖な山で行う祭りとは精神的な意味が異なるということを指摘している。災害に対して安全面や精神面のみが重要視されているが、文化についても考慮すべきだという批判は、日本と共通していよう。しかし一方で、災害に対処する文化を持ちえていた少数民族でさえも、モバイル端末やオートバイ、テレビといったものの普及によって伝統文化が弱まり、結果的に災害に対する脆弱性をさらし出すこととなったともいう。

また、民俗知識に根ざした技術の方が災害に対して強いという指摘もある。例えば家づくりにおいて、近年は伝統的な建築を捨て近代的な建築資材を使うようになっている。しかしそうした資材は高価であり、なおかつその新しい資材で造る技術を有していないため、洪水等で簡単に壊れてしまう。また、伝統的な資材で造った家は、洪水の際に水上に浮かぶものもあるという。これも民俗知識に根ざした家づくりであり、コンクリートではそれができない。

ハノイのある研究機関では、こうした災害に対する民俗知識を活かす研究を行っていた。生活の中の民俗知識を防災にどのように活かすのか、有効な民俗知識を見極め、新しい技術といかにうまくバランスを取るのかという課題である。

このように、ベトナムでは主に災害に関わる「民俗知識」の再評価が焦点となっていた。この傾向は、例えば南太平洋の島嶼部でも同様であった。[10]「民俗知識」については、日本では「在来知」「伝承知」「伝統的知識」といった言葉とともに、さまざまな文脈で使われている。[11]例えば、「猫が顔を洗えば雨」のような自然科学的な民俗知識もあれば、きわめて呪術的な場合もあるが、震災後に注目されたのは津波の教訓であろう。いわゆる「津波碑」のように、防災も視野に入れた民俗知識の集積としての石造物もあれば、津波の際には銘々で逃げろという「津波てんでんこ」の教えなども効果的であったといえる。

しかしながら全般的には、もはや旧来の民俗知識に基づく生活に戻ることが難しい日本では、それほど大きな活用は望めない。ただし、復興に伝統的な社会組織が有効であるとか、その中で無形文化遺産が果たす役割があるといった、非常に大枠な民俗知識であるならば、ここまで述べてきた「無形文化遺産の防災」と合致した内容になる。

もちろん海外との連携のなかで、民俗知識の再評価についての研究と実践を進めることも必要とされよう。ただし国内的に南海トラフ地震等、今後の自然災害の脅威が迫るなか、「防災」という観点から早急に取り組まねばならないのは、無形文化遺産を災害復興の中にどのように位置づけ、そのために何をすべきかということである。決して「文化遺産をいかに守るのか」ではなく、「文化遺産で地域をいかに守るのか」という課題なのである。そしてそれが、世界に対して日本が発信しうる「無形文化遺産の防災」となるはずである。

付記

本章で取り上げた「無形文化遺産アーカイブス」は、二〇一八年度以降は「無形文化遺産総合データベース」の中に位置づけられる予定である。

註

(1) 参画団体は、独立行政法人国立文化財機構、独立行政法人国立美術館、独立行政法人国立科学博物館、大学共同利用機関法人人間文化研究機構、国立国会図書館、独立行政法人国立公文書館、公益財団法人日本博物館協会、公益社団法人日本図書館協会、全国科学博物館協議会、一般社団法人文化財保存修復学会、一般社団法人日本考古学協会、日本文化財科学会、全国美術館会議、全国歴史資料保存利用機関連絡協議会、全国大学博物館学講座協議会、NPO法人宮城歴史資料保全ネットワーク、歴史資料ネットワーク、西日本自然史系博物館ネットワーク、全国歴史民俗系博物館協議会、大学博物館等協議会、公益財団法人文化財保護・芸術研究助成財団となっている。

(2) 設置されたのは東日本大震災後の二〇一一年一〇月。ユネスコ無形文化遺産保護条約を中心とした国際的動向の情報収集、アジア太平洋地域の無形文化遺産保護に関する基礎的な調査・研究、無形文化遺産保護の国際的充実への貢献などを目的としている。

(3) 国際専門家会合「文化遺産と災害に強い地域社会」についての詳細は「文化財防災ネットワーク」ウェブサイトで閲覧可能である(http://ch-drm.nich.go.jp/result/report/report04)。

(4) ユーチューブ上に動画を公開中(https://www.youtube.com/watch?v=23ayglvnSSk)。

(5) 地方自治体は、新規の文化財登録があった場合には文化庁に報告する義務があるため、文化庁には全国の地方指定文化財情報が集積する。しかし、そのデータがデジタル化されたのは二〇一一年度以降であり、それ以前の書類ベースのデータはリストとして蓄積されていなかった。

(6) 岡部[2017]の中で具体例が述べられている。

(7) 民俗芸能では『岩手県の民俗芸能――岩手県民俗芸能緊急調査報告書』(岩手県教育委員会、一九九七年)、『宮城県の民俗芸能――宮城県民俗芸能緊急調査報告書』(宮城県教育委員会、一九九三年)、『福島県の民俗芸能――福島県民俗芸能緊急調査報告書』(福島県教育委員会、一九九一年)、祭礼・行事では『岩手の祭り・行事調査報告書』(岩手県文化財愛護協会、二〇〇〇年)、『宮城県の祭り・行事――宮城県祭り・行事調査報告』(宮城県教育委員会、二〇〇〇年)、『福島県の祭り・行事――福島県祭り・行事調査報告書』(福島県教育委員会、二〇〇五年)などがある。

(8) 「無形文化遺産アーカイブス」ウェブサイト(http://mukeinet.tobunken.go.jp)。二〇一六年度末時点でのウェブサイト構成としては、「無形文化遺産情報ネットワーク」を入口として、「３１１復興支援　無形文化遺産情報ネットワーク」と「３１１復興支援　無形文化遺産アーカイブス」がその中に含まれている。この「３１１復興支援」のデータは記録として残し、今後の全国的なデータは、新たに構築された「無形文化遺産アーカイブス」の中に蓄積されていくことになる。

(9) 例えば、関西地域を中心とした行政機構「関西広域連合」では、防災を見据えた文化財データベース作成なども行っている。また、防災を目的とした文化財データベースを公開している都道府県もある。

(10) 『大洋州島嶼国調査報告書』(東京文化財研究所、二〇一四年)の中で、キリバス共和国、ツバル国の例を挙げている。

(11) 「民俗知識」については、国では一九五四年告示の「重要民俗資料指定基準・記録作成等の措置を講ずべき無形の民俗資料選択基準」の中で初めて示されている。また、例えば野本・赤坂編[2013]のように「暮らしの知恵や技」全般を対象にする場合もある。さらに国立民族学博物館の共同研究では、「災害復興における在来知——無形文化の再生と記憶の継承」(代表者:橋本裕之)として、自然・社会環境と関わるなかで形成される実践的・経験的な知(在来知)が、災害発生によりこうむった影響やその再生の活動、地域社会の再建に果たす役割に着目している。

文献

岡部達也[2017]「祭礼具から考える無形文化遺産の保持」、『無形文化遺産と防災——リスクマネジメントと復興サポート』(『第一一回無形民俗文化財研究協議会報告書』)、東京:東京文化財研究所無形文化遺産部、六一—七二頁

野本寛一・赤坂憲雄編[2013]『暮らしの伝承知を探る』東京:玉川大学出版部

第四章

復興のなかの発見と創造
——震災復興関連事業に関わった一民俗学者の随想

俵木 悟

1 はじめに——震災復興に関わることの葛藤

二〇一一年三月一一日当時、筆者は東京文化財研究所の無形文化遺産部の研究員であり、東北地方太平洋沖地震が発生したそのときも、東京・上野の研究所に勤務中であった。年度末に刊行する報告書の編集作業や、各種の業務のとりまとめに追われる時期で、当日は帰宅することもできず、珍しく一緒に職場で夜を明かすことになった同僚たちとテレビで被災地からの映像を見ながらも、気持ちの大半は目の前の仕事を片付けることで占められていたように思う。

こんな個人的なことを書くのは、当時の状況が後の筆者の震災との関わりを示唆していたように思われるからである。筆者はその三月末で研究所を退職し、現在の大学に赴任することが決まっていた。年度末の業務に加え、在任期間中の残務処理、後任への引き継ぎと、研究室の膨大な資料の整理と引っ越しを抱えており、刻々と明らかになる震災の被害状況には衝撃を受けながらも、自ら選んだ新しい道を目の前にして、それ以外の自分の立場や身の振り方を考える余裕はなかったというのが正直なところだった。

そして筆者の最後の勤務日であった三月三一日に、東北地方太平洋沖地震被災文化財等救援事業、通称「文化財レスキュー」の実施要項が文化庁から発表され、東京文化財研究所はその事務局に位置づけられた。こうして筆者は、意図したことではないとはいえ、結果的に震災復興に関わる最大級の国家事業から脱け出すようにして研究者としての新たなキャリアをスタートさせたのである。

また、筆者は民俗芸能の調査研究を専門とするが、それまでに東北地方で本格的な調査をした経験を持っていなかった。東北を主たるフィールドとする知人がそれなりにいたこともあって、人類学者や民俗学者がしばしば用いる意味で、そこが「自分のフィールド」であるという意識は皆無だった。二〇一〇年度から仙台市で文化財調査事業に関わっており、震災九日前の三月二日には多賀城市の東北歴史博物館で次年度から本格化する予定だった宮城県の伝統文化活性化事業の会議に出席したところでもあった。遅ればせながら東北地方と向き合う展望が開けてきたところでの震災の発生で、言うまでもなくこれらの事業はしばらく凍結されることになった。

以上のような事情もあって、しばらくの間、筆者は震災復興と関わることに必然性を見いだせないでいた。少々大げさであるが、筆者の境遇は被災地とは別の方向に導かれているように感じられた。震災直後から被災地の祭りや芸能の復興支援に奔走していた多くの友人たちを横目で見ながら、何かしなければいけないのではないか、自分に何ができるのかと考える一方で、とくに縁があったわけでもないのに、震災があったからといって突然押しかけるのは、無節操で失礼な行為ではないのかという葛藤を抱えていた。

2 「求められることに応える」という関わり方

その思いを変えるきっかけになったのは、震災から三か月が過ぎた二〇一一年六月一八日、知人である東北文化財映像研究所の阿部武司氏に促されて、初めて気仙沼、陸前高田、大船渡などの状況を見てまわったときだった。このとき訪ねた大船渡市三陸町の越喜来《おきらい》で、金津《かなつ》流《りゅう》浦浜《うらはま》獅子《しし》躍《おどり》を百箇日法要として踊っているところに偶然行き会った。浦浜は念仏剣舞を伝えていることでも知られており、本来であれば死者供養の意味をもつ剣舞を演じたかったのだろうが、道具類がすべて流されてしまったので獅子躍を踊っているとのことだった。観客はまったくおらず、犠牲者の供養のために、まだほとんど撤去されていない瓦礫のあいだを淡々と踊り巡っていくその姿は、しきたりとして伝えられてきた時や場所といった民俗的な文脈（それこそ民俗学者が「民俗芸能」の本質的な要素とみてきたものだ）とは異なるにもかかわらず、その時・その場で踊る意義という点において一点の疑う余地もない、純然たる民俗芸能であるように筆者には映った。「伝統的」「民俗的」等の言葉では言い表せない祭りや民俗芸能の存在意義が、被災地から筆者も含む民俗芸能の研究者に突きつけられているように感じられた（写真4―1）。

同じときには大船渡市末崎町《まっさきちょう》の門《かど》中組虎舞《なかぐみとらまい》の伝承館も訪問した。後述する『ごいし民俗誌』の調査でその後の数年間、何度も訪問することになる碁石《ごいし》地区に隣接し、同じ神社の祭礼に参加する集落である。そこでは筆者が文化財研究所の職員であったことを伝えると、ここぞとばかりに行政の対応への不満と、彼らが求める支援の具体的なポイントを聞かされた。むろん彼らも私にそれを伝えたところで、すぐに期待が叶えられるなどとは思っていなかっただろう。

写真4―1　越喜来で見た金津流浦浜獅子躍の百箇日法要（2011年6月18日）

それでも彼らは、自分たちが必要としているものや誰かに期待していることを明確に持っており、それを然るべき人や組織に伝える手立てを探しているのだということは感じ取れた。

この経験は筆者には大きな教訓となった。このようなほとんど前例のない非常事態において何をすべきかということを、それまでの自分の調査研究で得た経験や知識から導き出すことなどできるはずがない。しかし実際に話をしてみれば、私たちに何かを期待している人はたくさんいる。そうした期待と、自分にできることをどうやって接合していくか。そう考えることで、震災復興に関わる大義名分を求めて躊躇していた気持ちはいくぶんか軽くなった。

こうして筆者はその後、被災と復興の現場に対峙する友人知人の求めに応じて、さまざまな立場から復興関連事業に関わることになった。自分の能力や引き受けられる仕事の量などを考えて断らざるをえなかったものもいくつかあったが、可能なものはできる限り引き受けるというつもりでやってきた。結果として、以下の五つの復興関連事業に継続的に携わることになった。

①東日本大震災に伴う被災した民俗文化財調査（文化庁委託事業、宮城県教育委員会・東北大学東北アジア研究センター、二〇一一年一一月〜二〇一三年三月）

②民俗芸能学会福島調査団（文化庁委託事業、民俗芸能学会、二〇一一年一一月〜二〇一四年三月）

③百祭復興プロジェクト（企業メセナ協議会「東日本大震災 芸術・文化による復興支援ファンド（GBFund）」、二〇一二年五月〜二〇一七年現在継続中）

④『ごいし民俗誌』作成プロジェクト（東京文化財研究所無形文化遺産部、二〇一二年七月〜二〇一四年三月、その後も調査は継続）

⑤宮古市東日本大震災記憶伝承事業（宮古市東日本大震災記録編集委員会、二〇一三年四月〜二〇一六年三月）

これらのうち、①④⑤は実際に調査員として現地でフィールドワークを行ったものであるが、各々の事業の目的や性格は異なっていた。①では文化財保護の観点から、宮城県東松島市月浜《つきはま》のえんずのわりという民俗行事の継承と復興に焦点を当てた調査を行った。⑤では岩手県宮古市津軽石《つがるいし》の法《のり》の脇鹿子踊《わきししおどり》という一つの民俗芸能を対象にしながら、文化財の救援や保護ではなく（そもそも法の脇鹿子踊はいかなる文化財指定も受けていない）、震災後の生活再建の実態を記録して後世に伝えることが目的とされていた。また、④は知人たちと自発的に始めた私的なプロジェクトで、民俗学の手法を活かして地域の人びとと調査を通して協働し、その成果を彼らに還元できるかたちにまとめることが目的だった。

一方で被災地の人びとが民俗学者に期待するのは、実地の調査ばかりではない。むしろ彼らが調査に協力してくれるのは、学者たちの仕事が目前の困難を克服するための支援や助成につながると期待しているからでもあろう。公共的な支援や助成の仲介者という役割は、研究者の仕事としては（とくに民俗学においては）過小評価されがちで、そのノウハウの蓄積も少ないが、被災地の人びとからの期待は大きく、これに応えるのも研究者としての責務である。②は調査事業であるが、筆者は副団長という立場で事業の要項や調査票の作成などに関わった。計画段階から、この事業は民俗誌的な調査というよりも、今後の支援事業に直結するような悉皆《しっかい》的な情報収集という性格が強く、実地調査はすべて調査票を用いて福島県内の団員が行った。また、③は公益社団法人が独自に行っていた芸術文化支援事業の中に、祭礼や郷土芸能の支援に特化したプログラムを立ち上げ、その助成活動の審査に加わった。

このうち①と②については、各事業における筆者なりの成果を著しており〔俵木 2014a, 2014b〕、また本書にはこれらの事業で中心的な役割を果たした著者による論考が寄せられている。そこで本章では、③④⑤の各事業への関わりと、そこから得られた筆者自身の見解について述べることで、今後の災害復興関連事業に、とくに民俗学的関心をもって関わる意義と役割についての議論の一石としたい。

3 『ごいし民俗誌』の経験
——地域に還元すべき成果の模索

最初に取り上げたいのは④の『ごいし民俗誌』作成プロジェクトである。これは東京文化財研究所無形文化遺産部の今石みぎわ氏が立ち上げたプロジェクトに参加したもので、当初から明確で具体的な目標を定めていたわけではなく、フィールドワークと民俗誌の作成という民俗学の方法が、どのように被災地の生活再建に寄与しうるのかを、実践を通して考えるという性格が強かったと筆者は認識している。

ただし、被災地には各種の復興関連事業が押し寄せていたことから、それらとの違いを明確にするという意味でも、次の三点を強く意識していた。第一に、地震と津波という非日常的な災害とその後の大きな変革のなかで、見過ごされがちな「普段の」「当たり前の」暮らしに目を向けるということ、第二に、以前からの地域の社会や暮らしの移り変わりの連続のなかで震災を考える視点を持つこと、そして最後に、調査の成果を可能な限り地域の人びとに受け入れられるかたちで還元することである。民俗学とて学問である以上、小さな地域社会で調べえたことを比較し分析し、一般的あるいは普遍的な理解につなげる使命を持つことは否定しないが、本プロジェクトに関しては、地域の人びとが「自分たちの文化」をより深く知る一助となるという点に重きを置いた。

調査地となった岩手県大船渡市末崎町の碁石地区（泊里《とまり》・西舘《にしたて》・碁石・山根《やまね》・三十刈《さんじゅうがり》の五集落から成る）には、プロジェクトの意義に賛同してくれた地元の有志の方々の協力でお世話になることになった。

二〇一二年七月の初めての現地訪問の後、今石氏が調査の方向性を定め、具体的な手法として民俗学の常套手段である「聞き書き」と並んで「古い写真の収集」を掲げ、調査の内容としては、①「一年のなりわい(生業)」、②「暮らしの祈り(信仰)」、③「衣食住」、④「村の風景・景観」を柱とした。この計画の実現のために、著名な漁村研究家であり、当地を昭和五〇年代に歩いた経験を持っている森本孝氏にメンバーに加わってもらったことはたいへん心強かった。

実際には調査を進めていくなかで、私たちの計画は少しずつ修正されていった。そもそも当初は泊里・西舘を中心とした震災の被害の大きかった範囲の調査を想定していたが、生業(漁業)にせよ、景観(人や家の移動と土地利用)にせよ、あるいは信仰(氏神熊野神社の祭礼など)にせよ、もっと広い範囲を視野に入れた調査をしなければとうてい理解できないことが明らかになり、結果として碁石地区の五集落をなんとかカバーするものになった(1)。

地域の人びとの関心と調査の成果をどのように接合するかについても配慮した。例えば「衣食住」に関する調査では、ちょうど同時期に被災した世帯の高所移転の計画や住宅再建が進んでいたことなどもあり、家屋の造りへの関心が高まっていた。そこで民俗建築の専門家である鈴木清氏にメンバーに加わってもらい、気仙大工による当地の独特の家の造りや間取り、さらにそこでの生活に焦点を絞った調査を行った。

図4-1 『ごいし民俗誌』

また、大災害に際しては地域に伝わり蓄積されてきたさまざまな歴史資料が散失するという問題もあるが、逆にこれを機会に新たな資料が発掘されたり、注目を集めたりすることもある。今回の調査でも、泊里の浜と熊野神社のかつての姿を描いた古絵図が発掘されたり、一九四〇(昭和一五)年からの泊里集落の熊野神社祭礼への参加記録がまとまって提供されたりした。これらもまた、地域の人びとの関心に沿うかたちで成果の中に盛り込むことを試みた。

この一連の調査の成果をまとめて、二〇一四年三月に『ごいし民俗誌』(図4-1)を刊行した[東京文化財研究所無形文化遺産部編 2014]。筆者個人としても、前に挙げたさまざまな復興関連事業との関わりのなかでも、最も頻繁に現地に通い、震災復興に関わる多くの考えが得られた意義深いプロジェクトであった。

次に、より具体的に、筆者が本プロジェクトに関わって得られた知見をいくつか取り上げて紹介したい。

3-1 固有名が持つ喚起力

まず取り上げたいのは、前述した泊里集落の祭礼記録である。筆者はこのプロジェクトで祭礼を中心とした信仰に関する部分を主として担務しており、この資料は、戦前からの中森熊野神社祭礼の様子と変遷を理解する上で有効な資料であるに違いないと考えていた。熊野神社の五年祭は、海上渡御を含む神輿の巡行とともに、碁石地区の五集落を含む九つの集落がそれぞれ奉納芸能を持ち寄って構成されるが、この構成は近現代においてもかなりの変化があることが明らかであった。泊里の祭礼記録からはそれが読み取れるのではないかと期待した（写真4-2）。

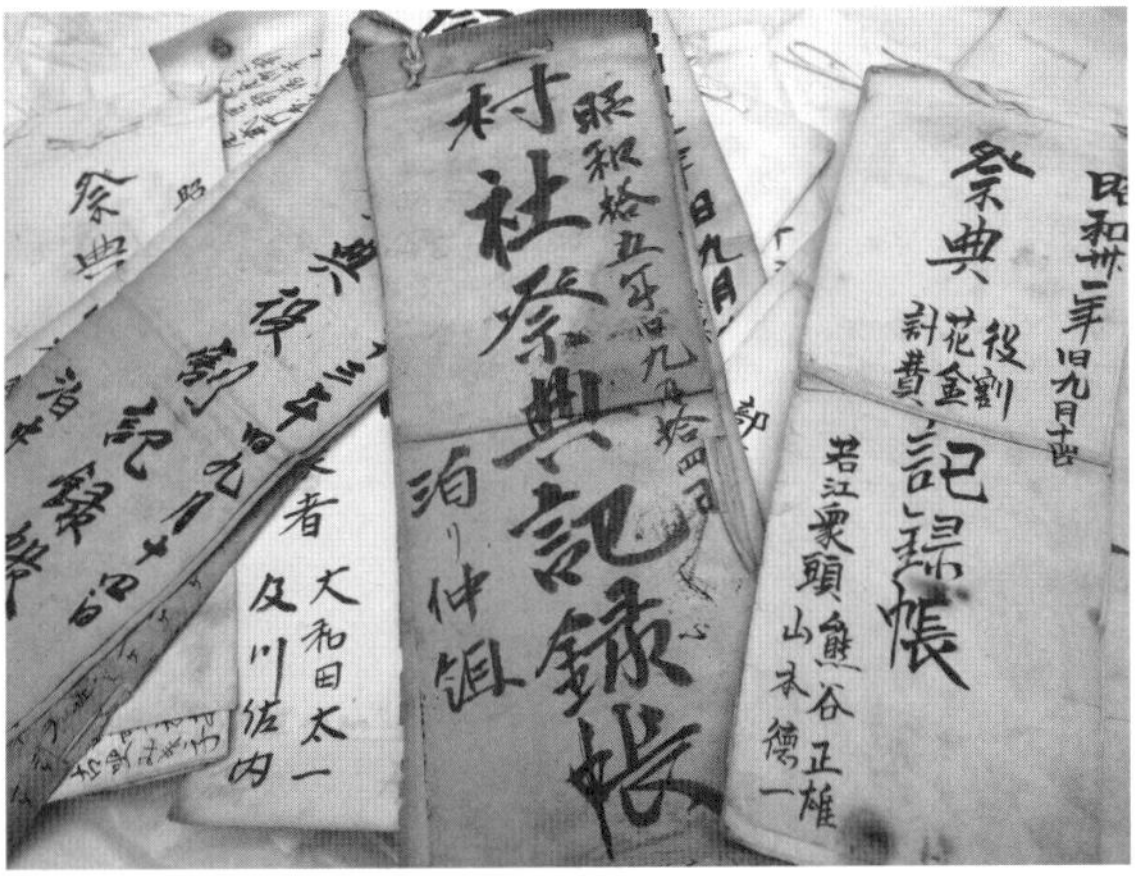

写真4-2　泊里の祭礼記録

しかし、この記録の一葉ごとを写真に撮ったものを携えて地元に聞き書きに出かけてみると、当事者の関心は祭礼や奉納芸能の内容ではなく、そこに書かれていた無数の人の名前そのものであることに気づかされた。すでにそのとき泊里部落会は解散を決めており、大半の元住民は分かれた避難先に落ち着いていた。突然の災害によってかつての地域住民は離散を余儀なくされており、その後再会もできぬままになっていた人も少なくないという。その意味で、そこに書かれた名前はかつての隣人たちの想い出をよみがえらせる強い力を持っていたと考えられる。

ただ同時に、元の泊里住民に尋ねても、すぐにはわからない名前が予想外に多かったのもまた興味深いことだった。町場と形容できるほどではないが、かつての泊里の浜には商店も多く建ち並び、商売上の付き合いで集落に出入りしていた者や、仕事を求めて一時的な住民となった者などもそれなりにい

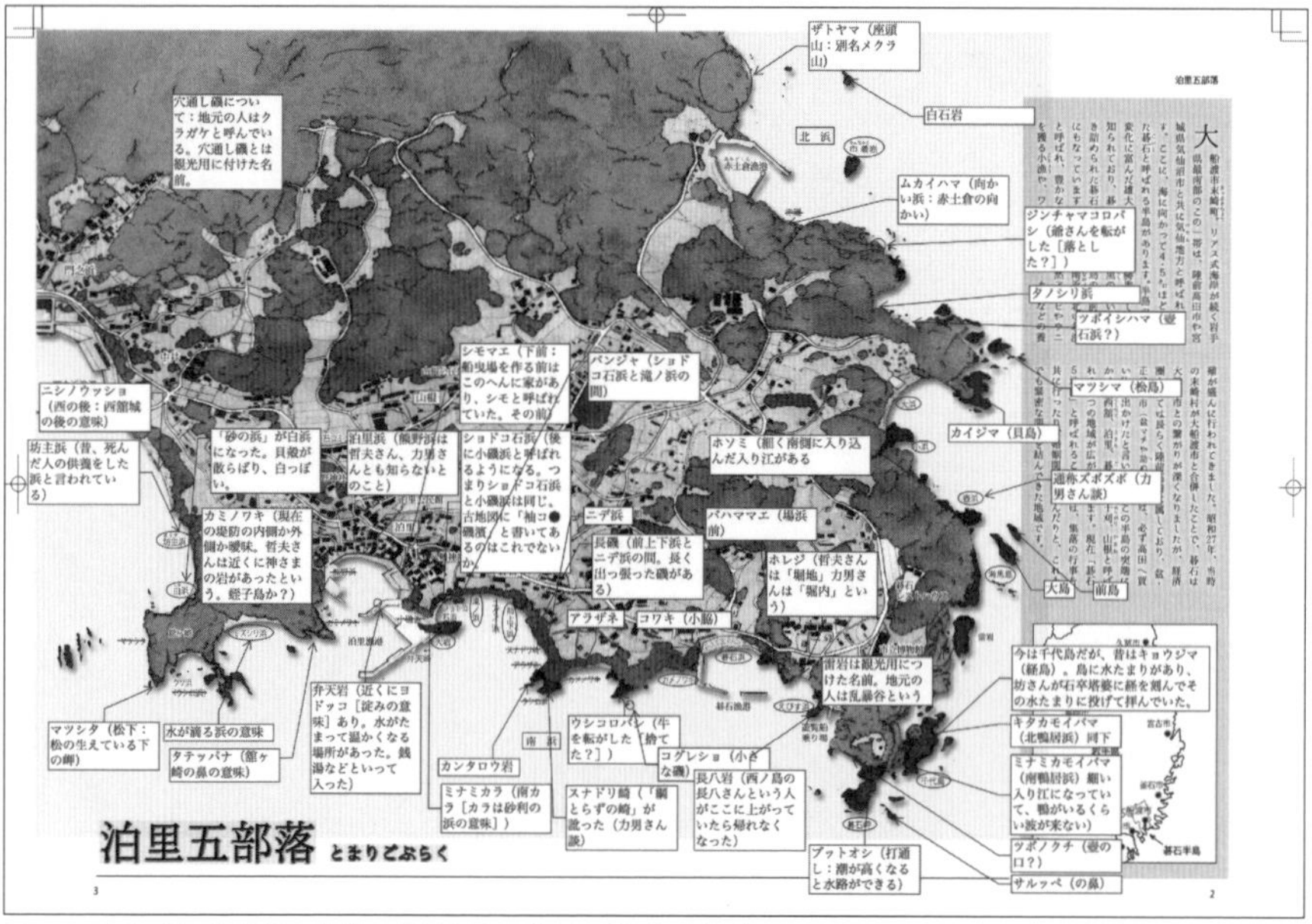

図4−2　磯・浜・岬などの名前の聞き取りに関する筆者の作業ファイル

たようである。そうした人たちも、一時的とはいえ地域の生活を担った人びとなのであり、その名前を見つけては、それがどんな人だったか、その当時の生活がどうであったかを語る格好の話題となっていた。

こうして筆者は、泊里の祭礼記録に出てくる人名の同定にかなりの時間をかけ、それを一覧化して民俗誌に掲載した。調査に協力してくれた人たちは、筆者の目の前であちこちに電話をかけ、可能な限りの人物を特定しようと努めてくれたが、その電話の内容がいつの間にか昔の思い出話に変わっていくさまをたびたび目撃した。調査の過程を通して記憶が喚起され、交歓されていくという事実に、民俗調査の学術的意義とは異なる効用が感じられた。

民俗学者の加藤幸治は、震災復興に関連して、民具や古写真などが持つ記憶や語りを喚起する力に注目し、それをきっかけとした相互作用によって共感を生み出すことを「キュレーション」という言葉を用いて方法論的に提起している［加藤 2017］。筆者の調査でも、ここに述べた人名以外にも、磯・浜・岬などに付けられた場所の名前、あるいは古絵図に描かれた石や樹木や家屋などの固有名を調べることを通して、地元の人びとのあいだに記憶の交歓が生み出されるさまを間近で見ており、そうした力が如実に感じられた（図4-2）。そこに列挙された人名は、たとえ学術的な資料性はさほど認められなくとも、かつての泊里の住民たちが何かの機会に当時の暮らしを語り合う際の「記憶のトリガー」として機能してくれるかもしれない。そうであれば、このプロジェクトの目的にもかなうものだろうと筆者は考えた。

3-2 屋号に埋め込まれた地域の変遷

もう一つ紹介したいのは、津波被害の大きかった範囲で行った屋号調査の例である。調査地である集落に入って最初に屋号の調査を行うというのは、民俗学では珍しいことではない。集落を構成する家々とその住人を認識する上でも、屋号は基礎的な情報として重要である。とくに本プロジェクトでは、当初の調査対象と考えた範囲の家屋の多くが津波によって流失しており、調査の中で話題になる家を識別するためには、屋号とその地図上の位置を知る必要があった。一方で、震災以前の地域の人びとの生活においても屋号は人と家を識別する記号として日常的に使用されていたが、自分が付き合いのある家は知っていても、一定範囲内の屋号を全体的に把握している人は意外にもほとんどいなかった。

そうして少なくとも津波の浸水被害を受けた範囲のすべての家の屋号を突き止めようと調査を進めていると、地域の人の中にもこれに関心を持つ人が現れてきた。そしてこの調査を通して、それまでとくに疑問を持たれなかった「なぜそんな屋号なのか」という新たな興味が生じてきた。

例えば、「木戸脇」と呼ばれる家がある。木戸の脇にある家という意味だろうが、現在その近くに思い当たるものはない。聞き取りの結果、この家は一九三三（昭和八）年の津波によって西舘集落のやや高台に上がってきたのだが、もとは泊里湾に面した浜にあり、その家の場所は西舘城という当地指導者の屋敷の門の脇であったという話を聞くことができた。あるいは「お金塚」という興味深い屋号の家がある。地元の人も普段はそう呼んでいるのだが、あらためて調べようとすると「お前の家に埋蔵金でも埋まっているんじゃないか」などと冗談を言っていて、その意味はよくわからない。そこで他地域の例を調べると、同様の屋号が存在しており、それは庚申塚《こうしんづか》の近くにあって「庚申」すなわち「かのえさる」に由来し、「かのえづか」が訛《なま》って「お金塚」になったと考えられる。そして実際にこの家も、庚申塚に上がる入り口に建っていたのである。

このように屋号とその由来の調査は、謎解きゲーム的な楽しさとして一部の地元の人びとにも受け入れられたが、同時にその成果はより全体的な見地からも意味があった。屋号は家が移動しても引き継がれるのが一般的で、これを調べる過程で想像以上に多くの家が移動していることが明らかになったのである。そしてその移動の理由の多くが、津波の被害を受けて、またはそれを避けての移転であるということもわかってきた。つまり屋号は地域内の家の移動と集落景観の移り変わりを跡づける重要な資料であり、それとともに、しばしば「千年に一度」などと形容された津波災害の認識に反して、この地域がこれまでも津波とともに生きてきたという歴史的事実を如実に示す資料でもあったのである。前述の「お金塚」の家も、今回の津波の被害を受けて同じ碁石の別の集落に移転しており、今後はその屋号が庚申塚に由来するということも次第に忘れられていくかもしれない。こうした痕跡を記録にとどめたことは、本プロジェクトの一つの成果であろう。

いま碁石では、泊里浜を中心に津波で流失した家の集団高所移転が進んでいるが、その移転地では新築された住居に屋号と家印を刻んだ陶板を掲げるという活動が住民主体で起こっている。屋号が彼らにとって新しい生活とそれまでの生活を結びつける重要な文化であると認識されることに私たちの調査が一役買えたのだとしたら、望外の喜びである。

4 復活を焦らない
——法の脇鹿子踊の復活と共同性の再編

次に宮古市津軽石で行った、法の脇鹿子踊の復興過程に関する調査の経験について述べてみたい。(2) 前述のとおり、本調査は宮古市の東日本大震災記憶伝承事業の一環であり、震災とその後の生活再建の実態を記録して後世に伝えることが事業全体の目的であった。とはいえ遠方から訪ねる筆者には、一つの文化が復興する経緯に絶えず張り付いて、時間をかけて調査するのは現実的に困難であった。そこで何かしら復興のプロセスに特徴がみられる事例を調査したいと考え、多くの民俗芸能が伝承されている津軽石地区の中で、震災から二年が過ぎても活動を再開できていなかった法の脇鹿子踊について話を聞いてみたいと思ったのである。当初の筆者には、祭礼や芸能の華々しい復活の機運のなかで、それが果たせないことの焦りや苦悩と向き合う必要があるとの思いがあり、また結果的に法の脇鹿子踊が復活をあきらめたとしても、震災によって一つの民俗芸能が断絶する経緯を記録することには意味があるだろうとの考えもあった。

しかし以上の想定は、二〇一三年の秋に行った最初の調査の時点で早くも覆された。その際に話を聞いた法の脇の部落会長、踊りの師匠、太鼓の師匠らは揃って、鹿子踊を復活させることについて揺るぎない確信を持っていた。法の脇の集落は、津軽石地区の中でもとくに甚大な津波被害をこうむっており、大半の家屋が流失し、筆者が訪れたときにはすでに集落地のほぼすべてが第一種の災害危険区域に指定されていた。それはすなわち、法の脇が集落としては消滅することを意味していた。しかし、そうであるからこそ、「法の脇」の名を残すためにも、鹿子踊は続けなければならないとの決意がうかがえた。

とはいえ、この踊りをほとんど総出で支えていた集落がなくなることは避けがたい事実であって、以前と同じやり方で踊りを続けることは不可能である。そこで彼らは、鹿子踊の復活のプロセスを、それまで自明であった集落住民の紐帯を新しい暮らしの環境に適合するようなかたちで編み直すための重要な機会と考えていたのである。

祭礼や民俗芸能の復興に関しては、道具や衣装、また稽古や上演の場所などの喪失をどのように補うかが大きな課題となっていた。法の脇鹿子踊も、鹿子の頭・太鼓・衣装のほぼすべてと、活動拠点であった公民館を失っており、この点で深刻な困難を抱えていたのは言うまでもない。しかしそれ以上に彼らにとって重要だったのは、踊る人とそれを支える人、つまり担い手を揃えることだった。実際に担い手に人的被害があったわけではないが、従来この踊りを伝えてきた人のつながりを、震災を越えても維持しうるかどうかは大きな問題だった。そもそも震災以前から、若年人口の低下が著しい法の脇の住民だけで踊りを担うことは厳しくなっていた。震災によっていよいよこの問題に根本的に対峙する必要に迫られたのだとも言えよう。だがこれは、震災を経てより重みを増した問題となっていた。そこには単に踊りの伝承組織の存続ではなく、「法の脇の住民」という共同性をつなぎとめる役割が期待されていたのである。

彼らは、筆者の聞き取りに対して、道具や衣装は補助金などを得て注文すれば揃えることは難しくないし、実際にそれに足る支援の呼びかけもあるのだが、そのように復活したのでは意味がないのだと語ってくれた。なぜなら、それでは今後の継承を支える組織を再編成する貴重な機会が失われてしまうからである。このプロセスに多くの人を動員し、それをもとに復活後の鹿子踊の伝承を担う核となる関係性を構築することこそが重要なのであって、ただ踊りが再開できればよいのではない。だからこそ彼らはじっくり時間をかけて、多くの人の協力が得られる状況が整うまで「復活を焦らない」という道を選んだのである（写真4-3）。報道では被災各地の祭礼や民俗芸能が苦難を乗り越えて復活する様子が頻繁に取り上げられており、そのなかであえて機が熟すのを待つというのは決して簡単な選択ではなかっただろう。

二〇一五年、震災から四年以上が過ぎて、ようやく法の脇鹿子踊は復活に向けて動き出した。元住民の多くの移転先が決まるとともに、人が集まる場所として新設される津軽石公民館が使える目処が立ったことが再始動の直接のきっかけであった。鹿子の頭は大工でもある太鼓の師匠が中心となって、集団移転先の自宅の脇に作業場を設けて手作りした（写真4-4）。そして法の脇の元住民だけでなく、移転先の自治会などにもチラシを配布し、作業の様子の見学を呼びかけることで、今後の活動に関心を集め、人を呼び込もうとしていた。さらにこの活動再開を機に、彼らは新しく保存会を結成し、そのメンバーに広く津軽石全体から参加者を募ることを考えていた。津軽石地区の他集落の芸能や、以前から郷土芸能学習に力を入れている津軽石中学校と連携することで、「法の脇」という名のもとにありながら広く津軽石地域全体で継承する芸能として、新しい伝承組織を生み出そうとしていた。

写真4-3　津軽石中学校での郷土芸能再開に向けて，法の脇住民の協力を呼びかけるチラシ

写真4-4　自宅に設けた作業場で頭の製作を行う保存会副会長（2015年9月2日）

本調査を通して筆者が印象づけられたのは、一般に地域社会を母体として伝承されるといわれる民俗芸能の、その地域社会なるものを自明視することの危うさである。とくに震災からの復興を語る際には、コミュニティの結束が強調されたきらいがあるが、コミュニティの存在が揺るがされ、現実には震災によって安定的なコミュニティの存在が揺るがされ、場合によっては解体された多くの例を直視する必要がある。そうした状況下で、さまざまな社会実践を営むために必要な関係性がどのように再編成されたのかを跡づけることの重要性が強く感じられた。法の脇鹿子踊の場合、それまでは確かに、生活をともにする集落がほぼそのまま一つの民俗芸能の伝承組織でもあったのであるが[3]、これからは日常生活の面ではそれぞれ移転先の自治組織の一員として適応していかなければならず、一方で鹿子踊に関しては地縁的な紐帯を拡大して新たな関係を構築する方向に舵が切られたところである。しかし同時に、そこには「法の脇」という名前とそこにあった共同性をなんとかつなぎとめる役割も期待されている。こうした祭りや芸能などの無形の文化を受け継ぐ集団の再編成という問題は、震災関連に限らず今後のローカルな文化の動向を考える際の重要な論点となるだろう。

5 百祭復興プロジェクト
──「将来に伝えるため」の復興支援

最後に、以上の二つとは異なり、筆者自身が直接現場と関わるのではなく、現場と支援をつなぐ仲介的な役割を担った例として、復興支援基金の助成選考委員を務めた経験について考えてみたい。

筆者がこれに関わることになったのは、二〇一一年六月に文化人類学者の船曳建夫氏から、アメリカの日米交流団体である「ジャパン・ソサエティー」の寄付を得て行う東北の芸能などの復興支援について相談を受けたことによる。そのときは、すでに動き出していたいくつかの祭りや芸能の支援活動を筆者が知る範囲で紹介し、そのいずれかに寄付金を預けて運用してもらうというアイデアを出した程度であった。その後、船曳氏らの精力的な奔走の結果、震災後にいち早く芸術文化活動への助成を打ち出した支援活動として高く評価されていた公益社団法人企業メセナ協議会による「東日本大震災　芸術・文化による復興支援ファンド(GBFund)」の中に、「百祭復興」と名付けた被災地の祭礼や郷土芸能の復興支援に特化したプロジェクトが設けられた。筆者は百祭復興立ち上げ後の二〇一二年五月から審査委員を務め、これまでに一〇回の助成活動審査に関わった。百祭復興は、それ以前にGBFundで選ばれていたものまで含めると、二〇一五年までの五年間で一〇五件の祭りや郷土芸能に助成を行い、当初の「百祭」への支援という目標を達したが、二〇一六年の熊本地震にも助成対象を拡大して現在も継続している。GBFund自体も、今後は「芸術・文化による災害復興支援ファンド」として、東日本大震災に限らない災害復興支援の取り組みとして展開される予定である。

このプロジェクトにおける筆者の関わり方が他と大きく違うのは、自ら接した被災と復興の現場から考えるのではなく、各地から寄せられる助成申請の全体に目を通し、それらに対して相対的な判断を下さなければならないという点であった。率直に言えば、筆者自身も複数の復興支援活動に直接関わっており、それぞれに優劣をつけることの無意味さを感じないわけではない。しかし、寄付を原資にした基金には限度がある。助成対象を選ぶということは、必然的に助成対象とならない活動を選ぶということにならざるをえない。

だが裏を返せば、そのような立場こそ、社会が研究者（専門家）に求めるところではなかろうか。現場の苦悩や困難は、どんなに実地調査を重ねた研究者よりも当事者たちが身をもって理解している。しかしすべての当事者にとって、各々の経験は唯一無二であり、他者のそれと比較可能なものではない。だからこそ、そうした事例を複眼的にみて、限りある復興の資源を有効に配分し活用させるというのが、多くの事例に横断的に関わっている研究者が果たすべき役割の一つと考えられるのは当然だろう。

では、その役割を引き受けるとして、何を基準に助成対象の優先順位をつけられるだろうか。この問いに正解はなく、これに関わる個々人の判断が問われる。審査に加わった当初、筆者は申請された活動内容の独創性や計画性や有効性（これらは芸術文化振興の観点による評価の一般的な指標である）といった内容をほとんど度外視して、「当事者による、当事者のための」活動であることを重視した。具体的には、地元で祭りや芸能を実施・上演することや、そのために必要な道具や衣装の新調・修理といった自助的かつ実質的な活動を、復興イベント等の公演に代表される外向きの（あるいは外から持ち込まれる）支援活動よりも優先するべきだと考えていた。

だが、後に筆者の気持ちのなかでこの見方は少しずつ変わってきた。年月が経つにつれ、自治体等による文化財保護などの行政的支援が祭りや芸能にも及ぶようになり、企業のメセナ活動を根拠とした百祭復興プロジェクトの独自のあり方を考える余地が出てきたことも要因の一つである。しかしそれ以上に、多くの申請書類を読むうちに、単純に失ったものを取り戻すというだけでは収まらない申請者の思いが読み取れるようになったことが大きい。確かに、申請の内容は道具の新調であったり、途絶えた祭りを復活させるための運営資金であったりする。だがその根底には、自分たちの代でこれを絶やすわけにはいかない、なんとか将来に伝えていきたいという思いがある。正直に言えば、百祭復興案件の申請書はシンプルなものが多く、その他芸術文化活動のように事業の意義や目的などを饒舌に語るものは滅多にない。しかし、そこに綴られた「ここで絶やしたくない」という少ない言葉にこそ、他に言いようのない担い手の切実な覚悟が感じられた。そこで問題は、そのような将来に向けての覚悟や責任は、地域の担い手だけが一方的に負うべきかということである。簡単に担い手になるなどとは言えないけれど、私たちがその思いを部分的にでも共有する余地はないのだろうか。

こうして助成活動の審査に関わった経験によって、祭りや芸能の復興支援は、災害で失われたものを回復するという発想よりも、それを将来に伝えていくためにどんな役割を果たせるかという発想を持つべきだと考えるに至った。傷ついたものを救済するという態度は、意識せずとも、弱い者を庇護するという恩顧的な関係に陥りがちである。しかし支援活動は、そんな温情主義的な態度ではなく、受け継いできたものを次世代に伝えるという当事者の思いを尊重しながら、そのために自分に何ができるかを同じ目線で考え、立場の違いを認めながらも協働するという態度でなされるべきであろう。そう考えると、外部の組織や活動との交流も、その質を見極めた上で積極的に認められるべきである。この考えは、以後の助成活動の審査に反映されるだけでなく、筆者自らの復興支援の現場との関わりにもフィードバックされることになった。

6 おわりに

以上、筆者が東日本大震災後にさまざまな立場で関わった復興支援活動について振り返ってきた。総じて筆者は、震災復興に関連する事業を通して、民俗学者としての立場から、日常的で当たり前と思われ、顧みられることの少ない文化の意味と価値をできるだけすくい上げたいという意識を持っていた。ところが、実際の関わりを通して見えてきたのは、そんな「日常的」で「当たり前」のものが、実際にはきわめて複雑な要因の絡み合いによって時間をかけて形成されてきたのだという、それこそ当たり前の事実であった。いつもどおりやってきたことがそのとおりにできなくなったとき、それを続けるためにどれだけの苦労と工夫が必要であったか、筆者にとっては驚くべき発見であったし、おそらく地域の担い手にとってもそうであったろう。震災を乗り越えて祭りや芸能を復興するということは、基盤となる社会関係や、必要なものや、演じる場と機会など、当たり前であったものの「ありがたさ」をあらためて発見し、なおかつそれを新たな文脈につくり直すということを意味する。つまり復興とは、日常化した生活文化を再文脈化して構築する、創造的な過程である。

しかしこの創造は、まったく存在しなかったものを新たに生み出すことでも、これまでに類のないものを生み出すことでもない。とりわけ東北の沿岸部の祭りや芸能には、それほど遠くもない過去に「○○に行って習ってきた」とか「◇◇の師匠を呼んで振りを付けてもらった」などという話を伝える例が少なくない。衣装や道具は町場の衣装屋に頼み、太鼓はよその村で使わなくなったものをもらってくるし、笛吹きは各所の祭りを渡り歩いて名声をとどろかす者で、彼らがいろいろな土地の囃子や踊り歌を編み合わせて伝えてきた。屋台や獅子頭なども、いつ誰がどのように作ったものか容易にはわからない、むしろ、何代にもわたってさまざまな職人によって加工や修復が繰り返されてきたものである。つまり、祭りや芸能は従来から、生活世界におけるさまざまな他者との交流で得られる素材と技術によってブリコラージュ的につくり出されてきたもので、幾度かの津波も含むこの地域の歴史のなかで小さな改編を幾重にも施されてきたものである。

そして、このような発見と創造に、民俗学やその他の人文科学は寄与できるはずである。日常の暮らしを地域の人びととは少し違った視野で見ることによって、従来からそこにあったもの、当たり前と思われていたものの複雑さや、その変遷を発見することを可能にする伴奏者としての、またその発見をもとに日常を再創造するプロセスに、外部の人や社会との交流、あるいは各種の支援・助成プログラムとをつなげることを可能にする媒介者としての役割を果たすことができるに違いない。

確かに今回の震災は大きなインパクトだった。しかし、そこからの復興のために必要な創造力は、これまでこの地域の祭りや芸能を育んできたに違いないダイナミックな生命力と別のものではないはずだ。ただ、その圧倒的な規模の大きさを前にして、彼らは何かしら私たちの力に期待することがあったに違いない。その期待に応えるために、当事者に近い目線でこの生活文化の発見と創造のプロセスにいくばくかでも荷担すること、いま振り返ってみるに、これが筆者が見いだした震災復興との関わり方であった。

註

（1）冊子の刊行後、地元の反応として、その書名に反して津波被害の大きかった泊里・西舘以外の集落の情報が不十分であるという意見を多くいただいた。筆者としては、この民俗誌が単なる「被災地調査報告」以上のものとして受け入れられたことの表れとしてポジティブに受け取り、かつ今後の調査の拡充につなげていきたいと考えている。

（2）本稿脱稿後、この調査事業の成果をまとめた記録集が刊行され、本節の内容について詳細に述べた拙稿が収められた［俵木 2017］。

（3）法の脇では一九六〇年のチリ地震津波の際にも全三〇戸中七戸が流失し、ほぼ全戸が浸水するという被害を受けている。ただしこのときは、流失した家も集落内に再建し、これをきっかけに、その後の鹿踊りの活動拠点ともなる集落公民館を住民の手によって建設するなど、コミュニティの結束が強まるような結果になったことがうかがえる。

文献

加藤幸治［2017］『復興キュレーション――語りのオーナーシップで作り伝える〝くじらまち〟』東京：社会評論社

東京文化財研究所無形文化遺産部編［2014］『ごいし民俗誌――岩手県大船渡市末崎町碁石五地区』東京：東京文化財研究所無形文化遺産部

俵木悟［2014a］「東松島市月浜の被災民俗文化財調査からみる、民俗行事の伝承と生業の復興」、高倉浩樹・滝澤克彦編『無形民俗文化財が被災するということ――東日本大震災と宮城県沿岸部地域社会の民俗誌』東京：新泉社、一一一―一二〇頁

――［2014b］「無形民俗文化財の役割――無形の民俗文化財「で」再生するということ」、民俗芸能学会福島調査団編『福島県域の無形民俗文化財被災調査報告書二〇一一～二〇一三』福島：民俗芸能学会福島調査団、二〇二―二〇六頁

――［2017］「法の脇鹿子踊りの被災と復活（津軽石法の脇）」、宮古市東日本大震災記録編集委員会編『東日本大震災宮古市の記録　第二巻（下）　記憶伝承編』岩手：宮古市、七〇七―七一七頁

II

被災地からみた
民俗芸能の復興・継承

第五章

祭りの「復興」過程
――宮城県山元町の八重垣神社の事例から

稲澤 努

1 はじめに

東日本大震災ののち、被災地ではそれまでどおりのかたちではない場合がほとんどとはいえ、まだそれぞれが住む場所すら定まっていない時期から多くの場所で祭礼が行われた。こうした動きに対し、震災後二、三年ほどの間は、「祭りの再開＝復興の第一歩」などとマスコミに報じられることが多かった。また、民俗学や人類学を専門とする多くの研究者も被災地に入り、再開した祭りを調査してきた。筆者が行った研究［稲澤 2014］もその一つである。その一方で、再開した祭りにその後、年月とともにどういった変化が生じたのかといったことには、これまでのところあまり言及されていない。

本章の報告は、宮城県山元町《やまもとちょう》沿岸部の八重垣《やえがき》神社における祭りの復興過程を記した、稲澤［2014］の続編である。先の拙論では震災前の状況にも言及しつつ、二〇一一年の震災から二〇一二年のお祭りの記録までを対象として報告した。その後すでに四年以上の歳月が過ぎた。その間、山元町では新市街地の整備が進み、仮設住宅に住む人びとは減少しつつある。さらに二〇一六年一二月にはＪＲ常磐線も山元町内を含めた浜吉田―相馬間の運行を再開した。このように神社と祭りを取り巻く環境は、少しずつ変化しつつある。また、神社自体も再建へ向けて歩みだしている。ここであらためてその歩みを整理する必要があるだろう。

筆者は、宮城県から東北大学東北アジア研究センターが受託した「東日本大震災に伴う被災した民俗文化財調査」によって二〇一二年度より山元町での調査を開始した。この調査は、被災直後は市町村の教育委員会で紹介を受けたインフォーマント（情報提供者）に対し、補助調査者とともに複数で聞き取りを行うというかたちで行った。なお、繰り返し同じ調査地に行く場合は単独での聞き取りも可能であった［高倉 2014: 294］。こうした調査の仕方は、多くの人類学者がこれまで理想としてきた長期住み込みによる参与観察とは大きく異なったものであった。

しかしその後、本書の序論にあるような「ゆっくりとした聞き取り」を繰り返していくうちに、祭りのほか、植樹祭などのイベントも徐々に行われるようになり、被災直後には難しかった新たな「参与観察」も可能になってきた。さらに、二〇一四年に筆者が大学で地域文化を学習する講義を担当するようになると、委託調査でお世話になった町の教育委員会生涯教育課課長や宮司らに授業で学生にお話しいただいたり、町民文化祭などの機会に学生とともに山元町の方の話を聞くといった機会を持った。こうした機会は、筆者にとっても話者にとっても震災後の歩みをその都度振り返る場になってきた。また、本章第3節にあるように、筆者自身は二〇一四年から神輿を担ぎ始め、そしてゼミを担当し始めた二〇一六年からはゼミの学生もともに神輿を担いでいる。

このような調査の仕方や調査地の人びととの関わり方によって編まれた本章の報告は、人類学者が調査地の人びとに「巻き込まれ、応答してゆく」［清水 2016］一つのかたちであり、変化していく民俗文化財に「行政や研究者はどこまで関与するのか」という本書第二章の今石の問いへの一つの答えである。(1)

2 山元町の被災と復興

山元町は宮城県の沿海部最南端に位置し、福島県新地町《しんちまち》と隣接している。一九五五年に山下町と坂元町の合併で誕生し、二〇一〇年一〇月一日には人口一万六七一一人であった。

山元町では、震災による死者六三五人を数える。浸水範囲面積は総面積の三七・二パーセントにあたる約二四平方キロメートルである。建物の被害についても全壊は二二一七棟、大規模半壊五三四棟、半壊五五一棟、一部損壊一一三八棟と甚大なものである。こうした被害を出した町の沿岸部は第一種危険区域に指定され、原則的に居住不可となった。後述する神社と、その周囲の氏子地区の大半もこの危険区域内にある。危険区域に指定されたことにより、山元町の沿岸部ではもともと住んでいた地域内への居住が難しくなった。

さらに、線路および山下駅と坂元駅を内陸へと移設したこともあって、常磐線の再開は震災から五年九か月後の二〇一六年一二月一〇日まで待たなければならなかった。その間、山元町内から仙台方面への通勤通学は大変不便であった。高校や大学が山元町内にはないこともあり、被災後には人口が大きく減少し、二〇一六年一一月三〇日時点では人口一万二四九二人となっている。二〇一五年度の国勢調査をもとにしたデータでは、震災前の二〇一〇年に行った前回調査と比べた減少率は二六・三パーセントであり、全国でも五番目に大きい(「河北新報」二〇一七年一月二四日、みやぎ版)。

このように、被災後の家の再建に際して、仙台市や名取市、岩沼《いわぬま》市など町外へと居を移した人も多い。一方、内陸へ移転した新しい山下駅と坂元駅の周辺に復興公営住宅を含めた新市街地が整備されつつある。これは、町が打ち出したコンパクトシティ計画に沿ったもので、新しい駅を核として市街地を集約していくというものである。

3 祭りの再開

3-1 保存会の発足

かつては、神社の周囲に住む氏子たちが中心となり、祭りを行ってきた[稲澤 2014]。しかし震災後は、神社の周囲は第一種危険区域に指定されたため、住むことが難しくなった。危険区域にならなかった箇所などを中心に、元の行政区域内で土地を購入し、家を再建した人もいる。ただし、約三〇戸ほどであり、かつての氏子地区として祭りを支えていた頃の規模にはほど遠い。かつて氏子地域として祭りを支えてきた地区が、これまでどおりの祭りを行えないのであれば、今後お祭りをどうしていくのか。ここで登場したのが、震災を契機に登場した「保存会」というかたちである。

橋本[2000]が論じるように、民俗文化財「保存会」の大半は、行政の「無形民俗文化財」指定をきっかけとして発足している。これは、それまでの伝承主体に代わり、文字どおり保存を目的として、後継者不足や財政難などの危機を克服しようとする組織である［橋本 2000: 77］。

震災後、二〇一二年二月に山元町内八団体の「復興」の後押しを目的として、「山元町無形民俗文化復興協議会」が発足した。担当部署は山元町教育委員会生涯教育課である。団体相互の情報共有や、宮城県職員による道具や後継者育成の予算を支援する事業の紹介などを行っている。

この復興協議会に、八重垣神社の「お天王《てんのう》さま祭り」も総代長を保存会会長、神社のB宮司を保存会庶務として参加している。この「保存会」というシステムは、今後仮に氏子地区がなくなっても続けられるかたちとして受容されている。かつては、祭りのために地区に住む氏子たちから一軒ずつ寄付を集めていた。しかし震災後、二〇一二年から再開した夏祭りでは、そうした集金は行わず、企業や一部の氏子の自発的寄付で運営している。このかたちであっても、防潮堤工事を行う建設会社などからも寄付があったため、これまでのところ花火などの費用も不足することはなかった。

3-2 用具の整備

前述のように、震災時には八重垣神社も社殿、宮司自宅とも流された。御輿のみが元総代の自宅付近で奇跡的に発見されたものの、祭りの用具等はほとんど流失してしまった。こうして失われた用具の整備も、保存会を通して行われている。役場が関与するものに関しては、宗教と関わる神社に直接援助をするよりも、「保存会」への支援の方が問題は生じないというのも理由の一つである。そのほか、宮司の個人的ネットワークにより、神社関係者などから支援が寄せられるものも多い。

津波によって流された神輿は、元総代の自宅付近で発見された。震災直後から翌年にかけて、復興に向けて建築業界は大変いそがしい時期であったものの、文化庁などからの資金をあてて、町内の腕利きの大工の協力により二〇一二年の夏祭りには神輿の修繕を間に合わせた。支援団体からは、神輿を新調してはどうかという話もあったようだが、奇跡的に発見された以前からの神輿を担ぎたいということで修理して担ぐことになった。実際にお披露目された際には、「直るとは思ってなかった」と氏子の方々に大変喜ばれていた。

祭りの際に神輿の後について家々をまわる賽銭箱もまた、文化庁の補助事業の予算を用いて、御輿修復と同じ大工に作成してもらった。祭りの担ぎ手の衣装に関しても、新調している。

ししがしら、太鼓などは、祭りを再開した当時は支援が間に合わず、B宮司の兼務神社(春祭りはあるが、夏祭りはしない)から借りていた[稲澤 2014]。しかしその後、「山元町無形民俗文化復興協議会」を仲立ちとして公益財団からの支援を得て、ししがしらや太鼓も保存会として購入している。

このように、行政が仲介して外部からの支援を獲得していることがわかる。むろん、それだけではなく、神社と関わりの深い地元の大工が修繕を担い、かつ他の神社から道具を借りたりするなど、もともとの地域のつながりを活用しながら用具類を揃えてきたことがわかる。

3-3 祭りの実施過程

八重垣神社の夏祭りは、二〇一一年には役員での祭祀のみを行い、宵祭りや神輿渡御は二〇一二年から再開している。その後、毎年七月の最終土日に行われてきたが、少しずつ形態に変化がある。筆者は二〇一二年から毎年、宵祭りと本祭りに調査に訪れ、二〇一四年から二〇一六年まで神輿渡御には神輿を担ぎ参加している。ここでは、それを整理して提示する。

二〇一二年に祭りを再開した際には、被災前は神社の周囲にあった住宅がなくなってしまったため、本祭りで神輿が海へと入った後は、氏子の人びとが比較的多く居住していた二か所の仮設住宅へと渡御していた[稲澤 2014]。しかし、仮設住宅に住んでいた人も、年月が経つにつれて山元町内外に居所を定めていき、仮設住宅に住む人は少なくなっていった。二〇一四年には、仮設住宅に空室が多くなり、神輿が仮設住宅に到着してもあまり人が集まらないということもあり、担ぎ手からも「ギャラリーの少ないところで担ぐのはきつい」という声が出ていた。また、その頃には数戸ではあるが、元の氏子地区内に家を再建し住み始める人びとも出てきた。そこで、二〇一五年からは仮設住宅への渡御は一か所だけにして、笠野地区内に再建した家々をまわることになった。さらに、二〇一六年には内陸に移転する新しい山下駅前に新市街地が形成され、そこにもかつての氏子区域の住民たちが住むようになったため、その地域へも渡御することになった。なお、かつては神社境内にあった社務所も流されてしまったため、ナオライも町内の別の場所で行われている。

また、宵祭りについても若干の変化がある。二〇一四年から、亘理《わたり》山元商工会の青年部が宵祭りを「共催」することになった（表5―1）。夕方から大道芸人やご当地アイドル、演歌歌手、地元の和太鼓サークルなどのステージを提供し、「すきですやまもと夏祭り」「すきですやまもと福幸花火」というイベントを八重垣神社で行う。その際には町のＰＲ担当であるホッキーくんもやって来る（写真5―1）。さらに、神社の花火打ち上げの前に、これにほぼ続けるかたちで商工会青年部提供の花火を打ち上げるというものである。これは、二〇一三年までは別の場所で別の日に行っていた青年会の夏のイベントを、神社の祭りと同時に行うことで盛大に催そうと企図されたものである。

　このように、氏子の人びとの居所の変化にあわせて神輿の渡御先を変化させ、町のイベントとして商工会青年部とも協力して開催するなど、この五年の間にも変化はあった。復興の歩みとともになされたこうした変化を記録しておくことには、一定の意義があろう。ただし、神社で祭祀を行ったあと、必ず神輿は海に入る。そしてその後、氏子たちが住む地区をまわるという基本的なかたちはずっと変わってはいない。もちろん、防潮堤工事の進展とともに、海への道のりと砂浜の地形に変化が生じ、担ぎ手にはさま

表5-1　祭りの開催形態と神輿渡御先の変遷

年度	開催形態	神社と海以外の神輿の渡御先
2011年	役員での祭礼のみ	渡御なし
2012年	宵祭＋渡御	仮設住宅2か所
2013年	宵祭＋渡御	仮設住宅2か所
2014年	宵祭「共催」＋渡御	仮設住宅2か所
2015年	宵祭「共催」＋渡御	仮設住宅1か所 ＋区内再建家屋の地域2か所
2016年	宵祭「共催」＋渡御	仮設住宅1か所 ＋新市街地1か所 ＋区内再建家屋の地域2か所

写真5-1　宵祭りに現れた
山元町PR担当係長ホッキーくん
（2016年7月30日）

ざまな苦労があるものの、毎回それにも対応して祭りを遂行しているのである。

3-4 祭りに集まる人びと

毎年神輿を担いでいるCさんは、氏子地域である笠野地区の出身者である。かつては神社のすぐそばに住んでいたが、被災後は仮設住宅に移った。家は農家だったが、被災後はイチゴ栽培のハウスで働いている。一八、九歳くらいから神輿を担いでおり、「みんな地元愛で来ている。笠野と新浜《しんはま》に生まれた者の宿命だ」という。そして、「担ぐのはきつい。しかし「仕事で来られない」というのは言い訳だ。ずっと前から日にちは決まっているわけだから」とも述べる。ここから、彼が強い思いを持って参加していることと、地区内の若者でも参加していない者もいることがうかがえる。また、農協つながりなどで、町内の別地区の人が参加していることもある。

さらに、筆者も含めて、町外から参加している人もいる。筆者自身は二〇一四年から神輿を担ぎ始めたが、二〇一六年には筆者のゼミの学生二名も参加した。また、二〇一四年と一五年には、仮設住宅でボランティアをした教員と学生が参加していた。ただし、全体の人数で言えば、震災後に参加するようになった者よりも、震災前から続けて参加している人の方が多い。そのうちの一人、Dさんは「フンドシ先生」と呼ばれ、県外から毎年のように参加している。きっかけは、二〇〇一年に県の広報紙に載っていた記事を見て友人と二人で参加したことであるという。そのとき、彼らが締めていたフンドシが「格好いい」とされ、かつては海パンで海に入っていた地元の参加者も彼らに倣ってフンドシを締めるようになったそうである。なぜずっと参加しているのかを彼に訊ねると、「多くのお祭りがあるが、大きいものだと一人ひとりが歯車になってしまう。こういう小さな祭りは誰もが主人公になる。地元の人にもよくしてもらって、付き合いが続いている。毎年一回しか会えないが、それがとても楽しみだ。奇跡の神輿を担げるのもうれしい」と述べていた。このように、祭りが縁で人のつながりができ、それがずっと続いている。ただし、それは震災後に起きたことではなく、震災前から続いてきたことである。

かつて、神輿は地区の者しか担ぐことができなかった。小谷竜介によれば、昭和四〇年代に仙台在住で父親が笠野出身という人が担ぎたいと申し出たときには、総代会に諮ったという［小谷 2006: 56］。地元の「笠野と新浜に生まれた者の宿命」という声には、そうした地元の祭りとしての姿に対する思いがあると考えられる。しかし、その後徐々に山元町内の他地区、そして町外の人びとにも担がれるようになってきた。地元の若者を中心にしつつ、フンドシ着用に至った経緯のように外部からもいろいろな影響を受けながら続いてきたのである。そして、それはこれまでのところ震災後も変わらず、地元の人びとが中心にありつつ、筆者のようにこの地が被災したことをきっかけに参加する者も含めて行われてきた。

　そのことは、神輿渡御の担ぎ手を見守る人びとも感じているようである。仮設住宅で神輿を見物していた五、六〇代の女性は、かつては神社のすぐそばに住んでいたという笠野地区の人であった。神輿を見た彼女は、「懐かしい。ヤエガキさんには力強さがある」と述べていた。さらに、「地元の人も頑張っているが、ボランティアというか、手伝ってくれる人がいるのもありがたい。地元を盛り上げてもらっている。復興に向けて力になる。復興が加速するのではないかと思う」と語っていた。神輿渡御が神社の御利益と若者の力を感じる機会になっていたようである。さらに、隣にいた社会福祉協議会（社協）勤務の女性は、「いつもは仕事で町をまわっているので、神輿を見ることができない。今日はたまたま近くにいて、見ることができた。社協としても祭りをバックアップしている（担ぎ手の移動用マイクロバスは社協のもの）。実際に見ることができてうれしい」と述べた後、「若い男の人があんなにいるなんて。あの人たちはいつもはどこにいるのだろうか？」と言っていた。高齢化の進む山元町において、日常的に若い人が数多く集まることは少ない。イチゴハウスなどで働いている若者に社協の職員が出会うことはあまりないのであろう。

写真5-2　浴衣姿の若者らが集う宵祭りの境内（2015年7月25日）

　宵祭りには、震災後も毎年一〇軒ほどの屋台が出ている。そこには、中学生・高校生がたくさん集まってくる。浴衣を着ている女子も多い（**写真5-2**）。

自宅から神社までが歩いて来られる距離ではなくなってしまったため、子どもたちが来なくなってしまうのではないかという主催側の心配は杞憂に終わった。また、送迎のためにやって来た大人たちも、旧知の人と会話を楽しんでいた。「人びとが笑って集まることができるのが神社だ」というのは、こういった祭りを行ってこその言葉なのであろう。また、スタッフとして会場の音響を担当するEさんは、福島県相馬市から通っている。かつて山元町の公民館のイベントで音響を手伝ったのが縁で、その後もこちらに通ってきているそうである。このように、震災前からのネットワークは生き続けている。その一方で、住宅は遠く離れており、神社まで車で来る人が大半であるため、祭りであってもアルコールを飲む人は少ない。「かつては酔っても家まで歩いて帰るだけだからよかったんだけど、今は飲めない」と嘆く大人は多い。震災後に変化したのは、神社の周囲に家がないことに起因する部分であろう。

4 神社の復興

八重垣神社も地区の家々同様に甚大な被害を受けた。しかし、この神社には震災直後からさまざまな支援が集まり、徐々にではあるが復興しつつある。八重垣神社は、他地域で見られるような内陸等に移転した上での再建ではなく、もともとあった場所での再建を目指している。B宮司も、津波が来たこの地ではなく、内陸の高台に移った方がよいのだろうかと思案したこともあるそうだ。しかし、先祖がこの地に一二〇〇年もいたのには意味があるに違いないと考えたのと、「人びとが笑って集まることができるのが神社だ」というある氏子の言葉に後押しされたことにより、この地での再建を選択したという。

震災後の二〇一一年七月には小さいながらもお社が東京の神社から寄贈され、仮設社務所としてのプレハブも仙台の大崎八幡宮から寄贈された。さらに、祈禱に使う道具等も、神社の仲間などから寄贈されることがあった。また、日本財団や日本文化興隆財団などからも多額の支援があり、鎮守の森再生プロジェクトとして二〇一二年六月二四日には植樹祭が行われ、神社の周囲に三千本以上の苗木を植えた。被災後の八重垣神社と奮闘するB宮司の様子が新聞や雑誌、ブログなどに掲載されることも多く、それをきっかけにさらに支援の申し出がされることもあった。二〇一三年一一月には、高さ約五メートル、幅約三メートルの鳥居が東京の神社の支援を受けて設置された。このように、さまざまな支援を受けて、徐々に神社の施設が整ってきたのである。

そして、仮設ではなく恒久的な神社の再建が二〇一五年から始まった。よその神社の建物を移設して使用する案なども出ていたが、日本財団の支援を獲得し新築することに決定したのである。二〇一五年の夏祭り前には、プレハブではない神輿庫とお札授与所（社務所）を使用して夏祭りができるようになった。

建設費用は財団の支援約一億五千万円だけで済ますのではなく、再建に向けて「自分たちの意志を示す」ということで、神社の自己資金、さらに地区予算からの寄付金に加え、氏子や趣旨に賛同する人びとからも広く募ることとなった。

数ある被災した神社の中で、なぜ八重垣神社が支援を受けることになったのだろうか。このような支援を獲得し再建へとこぎつけた要因として、第一には氏子の人びとの再建への思いが挙げられよう。二〇一四年三月に行われた区の総会において、神社の総代長は次のように話をして賛同を得た。

「財団の支援を受けるにしても、こちらでいくらか準備をしておいて、示した方がいいと思う。震災前の名簿で、みなさんにお願いすると思う。ただ、自分の家もないのに、という声も出るだろうし、一口一万円とか、そういうことはできない。だから、いくらでもいいから、というかたちになる。また、向こう（財団）の方も、こちらが震災で困っているのは知っているので、たくさん出せとは言わないだろう。ただ、こちらでできるだけの誠意を見せて、これだけの自己資金の準備があると言うことが必要だと思う。実際、自分はいくら貧乏でもいいので、ぜひ出したいという声も届いている。みなさんにお願いしたい」。

こうした熱意が外部からの支援を呼び込んだのは確かである。

日本財団は、再建支援の対象とする神社として、対象地域は岩手・宮城・福島の被災地域であるということのほか、①宮司による主体的な働きかけがあること、②復興の象徴となる各地域の中核的な神社であること、③氏子総代、地元住民の理解および賛同が得られること、という三点を挙げている。③は先に述べたようなかたちで賛意を示したことも関連する。総代だけでなく、地区として再建を目指すという態度を示したからである。

また、八重垣神社の特徴について、財団のウェブサイトには次の三点が特徴として挙げられている。

・仙南地方の三大夜祭で有名
・鎮守の森復活プロジェクト　第一弾支援
・宮司は県女性神職会の代表で、最も早い段階から復興に向けて尽力し、リーダー的存在

祭りが山元町という範囲を超えて仙南地域で有名であるということは②の条件と合致するものであろう。さらに、それに加えて①の条件を満たしているB宮司のパーソナリティとネットワークに負うところも大きい。B宮司は、「自分が頼りないからみんなが助けてくれる」と謙遜するが、これまでみてきたように氏子の人びとや神社関係者の広い支持を得ているからこそ、難しい話もまとまるのだと考えられる。

社殿の再建工事は、専門の宮大工に依頼して行われている。これも、B宮司のネットワークにより県内ですでに被災からの再建を遂げた神社の工事に携わった宮大工を紹介されてのことである。二〇一六年六月には氏子や工事関係者、町長らが参列して地鎮祭が行われた。

写真5-3　上棟祭（2017年2月4日）

さらに、二〇一七年二月には上棟祭《じょうとう》が執り行われ、約二〇〇人が参加し餅まきなども行われた（**写真5-3**）。総代や氏子、工事関係者のほか、地元マスコミも取材に訪れていた。「やっとここまできたな」といった声が参加者からあがっていた。また、震災後ながらく会っていなかった同級生との再会といった場面も見られ、「笑って集まる場所」としての神社の側面がここでも垣間見られた。

5　おわりに

本章では、震災後の八重垣神社の祭りの歩みを振り返り、そこにどういった人が集まっているのかを簡潔に紹介

した。震災後、八重垣神社では、行政の後押しによって整えた「保存会」という枠組みを活かしながら、道具を揃え祭りを行ってきた。また、人びとが仮設住宅に住み、そしてそこから別の場所へ移動するという時間の流れにあわせて、神輿渡御の行き先を変化させてきたことを説明した。

表4―1で示したような、渡御を行う仮設住宅が二か所から一か所に減り、その代わりに旧地区や新市街地への渡御を行うという変化は、きわめて微細なものであるかもしれない。しかし、おそらく誰も記録しないような復興の過程にあわせた民俗の変化の記録を残しておくことは、一定の意義があると考える。

また、被災後にこの神社が現地再建を果たすに至った道のりについても記述した。被災前と同じ場所での再建が、氏子と外部の財団の双方の支持を得ていることがわかる。震災前からこの祭りは多くの人を集めてきた。震災があってもそのことは変わらない。そして、さまざまな場面で「笑って集まることのできる場所＝神社」ということが感じられた。

その一方で、神社の周囲にかつての氏子地区が存在しなくなったという点は見逃すことのできない大きな変化である。[2]「保存会」とすることで今後も継続可能な仕組みは出来上がりつつあるが、実際にどのようなかたちで行われていくのか。どのような人がここに集うのか。その答えは、今後も調査を続けていく以外には見つからないだろう。

註

（1）もちろん、これが「唯一の答え」「正しい答え」であるとするつもりはなく、各々がさまざまなかたちを模索し、状況にあわせて選択していく必要があるだろう。

（2）祭りを行ってきた「地区」について、被災地におけるコミュニティという観点から論じる必要がある。これについては、別稿［稲澤 2017］に委ねたい。

文献

稲澤努［2014］「「地区」と祭りの変遷――山元町八重垣神社のお天王さま祭りの調査から」、高倉・滝澤編［2014］一七七―一八七頁

――――[2017]「無形民俗文化の「復興」とコミュニティ――宮城県山元町の事例から」、『人類学研究所 研究論集』四：掲載予定
小谷竜介[2006]「笠野のお天王さん――県南地域の浜降り行事」、『東北歴史博物館研究紀要』七：四一―五九
清水展[2016]「巻き込まれ、応答してゆく人類学――フィールドワークから民族誌へ、そしてその先の長い道の歩き方」、『文化人類学』八一(三)：三九一―四一二
高倉浩樹[2014]「東日本大震災に対する無形民俗文化財調査事業と人類学における関与の意義」、高倉・滝澤編[2014]二九〇―三一一頁
高倉浩樹・滝澤克彦編[2014]『無形民俗文化財が被災するということ――東日本大震災と宮城県沿岸部地域社会の民俗誌』東京：新泉社
日本財団[2014]「津波で被災した神社、〝再建〟へ――東北三県・沿岸部の三神社で」、日本財団ウェブサイト(http://www.nippon-foundation.or.jp/news/pr/2014/46.html)[最終アクセス：二〇一七年八月一五日]
日本財団公益チーム編[2013]『むすびつなぐ――伝統芸能と復興への軌跡』東京：日本財団
橋本裕之[2000]「民俗芸能の再創造と再想像――民俗芸能に係わる行政の多様化を通して」、香月洋一郎・赤田光男編『民俗研究の課題』(「講座日本の民俗学」一〇巻)、東京：雄山閣、六九―八〇頁

第六章

被災地からみる民俗芸能の未来
――「子ども神楽」の誕生とその活動から考える

呉屋淳子

1 はじめに

東日本大震災以前、宮城県東南端の沿岸部にあった山元町立中浜小学校（以下、中浜小学校）では、学校独自の教育として「中浜子ども神楽」に取り組んでいた。この「中浜子ども神楽」は、小学校があった中浜地区の神社の祭礼で奉納する中浜神楽を、中浜神楽保存会で活動していた当時三〇代の担い手二名が学校用にアレンジしたものである。

ところが、東日本大震災による津波の被害を受け、海岸から約三〇〇メートルの低地にあった中浜小学校をはじめ中浜地区の広範囲が被災した。震災後、再開が困難と判断された中浜小学校は、丘陵部の山元町立坂元小学校（以下、坂元小学校）に併設され、合同授業というかたちで授業を再開した。しかし、震災の二年後に中浜小学校の廃校が決定し、二〇一三年四月に坂元小学校に統合された（写真6―1）。

一方、中浜神楽保存会はというと、地区の集会所に保管していた神楽の仮面や衣装などの道具が津波で流出しただけでなく、中浜神楽保存会の担い手として期待していたN氏（三〇代男性）を失った。N氏は、小学校で「中浜子ども神楽」の指導に尽力した人物でもあった。津波の被害はこれだけにとどまらなかった。沿岸部に位置していた中浜地区は、津波で建物のほとんどが流出・浸水し、集落は壊滅的な状態だった。住宅を失った中浜地区の住民は、山元町内の仮設住宅や町外へ避難・移動することとなり、保存会のメンバーもばらばらになってしまった。

　このような状況のなかで「中浜子ども神楽」の再開は難しいと思われたが、二〇一二年四月の合同授業の開始から三か月後に、中浜神楽保存会の応援を得て、中浜・坂元小学校の合同運動会で披露された。そして、二〇一三年四月に中浜小学校と坂元小学校が統合されると、「中浜」の地名を省いた名称に変更し、全児童を対象にした「子ども神楽」[1]という新しい神楽が誕生した。「子ども神楽」の特徴は、①坂元神楽保存会と中浜神楽保存会の両保存会のメンバーによって指導が行われていること、②教育課程の中で学習として位置づけられ行われていることである。

写真6-1　津波に被災した後，廃校となった中浜小学校（2013年10月20日）
撮影：新泉社編集部

　本章は、東日本大震災で壊滅的な被害を受けた学校と地域が、どのように神楽を存続させようとしてきたのか、震災前と震災後の取り組みを中心に、「新」坂元小学校[2]の「子ども神楽」の調査からその一端を報告することを目的としている。

2　震災前の中浜地区と「中浜子ども神楽」

　まず、中浜地区で行われてきた中浜神楽と「中浜子ども神楽」の誕生について、簡単に紹介したい。なお、震災前の様子については、「みやしんぶん」(宮城県被災民俗文化財調査事業)のデータベース[3]を参照しつつ整理した。

　山元町中浜地区は、山元町の中でも南に位置する地区である。震災前の中浜地区の人口は九五〇人ほどであり、海に近い平野に集落が広がっていた。中浜地区の中でも海に近い場所に中浜小学校が建っており、中浜地区と隣の磯地区の児童が通っていた。

　本章で取り上げる「中浜子ども神楽」は、中浜地区で行われてきた中浜神楽がもとになった演舞である。中浜神楽とは、中浜地区の中でも浜の方の住民を中心に踊られてきた神楽であり、中浜地区にある天《てん》神社という神社で毎年四月に奉納されてきた。一二の演目があったが、実際に継承されているのは一一の演目であるという。

一方、「中浜子ども神楽」は、一九八八（昭和六三）年から中浜小学校で始まった「けんこ祭り」(4)で保護者たちが中浜神楽を披露したことをきっかけに、学校でも教えられるようになったようである。一時中断したが、二〇〇六年度に中浜小学校に着任した佐藤純子校長が、過去に小学校で中浜神楽を踊ったことが記述された資料を、校長室にあった金庫の中から偶然発見したことがきっかけで再開されたという。当時、佐藤校長は「この神楽は地域の文化を学ぶためのよい教材になる」と語っていたことから、放課後のクラブ活動の中での取り組みではなく、教科課程の中で学習として神楽を導入するつもりだったようである（二〇一五年一〇月二六日、「新」坂元小学校作間校長）。

こうして「中浜子ども神楽」は、二〇〇六年度から四年生の児童を対象に「総合的な学習の時間」の中で教えられた（二〇一五年一〇月二六日、「新」坂元小学校作間校長）。指導は、先述の中浜神楽保存会で活動していたN氏（三〇代男性）とT氏（三〇代男性）によって行われていた。当時の「中浜子ども神楽」がどのように指導され、どんな演目だったかを知る術はほとんどないが、「河北新報」の記事によると、「一二種類ある中浜神楽の舞のうち、「剣舞」を子ども用に手直しし、仕事の合間を縫って年四〇時間の授業や発表会に駆けつけた」とある（「河北新報」二〇一二年二月二七日朝刊）。

また、高倉の調査報告によれば、「小学校で教える場合には（中略）一二種類の舞いすべてを教えることは時間的に不可能だったので、学校で教えるのは剣舞に絞った。なぜなら、この舞いの場合、踊り手の数を増やすことが容易だからである。本来は二人で踊るので、その際に被るとり（烏）の面は二つしかない。生徒のグループのなかでうまくなった二人の生徒に面をつけさせ、他の生徒は面なしで踊る。学校のプログラムとしてやるのにはこれでいいという」とある［高倉 2014: 191］。

ちなみに、文部科学省が定める小学四年生の「総合的な学習の時間」の授業時数が年間七〇時間以内と規定されていることを考慮すると、中浜小学校の四〇時間という授業時数は全体の約六割を占めることがわかる。このことは、中浜小学校が神楽の学習を積極的に導入しようとしていたことを示唆している。また、四年生全員が「剣舞」を経験できるように工夫している一方で、踊りが上手な児童を選抜し、面を装着して踊らせる背景には、おそらく中浜神楽の継承者として育成するねらいがあったことも考えられる。

3 被災した「中浜子ども神楽」

先述したように、海岸から約三〇〇メートルの低地にあった中浜小学校は、東日本大震災で壊滅的な被害を受け、二〇一一年度からは坂元小学校に併設という形態で授業を再開した。その後、震災後の学校併設・合同授業の状況に対応するため、山元町教育委員会は二〇一二年に「山元町小・中学校教育環境整備検討委員会」を立ち上げ、学校・学区再編の検討を行った。その結果、二〇一三年三月に中浜小学校の廃校が決定し、坂元小学校に統合されて「新」坂元小学校として新たにスタートした。

小学校が廃校になるという出来事は、地域社会にとって衝撃的な出来事である。にもかかわらず、地域の人びとにとって中浜小学校と坂元小学校の統合は、ある意味で「必然的なこと」として捉えられていたようである。なぜなら、そもそも中浜小学校は一八七六(明治九)年に坂元小学校の分校として開校された学校でもあったからである。例えば、震災後に教職員を対象に行った統廃合に関するヒアリング調査の意見書には、「坂元・中浜小学校については、中浜小学校がもともと坂元小の分校であったことからも、やむをえないと感じる」といったコメントが残されている。とはいえ、被災地における学校の廃校は、地域に住む人びとや学校側の苦渋の選択であったことは想像するにかたくない。

その一方で、学校関係者によれば、このような小学校の歴史を知る地域の人びとや保護者にとって、両小学校の児童が合同で授業を受けたり、統合後に両地区の「神楽」や「おけさ」などの民俗芸能を学習したりすることに対してあまり抵抗を感じない理由になっているという。確かに、このことは震災後の併設・合同授業に対する教職員や地域の人たちの語りの中でもしばしば見られる。

では、学校において実際にどのような民俗芸能の取り組みが行われていたのだろうか。二〇一一年度の坂元小学校側の対応に関する記録をみてみると、教育課程においては「総合的な学習の時間」の授業のうち、一部については学校別で行っていたようである。この「一部」というのは、「特色ある教育活動」のことを指しており、中浜小学校の「中浜子ども神楽」、坂元小学校の「坂元おけさ」の学校独自の取り組みが該当する。

他方、中浜小学校側の記録をみると、特色ある教育活動としてだけでなく、地域復興の礎として「中浜子ども神楽」の取り組みを復活させたいと思っていたようである。二〇一一年の秋の合同運動会（坂元小学校との合同）では、「中浜子ども神楽」の復活を目指して、震災後初めて中浜神楽保存会のメンバーの指導を受けて練習が行われた。

当時の中浜小学校の井上剛校長は、「中浜子ども神楽」について次のように記述している。

「学校行事を地域コミュニティ再生の起爆剤にしようと考え、運動会を準備する過程で、地域の方の協力を引き出そうと考えました。中浜小学校では、地域の伝統芸能の子ども神楽の復活が、地域の活性化に役立つと判断しました。津波によって、最後まで熱心に指導していただいた方が亡くなり、衣装も流され、存亡の危機に立っていた神楽でした。しかし、仮設住宅のお年寄りを訪ねて流された衣装の製作を依頼したところ、大変喜んで衣装づくりに励んでいただくことができました。（中略）衣装を作ってくれたお年寄りは練習の様子を参観に来てくださいました。このことによって、子どもたちの練習も一層真剣さが増してきました。お年寄りたちは、自分たちが作った衣装をまとって孫たちが踊る、運動会での神楽の披露を楽しみにしている様子がとても伝わってきました。学校が地域のコミュニティ再生にも積極的にかかわることが、子どもたちの健全な成長につながることがよく分かる事例でした」［国立教育政策研究所編 2012: 28］。

こうして、二〇一一年秋の合同運動会では、三年生から六年生までの二三名の児童が「中浜子ども神楽」を披露した。これが震災後初めての「中浜子ども神楽」の復活であったと同時に、中浜神楽保存会のメンバーが神楽の「復興」を検討してみようと思うきっかけになっていった。

4 「中浜子ども神楽」から「子ども神楽」へ

すでに述べたように、二〇一三年度から中浜小学校は坂元小学校に統合された。それに伴い、「中浜子ども神楽」は地名を省いた「子ども神楽」に変更し、「新」坂元小学校の全児童が参加できる新しい神楽をつくることになった。また、坂元地区には地元の坂元神社に奉納する神楽として坂元神楽があることから、学校側が率先するかたちで二つの保存会の関係者を呼び、調整が行われていた（二〇一五年一〇月二六日、「新」坂元小学校関係者）。中浜神楽保存会と坂元神楽保存会からそれぞれ三名を出してもらい、計六名で「子ども神楽」の指導を行うことになった。震災前は三〇代の指導者二名で行っていたが、震災後の指導者は全員が六〇代のメンバーで構成されている。

二〇一三年度から始まった「子ども神楽」では、基本的には「中浜子ども神楽」の所作を踏襲しつつ、一部の動きを坂元神楽の所作（足を下ろすときはかかとから地面に付ける、人差し指と中指を揃えて腰に添える、塩をまく、ほら貝を吹くなど）を取り入れた「剣舞」が演目として選ばれた。また、舞いのほかに、大太鼓、締め太鼓、ほら貝、篠笛《しのぶえ》などの楽器演奏の指導も保存会のメンバーが二名体制で行っている。両保存会のメンバーが指導者であることから、中浜神楽保存会から一名、坂元神楽保存会から一名、計二名が一組になる構成で指導

写真6-2・6-3　坂元神楽の「人差し指と中指を揃えて腰に添える」所作

写真6-4　タブレット端末で子どもたちの練習風景を動画撮影

が行われている（写真6-2・6-3）。

そのほかに、毎年四年生を受け持つ担任も練習に参加している。二〇一五年度の四年生の担任だったN氏（二〇代女性）は、子どもたちと一緒に動くことで、実際に舞い方を身体で確認しながら学んでいた。また、練習中に個人のタブレット端末で子どもたちの練習風景を動画で撮影していた（写真6-4）。これは、授業時間以外でも神楽の動きを確認できるようにするためだという。二〇一六年度の担任だったK氏（三〇代女性）は、一緒に篠笛を練習していたが、なかなか上達しない様子だった。しかし、できない児童に「先生も頑張るから、一緒に頑張ろうね」と声をかけていた。篠笛は舞や太鼓と違って、楽器の特徴上、肺活量がないと一定の音を出すことができない。そのため、篠笛を吹くということは身体の小さな子どもたちにとって非常に辛い場合もある。さらに、教員が神楽に参画することで、実際に神楽を学べるだけでなく、教員が常に児童と一緒にいることで、中浜神楽保存会と坂元神楽保存会、両保存会と子どもたちのコミュニケーションを円滑にしている。例えば、坂元神楽保存会と中浜神楽保存会は、そもそも神楽の系統が異なるだけでなく、本来相容れない関係にある。このような両者が、学校という場で子どもたちに神楽を共同で教えることは、非常に特殊な状況である。また、神楽を指導する上で、子どもたちに対してどうしても厳しくしなければならない場合もある。つまり、「子ども神楽」は、通常の授業とはまったく異なる環境で学習が行われている。そのため、教員がこのような学習の場に居合わせることによって、場がなごんだり、緊張が和らいだりするのである。

このように、「子ども神楽」の指導は、中浜・坂元神楽保存会のメンバーが中心を担っているが、学校関係者は外部の指導者にすべて頼るのではなく、教員が神楽の学習に参画することによって、新しい学習方法が生まれたり、学習環境が整えられたりしている。

5 「総合的な学習の時間」として位置づけられる「子ども神楽」

二〇〇七年六月の学校教育法改正によって、「総合的な学習の時間」の学習で身に付ける学力について、①基礎的基本的な知識・能力の習得、②その知識・技能を活用した思考力、判断力、表現力等、③主体的に学習に取り組む態度の三つの要素が明確化された［文部科学省 2011: 7］。このようなことを踏まえて、「新」坂元小学校では、「総合的な学習の時間」の学習として「子ども神楽」を位置づける際、座学を通して知識を身に付け、実践を通して表現力を身に付けることを学習目標としている。

また、「子ども神楽」は、「新」坂元小学校の「特色のある教育活動」として捉えられている。学校側の「学校でやるからには学習として成り立たせなければなりません」という言葉は、学習として成り立たせなければ、「子ども神楽」の取り組みが持続できないことを意味している。

「子ども神楽」の学習は、週に一回二コマ連続(九〇分)で行われている。先述したように、文部科学省は「総合的な学習の時間」の授業時間数を七〇時間と定めている。坂元小学校の「総合的な学習の時間」の授業計画は、①私たちの地域とつながろう(五六時間)、②安全・防災(八時間)、③パソコンを利用しよう(三時間)に分かれている(括弧内は割り当てられた時間数)。

二〇一五年度、二〇一六年度の「子ども神楽」は、①「私たちの地域とつながろう」の単元の「伝統の神楽を伝えよう」(三一時間)の中で学習が行われていた。「子ども神楽」の授業時間数は三一時間で学習計画が立てられており、①四〜七月「神楽を探ろう」(一三時間)、②八〜一一月「神楽を伝えよう」(一五時間)、③一二〜三月「神楽で伝えよう」(三時間)というような三つのテーマが設定されている。四月から五月までは神楽についての座学を行い、六月から保存会のメンバーによる舞や楽器の指導が始まる。八月から一一月は、一学期に学んだ神楽への理解を深め、学んだことを演奏と舞を通じて表現する。一二月から三月の時期は、これまでの復習と公民館行事や山元町の行事で神楽を披露することを通して、地域の方々へ感謝を伝えている。

六月から開始する保存会のメンバーによる指導は、実技だけでなく、坂元神楽保存会のA氏による座学も行われている。A氏による座学は、「神楽についてのお話」と書かれた穴埋めプリント(計七回)を用いて行われている。例えば、最初の座学では、山伏《やまぶし》が伝えた神楽について、四年生の児童がわかる言葉で説明を行い、クイズ形式にしながら括弧の中を埋めていく。A氏が「神様を喜ばすための踊りです」と話すと、児童たちは緊張した表情を見せた。また、難しい漢字を使う場合は、学校側と相談しながら四年生が理解できる言葉に直すか、ふりがなを付けて表記している。学校側によれば、A氏が準備したプリント資料をもとに、児童たちは調べ学習を行い、ポスターにまとめているという。

また、練習の成果発表は一年間に二回設定されており、一回目は坂元神社の夏祭りでの奉納舞台、二回目は秋に行われる学習発表である。そのほかに、坂元公民館で行われる地域行事で発表している。近年は「子ども神楽」が話題となり、山元町内のイベントの余興として出演している。

ちなみに、本番用の衣装は、二〇一三年度から二〇一六年の夏までの二年半の間は坂元神社から借用していたが、二〇一六年度の秋の学習発表会からは、児童全員分の袴《はかま》、白衣《はくえ》、手甲《てっこう》、足袋《たび》を学校備品として購入した。これは、坂元神楽保存会が衣装購入費として「坂元林愛公益会」の助成金に応募して実現した（二〇一六年一〇月八日、坂元神楽保存会T氏）。

6 「子ども神楽」を存続させていくために

「子ども神楽」の実践は、二〇一六年度で四年目になった。二〇一三年度から「子ども神楽」の世話人として関わっている学校関係者は、中浜・坂元神楽保存会の方々とも意思疎通ができるようになってきたことを嬉しく感じていると語っていた。

二〇一七年現在、「子ども神楽」は四年生の児童を対象に学習を行っているが、最初の年（二〇一三年度）は中浜小学校の児童が坂元小学校の児童をリードしながら練習が行われていたようである。下の学年の児童たちが、舞台発表会のときに四年生たちが舞う「子ども神楽」を見る機会が増えると、自然と「子ども神楽」のイメージが定着したという。そして、四年生たちが舞う神楽を見て、「かっこいい」「自分も早くやってみたい」というような憧れを抱く下の学年の児童も増えたようである（二〇一六年一〇月八日、「新」坂元小学校関係者）。

二〇一六年度時点で、「子ども神楽」を学ぶ四年生は二七名で、そのうち中浜地区出身者は一名である。児童の出身地域の情報について学校関係者から聞く限りでは、今後、中浜地区出身の児童が増えるのは難しいことが予測される。二〇一四年度に着任した「新」坂元小学校の作間校長が「坂元小と中浜小の子は山元の子」と述べているように、「子ども神楽」は「中浜子ども神楽」をもとにしながら「新」坂元小学校の伝統として、また山元の子どもたちの伝統として今後も引き継がれていくようである。

註

（1）二〇一五年度まで「子ども神楽」の名称で活動を行っていたが、二〇一六年度以降は「坂元子ども神楽」の名称に改名され、学校教育に導入されている。

（2）統合以前の坂元小学校と区別するために、統合後の坂元小学校を、ここでは「新」坂元小学校と記述する。

（3）「みやしんぶん」データベース(http://mukeidb.cneas.tohoku.ac.jp)のうち、山元町坂元中浜地区に関する調査記録を参照した[最終アクセス：二〇一七年三月一日]。

（4）「けんこ」とは貝の意。

文献

国立教育政策研究所編[2012]『東日本大震災と学校——学校運営や教育指導における工夫など』東京：悠光堂

高倉浩樹[2014]「残されたご神体と奉納できぬ神楽——被災した山元町中浜神楽の再開に向けた活動の連鎖」、高倉浩樹・滝澤克彦編『無形民俗文化財が被災するということ——東日本大震災と宮城県沿岸部地域社会の民俗誌』東京：新泉社、一八八—一九八頁

文部科学省[2011]『今、求められる力を高める総合的な学習の時間の展開（小学校編）』東京：教育出版

第七章

民俗芸能の中期的復興過程における継承活動の諸相と原動力

——福島県浜通り地方の三つの田植踊を事例として

一柳智子

1 はじめに

地震、津波、原発災害、風評被害という二〇一一年の東日本大震災（以下、「震災」）における多重な被害を受けて以来、福島県に六年以上の歳月が流れた。復興庁は中長期目標としてのガイドラインを示し[1]、除染による空間線量の減少に伴い、避難指示区域等の見直し・解除を行い[2]、帰還への道を示している。

本章では、福島県浜通り地方北部の東日本大震災被災地を故地とする民俗芸能のうち、震災後に復興した村上《むらかみ》（南相馬市小高《おだか》区）、請戸《うけど》（浪江町《なみえまち》）、室原《むろはら》（浪江町）の三地区の田植踊を事例とし、被災後の継承活動の諸局面を明らかにし比較することによって、長期を見据えた中期的復興過程における様態を考察することを目的とする。

東北地方に固有な分布をする田植踊は、福島県においても特有の存在性を有してきた。ことに浜通り地方北部には多くの田植踊が継承されている。第二次大戦後以来、後継者不足が危惧されて久しいが、それでも震災前まで心意伝承のなか多くが継承され、被災してもなお複数の田植踊が復興した（写真7-1・7-2）。

「心の伝承」と「型の伝承」[大島 2007b: 36] の両輪で継承し

てきた民俗芸能の中期的復興段階までのプロセスを、ここまでの継承活動で振り返ってみたい。

2　中期的復興過程

2-1　故郷喪失期

今井照は、原発災害による避難の態様に、明治までの自治体の原点としての「村」を見て、広域・超長期避難のすがたを「移動する村」と呼んだ[今井 2014: 9–14]。自治体丸ごとの避難の態様からは、人の集合体としての「村」の原像が確認できるという[今井 2014: 9–10]。

一方、山本宏子は福島県三春町《みはるまち》の三匹獅子舞《さんびきししまい》の伝承に関して、アメリカ・ウィスコンシン州の農村での芸能調査と比較して、その社会的機能の相異を論じている[山本 1986]。つまり、アメリカでは芸能は娯楽として行われているが、社会的機能は希薄であるというのだ。そして、農村集落における近所付き合い、祭り、生活面での相互扶助等がほとんど見られないことにその根拠を求めている[山本 1986: 67–78]。「アメリカでは、人が自治体をつくるという考え方なので、人がいないところには自治体はない」[今井 2014: 18]。ここで今井の言う自治体は、「村」の原像としての人の集団のことである。

これらは、人の集団と土地との関係性の有無、あるいは芸能の社会的機能の有無という角度の視座を与えている。しかし、民俗芸能を基盤とした原発被災者の広域・超長期的避難状況の現在を考えた場合、これに「故郷」という概念を付加しなければならない。中期的段階とは、震災直後における「リアルな日常生活」[今井 2014: 13]の初期的な物質喪失の様相が、故郷をノスタルジックに想う郷愁の先にあるものに移行しつつある過程を指す。「避難を強いられた住民が、外部から地元をみて、そこを故郷と認識したときに、故郷喪失が始まった」[関 2016: 113]。帰還困難区域に家屋が残存するある伝承者は、他地域で定住しながら、家を見に訪れる。倒壊寸前の我が家を見て嘆き、もうここは故郷だと思わなければならないのかと嘆く。

トム・ギルは、政府は震災復興のための操作として「故郷イデオロギー」を用いていると指摘し、この「故郷」の指し示すものは何かとの自問に対して、「「人」と「場所」の組み合わせ」と端的に答えている[ギル 2013: 201–207]。

ここで筆者が依拠する「故郷」の概念は、関の言う「外部から地元をみて、そこを故郷と認識したとき」、つまり、避難によって地元を離れた後、もとの地元を故郷と認識したときまでに経過した時間を加味したものである。いうなれば、ギルの「「人」と「場所」の組み合わせ」に「時間の経過」を加えた意味において「故郷」と捉えたい。こういった経緯で地元が「故郷」となり始める時期を中期的段階と捉えたい。

また、民俗芸能はかつて「郷土芸能」と呼ばれた。しかし、「郷土」の語感には近代における中心と周辺の社会性の論理による「周辺」のイメージがあり、つまり「おらが村の……」では学術的にふさわしくないであろうということで、研究者間では「民俗芸能」に変遷していった経緯がある。中心からみて郷土、地方から中央へ移動した人からみて郷土。民俗芸能の場を喪失した継承者の側からみると、この「郷土」という語感はあえて心意伝承を含意したより心意に沿った語であるように思う［一柳 2017a］。伝承者が震災前には「地元」と言っていた場所は、「中期」の現在喪失し、「郷土」と化したともいえる。ここでの「郷土」は「故郷」に近い概念と解釈できよう(3)。

写真7−1　飯樋町の田植踊（飯舘村）．
飯舘村立飯舘中学校赤蜻蛉祭にて（2013年11月10日，福島市内の仮設校舎）

写真7−2　小宮の田植踊（飯舘村）．
「ふるさとの祭り2016 in 白河」にて（2016年11月6日，福島県白河市）

2-2　文化財化と保存会

民俗芸能を継承するということは、継承者が集団単位で活動するということである。芸能の舞踊部分が複数人であろうがソロであろうが、囃子方らとともに神事に収納されてきたため、多人数の中で実施されてきたはずだ。本章で事例として抽出する三つの田植踊は保存会により管理運営されてきた。本章は、維持管理する継承者本人あるいは管理者の集団である保存会が田植踊を上演してきた動向をみるものである。

継承者による集合的な無形民俗文化財の保護団体である保存会は、一九七五年の文化財保護法改正によって指定制度が新設されたときに創設された。そもそも、「無形の民俗文化財の指定という行為は、民俗文化財の保護行政の理念上の意味からは、決してその中心をなすものではない」［大島 2007a: 10］。では、その保護の中心とは何かというと、「保存」と「活用」である。それらを実施するため、観念的存在である民俗芸能の芸態としての舞踊動作等の中に「「特定の型」の存在を認め、その保存にあたる団体を指定することで永続的保存が可能」［大島 2007a: 11］とするために、行政上の措置として保存会等という保護団体が創設されたのである。

それ以後、全国的に民俗芸能の多くが保存会等によって運営管理されるものとなった。しかし、氏子組織、青年会、婦人会等が単位となって行われる場合もある。本章の三事例の保護団体も、現在、氏子組織や婦人会と兼任している継承者が多い。

こうした保存会の保持する案件が無形民俗文化財に指定されることが、一種の目的あるいはインセンティブ（動機、誘因）化しているという現状に関して、「民俗の伝承を支えてきた本来の意味を離れて、文化財の指定を受けたという行為に継承の根拠を求めるような風潮が生じてきた危険性が大いに指摘されよう」［大島 2007a: 13］。大島の危惧は理解できるが、それでもこの保存会の存在と文化財指定行為は、継承者にとって心意伝承の動因的役割を担うことにもなる。

2-3 区域再編の変遷と田植踊の復興プロセス

福島県浜通り地方は震災後、国の施策によりたびたび区域見直しがなされ、変更されてきた(4)。

福島というと、被災他二県との個別的相違として福島第一原子力発電所の爆発事故に伴う放射能汚染による人災が災害特殊性となっているが、浜通り地方は、放射能汚染による避難指示区域と津波浸水による被害の危険区域が重層的に変遷してきた。

南相馬市小高区村上地区は、福島第一原発から二〇キロメートル圏内にあり、政府は二〇一一年四月二一日、「居住者等の生命または身体に対する危険を防止する」ため警戒区域に設定し、緊急事態応急対策に従事する者以外の立ち入り禁止と退去を命じた。一年後の二〇一二年四月一六日に避難指示解除準備区域に再編されて日中の立ち入りは可能となり、その後、二〇一六年七月一二日に避難指示が解除されて今日に至っている。

南相馬市の南に位置する浪江町の請戸地区と室原地区は、南相馬市小高区村上地区と同様、二〇一一年四月に警戒区域に指定された。その後、請戸地区は、二〇一三年四月一日の避難指示解除準備区域への再編を経て、二〇一七年三月三一日に避難指示が解除された。役場機能も二本松市から本庁舎に戻り、この役場周辺は完全帰還に向けての前衛としての役割を担っている。一方の室原地区は、この地区より西側がすべて二〇一三年四月一日に帰還困難区域に指示されて以来、見直しがなされていない(二〇一七年現在)。

ただ、ここで見過ごしてはならない重要な点がある。それは津波被害に伴う区域指定である。実は、村上地区と請戸地区は海岸に面しており、津波浸水地域である。警戒区域が解除されて後、村上地区は二〇一二年一〇月一七日、請戸地区は二〇一三年一二月二七日にそれぞれ条例によって災害危険区域に指定された[5]。

3　震災後の田植踊の復興プロセス

一九九一年の福島県教育委員会の調査[6]によると、南相馬市小高区(当時は相馬郡小高町)に一〇件、双葉郡浪江町に一二件の田植踊が確認されていた。その中で現在活動が確認可能な諸団体のうち、村上、請戸、室原の三つの田植踊を抽出する。本節では、主に聞き取り調査[7]と保存会資料に基づいてみていきたい。各田植踊は、震災後も芸態の型の完全保存版としてあり、関係者は、同一人あるいはその親族に限定して人的にも故地との紐帯継承に尽力されてきた。

3-1　事例1：村上の田植踊

南相馬市小高区南部に位置する村上地区は、福島県浜通り地方の沿岸地域である。当該芸能の場である貴布根《きぶね》神社はその最東端に位置し、標高二四・二メートルの高台にあったため[8]、震災の津波襲来の際は人びとの避難場所となり浸水は免れた。

震災前の継承状況

第二次大戦直後までは、旧暦一月一四日に貴布根神社

(同地に古四王《こしおう》神社もある)にて共同祈願の村祈禱で奉納されていたが、その後、これ以外に民俗芸能大会等の公演に出演してきた〔南相馬市博物館編 2009: 36〕。そして一九八八年以降は、四月二三日の春祭りにて一年おきに当該神社にて奉納してきた。そのほか、年に一、二度、県市町村等の民俗芸能大会で踊りを発表してきた。

震災前直近は、踊り方、囃し方両役はすべて成人女性によって担われており、(9) 道化方は成人男性が担当していた。また、保存会の名称である「村上の田植踊保存会」が示しているように田植踊単体の保存会となっている。村上地区には獅子神楽も継承されているが、構成員を重複させながら現在まで別団体として活動してきた。

震災後の継承活動

震災後の上演回数は全二四回である(表7-1)。そのうち、福島県の無形民俗文化財指定目的の映像収録が二度(第一三、二四回)あり、うち一回は貴布根神社境内で実施された。(10) 震災後初めての上演は、地域伝統芸能全国大会「ふるさとの祭り2012」(郡山市、二〇一二年一〇月)においてであり、この大会には本章で取り上げる田植踊三団体がすべて参加している。本保存会は組織として堅固さを有し、役員会、総会、監査等は毎年実施され、事業報告としてまとめられている。

当該団体の活動の特徴としては、県内とくに南相馬市内での公演が半分以上を占めている点が挙げられよう。南相馬市外の福島県内も含めると一八件の公演となっている。これは、小高区からの避難を強いられた保存会会員の居住場所の影響が考えられる。二〇一六年現在、保存会会員全二八名のうち県外在住は一名のみであり、その大半が隣接する南相馬市原町区在住であるという状況は、田植踊上演を前提にした保存会運営にとって時間的・空間的に集合可能域内とみなされる。

当該保存会にとって、震災後の最大の関心事は、福島県の重要無形民俗文化財に指定されたことである。指定理由は、浜通り地方北部旧相馬中村藩領における田植踊の古態をよく保存したものということである。(11)

3-2 事例2：請戸の田植踊(12)

浪江町請戸地区は、事例1の南相馬市小高区村上地区から数キロメートル南に位置しており、請戸漁港のある沿岸地域である。近世より小高との相互交通は浜街道によって頻繁に行われていた。

表7-1　震災後の「村上の田植踊」活動記録（～2016年）

回	年	月日	行事の名称	主催	場所	市町村
1	2012	10.27	地域伝統芸能全国大会福島大会「ふるさとの祭り2012」	福島県，ふるさとの祭り実行委員会	郡山駅前広場	福島県郡山市
2	2012	12.1	野馬追の里健康マラソン大会前夜祭	野馬追の里健康マラソン大会実行委員会	ロイヤルホテル丸屋	福島県南相馬市
3	2013	1.26	特別展「ふるさと小高」（衣装の展示）	南相馬市博物館	南相馬市博物館	福島県南相馬市
4	2013	2.3	第7回南相馬市民俗芸能発表会	南相馬市教育委員会	ゆめはっと（南相馬市民文化会館）	福島県南相馬市
5	2013	2.24	第13回地域伝統芸能まつり全国大会	地域伝統芸能まつり実行委員会	NHKホール	東京都渋谷区
6	2013	4.20	同慶寺春祭り奉納	同慶寺	同慶寺	福島県南相馬市
7	2013	6.8	東日本大震災復興支援東北の芸能Ⅲ［福島］	国立劇場	国立劇場	東京都千代田区
8	2013	8.15	復興　絆　大盆踊り 打ち上げ花火　火祭り	南相馬市	南相馬市牛越応急仮設住宅	福島県南相馬市
9	2013	8.18	第1回伝統文化継承フォーラム2013	全日本郷土芸能協会	日本青年館	東京都新宿区
10	2013	11.2	JAそうま祭り	JAそうま	南相馬ジャスモール	福島県南相馬市
11	2014	7.26	浜通りふるさとまつり2014～福島県仮設住宅生活応援企画～	ラジオ福島，テレビユー福島	ビックパレットふくしま多目的展示ホール	福島県郡山市
12	2014	10.4	「地域のたから」伝統芸能承継事業「ふるさとの祭り2014」	福島県，ふるさとの祭り実行委員会	四季の里	福島県福島市
13	2014	11.15	福島県文化財調査委員会収録	福島県	村上貴布根神社	福島県南相馬市
14	2015	2.8	南相馬市第9回民俗芸能発表会	南相馬市教育委員会	ゆめはっと（南相馬市民文化会館）	福島県南相馬市
15	2015	8.22	小高区5校PTA連絡協議会夏祭り	小高区5校連絡協議会	さくらホール（鹿島生涯学習センター）	福島県南相馬市
16	2015	10.12	地域伝統芸能全国大会「地域伝統芸能による豊かなまちづくり大会あきた」	秋田県，横手市，地域伝統芸能活用センター，「地域伝統芸能による豊かなまちづくり大会あきた」実行委員会	秋田ふるさと村ドーム劇場，秋田ふるさと村お祭り広場，富士見大通り	秋田県横手市
17	2015	11.1	「地域のたから」伝統芸能承継事業「ふるさとの祭り2015 in 南相馬」	福島県，ふるさとの祭り実行委員会	南相馬ジャスモール	福島県南相馬市
18	2015	12.6	南相馬市スポーツ復興記念事業 第28回野馬追の里健康マラソン大会のレセプション	野馬追の里健康マラソン大会実行委員会（南相馬市市民生活部文化スポーツ課）	ロイヤルホテル丸屋	福島県福島市
19	2016	4.10	日鷲神社春季例大祭講演会	明日の小高を考える会 東部地区行政区長会	浮舟文化会館	福島県南相馬市
20	2016	6.12	第26回相馬流れ山全国大会	相馬流れ山全国大会実行委員会	ゆめはっと（南相馬市民文化会館）	福島県南相馬市
21	2016	8.6	第55回北上・みちのく芸能まつり	北上・みちのく芸能まつり運営委員会	北上市文化交流センター（さくらホール），おまつり広場（北上駅前）	岩手県北上市
22	2016	9.4	第24回福島県高齢者大集会	福島県高退連	福島県教育会館	福島県福島市
23	2016	10.7	第22回全国報徳サミット南相馬市大会	第22回全国報徳サミット南相馬市大会実行委員会	ゆめはっと（南相馬市民文化会館）	福島県南相馬市
24	2016	11.19	福島県教育委員会映像収録	福島県教育委員会	浮舟文化会館	福島県南相馬市

出所：村上の田植踊保存会事務局長へのインタビューに基づき筆者作成.

回	年	月日	行事の名称	主催	場所	市町村
23	2014	3.9	安波祭（2月第3日曜日が大雪のため順延）	請戸芸能保存会	第一北幹線仮設住宅，笹谷東部仮設住宅，安達仮設住宅	福島県福島市，二本松市
24	2014	4.6	昭憲皇太后百年祭	全日本郷土芸能協会	明治神宮拝殿前	東京都渋谷区
25	2014	7.21	千度大祓	福島県神社庁いわき大祓の会	アクアマリンふくしま	福島県いわき市
26	2014	10.5	「地域のたから」伝統芸能承継事業「ふるさとの祭り2014」	福島県，ふるさとの祭り実行委員会	四季の里	福島県福島市
27	2014	10.21	国民文化祭あきた2014	仙北市実行委員会	わらび劇場	秋田県仙北市
28	2014	11.8	第2回ふくのさと祭り	伝統みらい広場実行委員会	福島駅前通り	福島県福島市
29	2014	11.29	復興なみえ町十日市	復興なみえ町十日市祭実行委員会	二本松市民交流センター	福島県二本松市
30	2014	12.23	元気になろう浜通りの民俗芸能	國學院大學院友会浜通り支部	相馬市農村環境改善センター	福島県新地町
31	2015	2.15	安波祭	請戸芸能保存会	第一北幹線仮設住宅，笹谷東部仮設住宅	福島県福島市
32	2015	3.8	復興支援音楽隊歌のプロジェクト（ゆず）	福島放送，三菱商事	郡山ビッグパレット	福島県郡山市
33	2015	3.14	なみえ3.11復興の集い	なみえ復興の集い実行委員会	二本松安達文化ホール	福島県二本松市
34	2015	7.20	千度大祓	福島県神社庁いわき大祓の会	アクアマリンふくしま	福島県いわき市
35	2015	10.31	「地域のたから」伝統芸能承継事業「ふるさとの祭り2015 in 南相馬」	福島県，ふるさとの祭り実行委員会	南相馬ジャスモール	福島県南相馬市
36	2015	11.1	第3回ふくのさと祭り	伝統文化みらい広場実行委員会	A.O.Z.MAXふくしま	福島県福島市
37	2015	11.14	復興なみえ町十日市	復興なみえ町十日市祭実行委員会	二本松市民交流センター	福島県二本松市
38	2016	2.21	安波祭	請戸芸能保存会	第一北幹線仮設住宅，笹谷東部仮設住宅	福島県福島市
39	2016	3.12	なみえ3.11復興の集い	なみえ復興の集い実行委員会	二本松安達文化ホール	福島県二本松市
40	2016	7.17	千度大祓	福島県神社庁いわき大祓の会	アクアマリンふくしま	福島県いわき市
41	2016	8.8	伊勢神宮（外宮）まがたま池奉納舞台	伊勢神宮	伊勢神宮	三重県伊勢市
42	2016	8.8	全国神社スカウト大会踊り披露	神社本庁神社スカウト協議会	伊勢体育館	三重県伊勢市
43	2016	11.3	第4回ふくのさと祭り	伝統文化みらい広場実行委員会	A.O.Z.MAXふくしま	福島県福島市
44	2016	11.6	「地域のたから」伝統芸能承継事業「ふるさとの祭り2016 in 白河」	福島県，ふるさとの祭り実行委員会	白河市立図書館特設会場	福島県白河市
45	2016	11.20	復興なみえ町十日市	復興なみえ町十日市祭実行委員会	二本松市民交流センター	福島県二本松市

＊1　南相馬市，富岡町，双葉町，浪江町，飯舘村，二本松市，伊達市，本宮市，桑折町，国見町，川俣町，福島県雇用労政課
出所：請戸芸能保存会副会長へのインタビューに基づき筆者作成．

表7-2　震災後の「請戸の田植踊」の継承状況（～2016年）

回	年	月日	行事の名称	主催	場所	市町村
1	2011	8.21	海道の歴史と文化に学ぶ	國學院大學院友会浜通り支部	アクアマリンふくしま	福島県いわき市
2	2011	9.10	江東区ボランティアまつり	江東区福祉協議会	江東区文化センター	東京都江東区
3	2011	10.2	がんばっぺいわき復興祭	いわき復興祭運営委員会	いわき市21世紀の森公園	福島県いわき市
4	2011	11.5	復興なみえ町十日市祭	復興なみえ町十日市祭実行委員会	二本松市民交流センター	福島県二本松市
5	2011	11.26	からくり民話茶屋こころの復興民話祭	NPO語りと方言の会	郡山西部プラザ	福島県郡山市
6	2011	12.11	本宮市民俗芸能大会	本宮市民俗芸能実行委員会	サンライズもとみや	福島県本宮市
7	2012	1.29	ふくしまの春	福島県県北地方振興局ほか（＊1）	エスパル5階コラッセふくしま多目的ホール	福島県福島市
8	2012	2.19	安波祭	請戸芸能保存会	福島市北幹線第一，東部，笹谷，安達応急仮設住宅	福島県福島市，二本松市
9	2012	2.26	二本松市民俗芸能大会（第14回）にほんまつ伝統芸能祭	二本松市無形民俗文化財保存団体連絡協議会	二本松市民会館	福島県二本松市
10	2012	3.11	なみえ3.11復興の集い「鎮魂から明日へ」	浪江町	二本松安達文化ホール	福島県二本松市
11	2012	7.30	明治天皇百年祭	全日本郷土芸能協会	明治神宮拝殿前	東京都渋谷区
12	2012	10.21	震災から未来へ 福島の民俗芸能次世代継承のためのシンポジウム	伝統みらい広場実行委員会	福島県文化センター小ホール	福島県福島市
13	2012	10.27	地域伝統芸能全国大会福島大会「ふるさとの祭り2012」	ふるさとの祭り実行委員会	郡山市民文化センター	福島県郡山市
14	2012	11.24	復興なみえ町十日市祭	復興なみえ町十日市祭実行委員会	二本松駅周辺	福島県二本松市
15	2012	11.25	本宮市民俗芸能大会	本宮市民俗芸能実行委員会	しらさわカルチャセンター	福島県本宮市
16	2012	12.24	げんき咲かそう！ ふくしま大交流フェア	福島県	東京国際フォーラム	東京都千代田区
17	2013	2.17	安波祭	請戸芸能保存会	第一北幹線仮設住宅，笹谷東部仮設住宅，安達仮設住宅	福島県福島市，二本松市
18	2013	3.16	なみえ3.11復興の集い	なみえ復興の集い実行委員会	二本松安達文化ホール	福島県二本松市
19	2013	5.19	出雲大社遷座祭	出雲大社	出雲大社	島根県出雲市
20	2013	8.17	第15回全国子ども民俗芸能大会	全日本郷土芸能協会	日本青年館	東京都新宿区
21	2013	11.4	伝統文化みらい広場ふくのさと祭り	伝統みらい広場実行委員会	こむこむ	福島県福島市
22	2013	11.23	なみえ町十日市	復興なみえ町十日市祭実行委員会	二本松市民交流センター	福島県二本松市

震災前の継承状況

毎年二月第三日曜日、苕野《くさの》神社の祭礼行事「安波祭《あんばまつり》」において、境内および請戸浜で行われていた［相馬市史編纂会編 1975: 689–692］。そのほか、年に一、二度、県や市町村等の民俗芸能大会で踊りを発表していた。踊りの上演態勢は、村上と同様に踊り方と囃子方に分かれる。震災前直近の踊り方はすべて小学生の女児であった。踊りの舞踊動作は、村上に類似している。記録によれば、第二次大戦後に村上の田植踊の師匠が振りを移したという記述が見えることから、村上地区から舞踊動作が指導されたと伝えられたとみることができる(13)。

「請戸芸能保存会」には、当該田植踊と獅子神楽が所属している。祭礼行事で、獅子神楽に次ぎ田植踊の順で奉納されてきた。獅子神楽の舞踊動作担当者は成人男性である。

震災後の継承活動

請戸の田植踊は、震災後数多くの上演機会を得ており、震災直後の二〇一一年八月にいわき市にて上演して以来、避難指示が解除される以前の二〇一六年までに全四五回を数えている（表7–2）。

行事を類別すると、おおむね「震災以前からの浪江町内の行事」と「震災後の震災に関わる行事参加または依頼公演」の二つに大きく分けられよう。

「震災以前からの浪江町内の行事」とは、故地との関係性を有し継続実施している「復興なみえ町十日市祭(14)」（第四、一四、二二、二九、三七、四五回）と「安波祭(15)」（第八、一七、二三、三一、三八回）における上演である。つまり、請戸の田植踊の場合、震災前後を比較した場合、上演場所は違えどおおむね従来どおりの行事を休まず実施できているということができる(16)（写真7–3）。

次に、「震災後の震災に関わる行事参加または依頼公演」のうち、とくに「明治天皇百年祭」（第一一回）、「出雲大社遷座祭」（第一九回）、「昭憲皇太后百年祭」（第二四回）、「伊勢神宮まがたま池奉納舞台」（第四一回）における奉納公演は、当該民俗芸能の注目度の高さと請戸芸能保存会の人びとの復興支援に応じようという責任感の強さの表れとみることができよう。事実、踊り方の子どもたちへの各種報道機関による取材、インタビュー回数は多く、数多の特集が組まれ、そのたびごとに子どもたちは「踊りで町民の皆さんが笑顔になれるよう、これからも続けていく」旨回答し、その内容が記事となってきた(17)。

保存会会長および副会長の尽力に加えて、芸能の表方で

写真7-3　請戸の田植踊.
安波祭にて（2014年3月9日，福島市内の仮設住宅）

ある子どもたちの上演に関わる認識がここにおいて変容し、あるいは複層的に新たな認識が加わった。インタビューによれば、震災以前は祭りの時期になると保存会の人びとが小学校に踊り子の依頼に訪れていた。依頼公演の回数の多さと膨大で積極的な取材により、当該民俗芸能の継承意欲に何らかの刺激があったことが観測され、刺激による認識の形態の変容と故地に対する紐帯の再認識が生じたかもしれない。

　請戸芸能保存会は震災後、伝統芸能の再開に向けての努力に対して二〇一二年に「地域伝統芸能特別賞」を受賞している[18]。

　なお、避難指示解除後の二〇一七年八月一二日には、苕野神社の仮社殿で行われた復興祈願祭において、浪江町内では震災・原発事故後初めてとなる田植踊が奉納されている（「福島民友」二〇一七年八月一三日）。

3-3　事例3：室原の田植踊

　浪江町室原地区は、請戸の海岸から西北西約一〇キロメートル内陸の阿武隈高地に位置し、したがって震災に際して地震災害はあったものの、津波の浸水被害は受けなかった。ただし、原発事故による被害は深刻で、事故後六年を経過してもなお、空間線量率から年間積算線量が二〇ミリシーベルトを下まわらないおそれのある地域であるとして、帰還困難区域指定が継続し、立ち入りが制限されている。室原地区の田植踊が踊られていた八龍《はちりゅう》神社および秋葉神社は、各個人宅に増して手つかずのままとなっている。

震災前の継承状況

室原地区にある八龍神社と秋葉神社の七年ごとの遷宮祭において、神楽とともに奉納されてきた［相馬市史編纂会編 1975: 685–689］。踊り方、囃子方はすべて成年男子によって運営されていた。その他、県市町村の民俗芸能大会等の行事の際に踊る機会を得ていたが、インタビューによれば遷宮祭以外の場合、婦人会へ出演依頼をすることが多かったということである。(19)

室原地区では、民俗芸能の行われる神事「仮遷宮祭」がきわめて盛大なものであり、震災直前の二〇一〇年に実施され、町の無形民俗文化財に指定されたが、正式公開の前に震災となった。「仮遷宮祭」とは、大字最大の行事である「正遷宮」を簡略化した行事であるが、それでも大字の住民の多くが参加する、大字の安全と五穀豊穣を祈願する祭礼である。一八七八（明治一一）年から七年毎に実施されてきたという記録が残っている。

震災後の継承活動

二〇一〇年の仮遷宮祭実施ののち、次回挙行予定の二〇一六年に執行すべく保存会で会議が持たれたものの、準備が整わずにやむなく次年度へ繰り越しとなった。したがって、仮遷宮祭は未実施であるが、それでも六回の公演を果たしている。**表7–3**は田植踊のみの継承状況であるが、室原の田植踊の保存会は名称が「室原郷土芸能保存会」といい、田植踊のみでなく獅子神楽も継承しており、獅子神楽が田植踊と同程度に上演機会を得ている。そのため、保存会の活動回数としては表7–3の二倍程度となる。

4 民俗芸能の復興・継承に関わる諸相とその動機

三事例の田植踊の復興プロセスを活動の異同に着目してみてみると、上演回数に関わる点、上演者の身体の種別に関わる点、故地の現状に関わる点、および三事例に通底する継承の動機への刺激の四点が浮かび上がってくる。

上演回数は、すでにみたように請戸が最も多く四五回、

表7-3　震災後の「室原の田植踊」の継承状況（～ 2016年）

回	年	月日	行事の名称	主催	場所	市町村
1	2012	10.27	地域伝統芸能全国大会福島大会「ふるさとの祭り2012」	ふるさとの祭り実行委員会	郡山駅前	福島県郡山市
2	2013	10.27	第55回北海道・東北ブロック民俗芸能大会	青森県教育委員会等	青森県八戸市公会堂	青森県八戸市
3	2014	10.4	「地域のたから」伝統芸能承継事業「ふるさとの祭り2014」	ふるさとの祭り実行委員会	四季の里（屋外特設ステージ）	福島県福島市
4	2014	10.23	DVD撮影・伝統芸能記録撮影	NPO法人	二本松男女共生センター	福島県二本松市
5	2014	11.29	復興なみえ町十日市祭	復興なみえ町十日市祭実行委員会	二本松駅前	福島県二本松市
6	2015	11.3	被災地等伝統芸能公演支援事業 in 渋谷区民の広場	渋谷区くみんの広場実行委員会	都立代々木公園野外ステージ	東京都渋谷区

出所：室原郷土芸能保存会顧問へのインタビューに基づき筆者作成.

村上が二四回、室原は六回とばらつきがあり、一見大きな差があるようにみられるが、これを震災前の上演回数と比較すると、請戸は毎年、村上は二年毎、室原は七年毎であるので、奇しくも上演状況の比率はおおむね震災前の状況と同程度という結果となった。なお、前記上演回数のうち請戸のみ場所が相違しているものの、従来の祭礼行事次第において執り行われている。その他はすべて「〇〇田植踊」という民俗芸能の舞台上演である。室原では、保存会内部で次期遷宮祭に対する執行の可否について協議されてはいるが、実のところ逡巡状況である。ただ、時期が来たとの共通認識はある。本書第八章において高倉は、祭礼行事が内包する社会統合性と時間の反復性に言及している。平時における両特性のうち後者について、継承者の身体内奥に浸透した回帰感覚は、結局、災害後中期段階において平常感への志向という良好な変質を遂げた。この意味で災害復興に貢献できる可能性があるといえる。

福島の場合、こうした状態は継承者の集団の発生として示される。人びとが避難先から集合し、上演終了後に解散するという姿は、見る人に故郷を醸し出す「移動する村」[今井 2014] の刹那的発生を提示し、それは「ナマの日常生活」のない転々とした場所での発生としてあるものである。

民俗芸能を、本質的な文脈から切り離して現象面で捉えた場合、われわれは踊っている人の舞踊動作を見ている。その芸能を担当する身体を種別でみると、村上は成人女性、請戸は女児、室原は成人男性である。この相異は、舞踊の場における他者へ与える視覚的印象または集合という行動に関わっているようだ。広域的避難場所から転々とした「ナマの日常生活」のない場所へ集合する女児、家計支持者である成人男性、そして成人女性に対する種々の負担の性質もまた異なったものとなる。

各田植踊の故地の現況は、津波浸水に伴い条例によって建物が建てられなくなった危険区域と、原発災害に伴い家はあるものの空間放射線量によって帰れない帰還困難区域と相違している。津波被災により同じく災害危険区域に指定され、元の地域に家はなくまた家は建たない村上と請戸ではあるが、一足先に原発事故の警戒区域が解除になり、故地に隣接する地域に保存会会員が多く住んでいる村上と、女児が主な踊り手であるがゆえに超広域避難を強いられている請戸では、集合行為の時間的・経済的影響が自ずと異なってくる。また、保存会会員の多くが家計支持者である室原では、この二つの影響がより強く作用している。

三事例の田植踊の方々は、各表に記したように種々の震災復興支援に関わる公演の要請を受けてきた。請戸の場合はそれがきわめて多数にのぼり、各種報道機関からの取材を多く受けてきた点は先に述べた。「この踊りだけが自分と請戸をつなぐ唯一のものとなった」、「浪江町の皆さんが元気になってくれればうれしい」、「自分の代で昔から踊っていたものを絶やしたくない」、「津波で家もなくなり、家族も亡くし、これで田植踊もなくしたら、私と請戸をつなぐものは何もなくなってしまう」などと子どもたちが回答しているが[20]、そこに子どもたちなりの民俗芸能継承への責任感を読み取ることができる。信仰とは異質の継承動機が原動力として加わった。そして三保存会には、本来の心意伝承に加えて、文化財指定、受賞、指定確定というインセンティブ(動機、誘因)があった。民俗芸能の文化財化の良否はさておき、要請に応じようとする継承者の責任感に対して正の刺激を与えたことは間違いないように思われる。それは、請戸芸能保存会副会長の「町の指定文化財になることを目指したい」、あるいは室原郷土芸能保存会顧問の「指定されたので頑張りたい」という言葉[21]にも表れている。

文化財保護の理念と指定というインセンティブは、福島型広域・超長期的避難のなかで民俗芸能の継承を存続させていきたいと願う継承者にとって、身体を動かす動力となったことを認めないわけにはいかない。民俗芸能の諸要素を冷凍保存する文化財化は、福島型被災態様においては、有効性を持ってきたといえるのではないか。そう考えると、事前の映像保存などの作業だけでなく、文化財指定という行政の行為は防災の機能も兼ね備えていると解釈できるかもしれない。ただ、これは中期段階までであり、ゴールの見えない将来を指し示すものではない。今後も寄り添いながら見守る必要があろう。

5　おわりに

震災後の多数の上演回数は、そのまま保存会の方々の想像を絶するご苦労と心意伝承の具現化の姿であり、ご努力の表出である。そして、故郷を想う中期段階として復興支援の要請に応じようとする責任感または喪失した故郷へのノスタルジーを読み解くことができた。種々の避難先から継承努力を披露するために集まる保存会の方々の姿は、刹那的村の発生であり、その集まり自体が故郷の役割を果たしてきたかもしれない。

謝辞

本稿は、科学研究費基盤C「民俗芸能に関わる震災復興のための伝承形態の再構築—福島県の田植踊りを事例として—」(課題番号:15K11946、二〇一五～二〇一七年度、代表:一柳智子)の成果の一部である。「村上の田植踊保存会」会長・事務局長、「請戸芸能保存会」会長・副会長、「室原郷土芸能保存会」会長はじめ顧問の方々等、各保存会の皆様には、たびたび快くインタビューに応じていただきました。心から感謝申し上げます。

註

(1) 復興庁ウェブサイト「復興の現状と取組」を参照(http://www.reconstruction.go.jp/topics/main-cat1/sub-cat1-1/20131029113414.html)[最終アクセス:二〇一七年一月二三日]。

(2) 福島県の避難指示区域の変遷については、ふくしま復興ステーション「避難指示区域の状況」(福島県ウェブサイト)等に詳細がある(http://www.pref.fukushima.lg.jp/site/portal/list271-840.html)[最終アクセス:二〇一七年一月二三日]。

(3) 郡司正勝は、「郷土」という語の発生においての説明に、「その芸能が行われている地方から言い出されたことばではないということに留意しなければならない」[郡司 1958: 11]と吐露している。ここにはあくまでも都市対地方という構図があり、都市の研究者による視点が避けて通れない。「郷土」と「故郷」に共通する概念として、地元的内部存在に対する外部からの視点という共通性がある。

(4) データに関しては以下のウェブサイト等を参照し、総合的にまとめた[最終アクセス：二〇一七年一月二三日]。

・南相馬市「復旧・復興」(https://www.city.minamisoma.lg.jp/index.cfm/10,0,58,html)
・浪江町「復興ビジョン・計画」(http://www.town.namie.fukushima.jp/site/shinsai/list16-42.html)
・経済産業省「原子力被災者支援」(http://www.meti.go.jp/earthquake/nuclear/kinkyu.html)
・ふくしま復興ステーション「避難指示区域の状況」福島県ウェブサイト(http://www.pref.fukushima.lg.jp/site/portal/list271-840.html)

(5) 「浪江町災害危険区域に関する条例」(平成二五年一二月二七日条例第三七号)、および「南相馬市災害危険区域に関する条例」(平成二三年九月五日条例第一二号、改正平成二四年一二月二〇日条例第三四号)。

(6) 福島県文化財調査報告書第二六一集『福島県の民俗芸能——福島県民俗芸能緊急調査報告書』(福島県教育委員会、一九九一年)。

(7) 村上と請戸に関しては、二〇一一年の震災後、文化庁の被災調査に関わって以来、表7-1、表7-2の各種公演の多くの現場に同行したりして調査を重ねた。請戸の田植踊については、二〇一四年、二〇一五年、二〇一六年の三年間にわたり、郡山女子大学短期大学部幼児教育学科において田植踊の実技指導の講師として招聘した。その三年間の授業内容は、拙稿[一柳 2017b]に詳しい。

(8) 相馬中村藩第二代藩主相馬義胤によって、この要害の地に築城を開始したが、火災が発生し、義胤はそれを不吉として築城を断念した経緯があるほどの要衝の地であった。

(9) 村上の田植踊保存会には、一九一四(大正三)年からの活動記録が残っている。現物は津波によって消失したが、写しが現存している(『村上田植え踊り保存会関係綴』)。それは一九三七(昭和一二)年に中打ちを務めた村田繁氏の手になるものであり、それによると第二次世界大戦前までは、青年会により伝承されていたようである。戦後、村田繁氏は婦人会の人びとにも伝授し、その後は青年会と婦人会とが協力し合いながら継承してきたとの記述が見える。

(10) 震災前の保存会会員数三九名のうち、当時の会長、副会長を含む一二名が津波で亡くなった。そのほか、装束、道具類はすべて津波で流出した。文化庁の補助金にて上演に必要な装束、道具類はすべて新調することができたため、各種行事に参加できている。

(11) 「福島県指定文化財指定要旨」によれば、当該田植踊の無形民俗文化財として指定されるべき理由について次のような簡単な説明がある(指定番号五四、平成二七年三月三一日付)。「田植踊は豊作祈願の芸能で、県内では会津地方でいち早く始まり、それが芸能化しながら中通地方を経て、天明の飢饉のあと急速に旧相馬中村藩に伝播した。それらの中でもこの田植踊は、振りはひときわ洗練され、歌は民謡といってもよいほど小節《こぶし》の多い技巧的なもので、県内の田植踊の変遷を知るうえで貴重である」。

(12) 「請戸の田植踊」に関しては、拙稿[一柳 2013, 2014]において、震災後の舞踊動作分析および現状分析を行った。

(13) 『村上田植え踊り保存会関係綴』には、次のような記述がある。「隣接する浪江町請戸にも、この村上の田植踊りに似た田植踊りがあるそうだが調べたところ、大正のころ村上の屋根葺きの棟梁であった八百治と云う人が請戸に教えたという」、「請戸にも元々田植踊りがあったものゝ年を経るに従い型がくずれ本格的にきまった型のものではなくなったらしい」、「そこえ[ママ]新しく活をいれ、よみがえらせたものであると聞く」(五頁)。

(14) 「十日市祭」とは、「浪江町にとっては最大の祭礼であり、明治六年(一八七三)に、出羽権現(現浪江神社)の例大祭日として当時の権現堂村に市を設けたことに始まる」[浪江町史編纂委員会編 2008: 177]。

(15) 「安波祭」とは、「あんば様」と呼ばれ、千葉から岩手県にかけての太平洋岸の漁村で信仰されている神で、その発祥地は茨城県稲敷郡桜川村阿波にある大杉神社の分霊を祀ったともいうが、その多くは祭神不明のもので、浜のスカ(洲処)などに臨時に祀る場合が多い[相馬市史編纂会編 1975: 482]。

(16) 浪江町は、震災後復興した民俗芸能に対して公平に補助金を支給している。民俗芸能の保存会の方々が復興を目指す際の問題点の一つに、広範囲に点在してしまった保存会会員が上演機会のために集合するための移動費がある。震災後、福島県等はこの問題に理解を示し、補助金交付等の措置を講じてきた。

(17) 震災後、福島県内の報道機関各社をはじめ中央の報道機関各社、あるいは各国の報道機関が福島県内を取材している。二〇一一年一〇月に始まった朝日新聞の連載記事「プロメテウスの罠」第三二章(二〇一三年六月一四日～九月二八日)に請戸の田植踊の震災直後の消息、かつ村上の田植踊の保存会の方々の消息についての詳細な記述がある[朝日新聞特別報道部 2014]。また、請戸芸能保存会はそのほか多くの報道機関の取材を受けている。取材数の膨大さは未曾有の原発災害に関する注目度の高さを物語る一つの現象であるといえよう。

(18) 地域伝統芸能特別賞の概要は以下のとおりである。「平成二三年三月の東日本大震災により、被災地において伝統芸能団体に所属していた団員及び伝統芸能公演に使用する衣装・用具等に被害が生じた状況であるが、その後、その地に伝わる伝統芸能の再開に向けて努力を重ねている団体又は個人に授与する。／顕彰することにより、地域伝統芸能の保存と継承を図るとともに、大震災からの復興をさらに推進する力となることを目的とする」(一般財団法人地域伝統芸能活用センター「伝統芸能大賞など」(http://www.dentogeino.or.jp/prize/index.html)[最終アクセス：二〇一七年一月二三日])。

(19) 室原郷土芸能保存会顧問椀台芳広氏への聞き取り調査による(二〇一六年五月三一日)。

(20) 請戸芸能保存会副会長佐々木繁子氏および踊り子の子どもたちへの聞き取り調査による(二〇一三年二月一七日)。

(21) 室原郷土芸能保存会顧問椀台芳広氏への聞き取り調査(二〇一六年五月三一日)、および請戸芸能保存会副会長佐々木繁子氏への聞き取り調査(二〇一六年五月一三日)による。室原郷土芸能保存会の田植踊に関しては、実は当該田植踊を含んだ「遷宮祭」が祭礼行事として町指定無形民俗文化財に震災直前に指定された。しかし震災後、町のウェブサイトは更新されていない(二〇一七年一月三〇日現在)。

文献

朝日新聞特別報道部[2014]『プロメテウスの罠6——ふるさとを追われた人々の、魂の叫び!』東京：学研パブリッシング

一柳智子[2013]「福島県における無形民俗文化財に対する原発事故の影響——こども民俗芸能「請戸の田植踊り」の変遷と変容から」、『比較舞踊研究』一九：五五—六五

———[2014]「子ども民俗芸能「請戸の田植踊り」の舞踊動作と構造」、『民族藝術』三〇：三二—三七

———[2017a]「原災による避難から帰還の間における民俗芸能の意義の変容——福島県浪江町請戸芸能保存会の動向を事例として」、『民族藝術』三三：八七—九二

———[2017b]「地域教育に関わる民俗芸能の意義——福島県における幼児教育課程学生に対する健康を目指した民俗芸能の授業より」、『郡山女子大学紀要』五三：一六三—一七九

今井照[2014]『自治体再建——原発避難と「移動する村」』ちくま新書、東京：筑摩書房

大島暁雄[2007a]「民俗文化財保護の基本理念について——特に、昭和五〇年文化財保護法改正を巡って」、植木行宣監修、鹿谷勲・長谷川嘉和・樋口昭編『民俗文化財——保護行政の現場から』東京：岩田書院、八—一九頁

———[2007b]『無形民俗文化財の保護——無形文化遺産保護条約にむけて』東京：岩田書院

ギル、トム[2013]「場所と人の関係が絶たれるとき——福島第一原発事故と「故郷」の意味」、トム・ギル/ブリギッテ・シテーガ/デビッド・スレイター編『東日本大震災の人類学——津波、原発事故と被災者たちの「その後」』京都：人文書院、二〇一—二三八頁

郡司正勝[1958]『郷土芸能』東京：創元社

関礼子［2016］「原発事故避難と故郷の行方」、橋本裕之・林勲男編『災害文化の継承と創造』京都：臨川書店、一〇九―一二五頁
相馬市史編纂会編［1975］『相馬市史　第三巻　各論編二　民俗・人物』福島：相馬市
浪江町史編纂委員会編［2008］『浪江町史　別巻二　浪江の民俗』福島：浪江町
南相馬市博物館市史編さん係編［2009］『おだかの歴史　特別編四　ＤＶＤ映像で見るおだかの民俗芸能』福島：南相馬市
村上の田植踊保存会［n.d.］『村上田植え踊り保存会関係綴』
山本宏子［1986］「民俗芸能の伝承方法についての一考察――三春町の芸能の調査事例をもとに」、『民俗芸能研究』三：六七―七八

第八章

福島県の民俗芸能と減災無形文化遺産

——災害復興政策になぜ無形文化財が必要なのか

高倉浩樹

1 はじめに

伝統文化は災害復興に貢献することが可能なのだろうか。もしそうだとすれば、それはなぜなのか。これが本章における問題関心である。ここでいう伝統文化とは、文化人類学で定義される「文化」ほど広範囲なものではない。むしろ文化財行政において意味される無形文化財、その中でもとくに祭礼や民俗芸能など、特定の地域社会の中で人びとによって歴史的に継承され、その社会において価値あるものとみなされている集合的な活動を念頭に置いている。文化行政的には、無形文化財は歌舞伎や工芸など芸術的価値をもつものと、民俗芸能など歴史文化的価値をもつものに分かれるが、本章では後者を扱う。

東日本大震災後の災害復興過程において特徴的だったのは、先記のような無形文化財が復興の象徴として認識されたことである。それは当事者、マスコミ、行政に共通する態度だったといってよい。そのことは阪神・淡路大震災の復興過程と比べるとよくわかる。図8-1は、「東北六魂《ろっこん》祭《さい》」のイメージ画像である。これは東北地方六県の代表的とみなされる祭りや郷土芸能を一堂に集めて開催し、犠牲者を悼み、被災地の復興を祈願することを目的としている。

震災後の二〇一一年に、大手広告代理店の電通パブリックリレーションズが始めたものだが、現在は地元のテレビ局や市町村、地域の企業などが協力して開催されている。伝統的な祭りや儀式は、東日本大震災や福島原発事故の災害支援政策、復興政策に関連づけられてきた。こうした状況は、災害復興政策において無形文化財のもつ意義を検討しなければならないことを示している。無形文化財を調査研究してきた人類学や民俗学、あるいは地域社会の開発に関わる社会学や都市計画学などの研究者は、この問題に絡んで専門的知見の提供が求められているのである。

図8-1 「東北六魂祭」ウェブサイト（2016年6月）
（http://www.rokkon.jp）

　実際、地域社会の災害復興における無形文化財や伝統行事に焦点を当てた人類学・民俗学的研究は数多く行われている［高倉・滝澤編 2014; 日高編 2012; 橋本・林編 2016; 橋本 2015 など］。このなかで出発点となるのは、橋本裕之が被災した民俗芸能調査から導き出した「生活再建や地域再建のために欠かせないアイテムこそが民俗芸能」［橋本 2012: 125］という論点である。芸能は神事であるが、娯楽的要素もある。まずは健康や経済を優先させると考えがちであるが、そうではないと説くのである。その理由は、「民俗芸能を培ってきた場、つまり関係じたいをどう回復させていくか」［橋本 2012: 129］が関わっている。地域社会の社会関係の維持・発展に無形文化財は重要な基盤を提供する。実際に福島県いわき市江名《えな》地区では、地域社会の再生を目指して「江名諏訪神社文化伝統保存会」を設立し、途絶えていた芸能を復活させたことが報告されている［田仲 2016: 58］。

　植田今日子が提示した儀礼性の論点も示唆的である。彼女は、東日本大震災による被災者はなぜ、緊急的な状況のなかであえて伝統的行事である祭礼＝

無形文化財を続けているのか、という興味深い問いを立てた。祭礼を特徴づけるのは、定まった次第によって構成される儀礼的過程である。それゆえに人びとは回帰的な時間を取り戻すという。一方で被災者は、復興政策という不可逆的な直線的な時間の流れに即して、実務的に対処していかねばならない。それは被災者にとっては、これまで経験してこなかった非日常の連続であり、その都度ごとに判断と決断が迫られる過程でもある。こうしたなかにあって、祭礼のもつ儀礼性は、日常生活に回帰するということを人びとに気づかせてくれるものだというのだ[植田 2013]。なぜ災害支援に無形文化財が必要なのかを考える上で、この指摘も重要である。災害復興とは、災害によって破壊されてしまった日常性を回復することであることはいうまでもない。とすれば、祭礼や民俗芸能に対する行政的支援は、震災前に存在していた地域社会の日常性を、何らかのかたちで住民に喚起させることになるからである。

文化人類学の中では、儀礼はどちらかといえば、社会統合的機能に焦点が当てられてきた。儀礼とは、日常生活とは異なる行動形式を含む、あるいは少なくとも異なる目的を有するものであり、それは独自の象徴によって示されるという点で集団内の交流的役割を果たすと同時に、個を社会と結びつける役割を果たす機能をもつ[Mitchell 1996]。この視点からすれば、橋本が見いだした民俗芸能の特徴は、儀礼における社会統合性の一種であると理解できるだろう。要するに、無形文化財は社会統合性と時間の反復性を内包しており、その特質を強化するようなかたちで、これを行政が支援するときに、災害支援として効果的であるというのが先行研究を通して得られる知見である。

本章の目的は、福島原発事故の災害復興において、前記のような意味での無形文化財はどのような役割を果たしているのかを、フィールド調査の成果をもとにしながら検討することである。岩手県や宮城県と異なり、福島県における災害復興は、放射能被害を含む点で質的に異なっている。この点を明らかにするとともに、無形文化財は災害復興に果たして役に立つのか、もしそうだとすれば、それはなぜなのかについて理論的に考えてみたい。さらに、人類学・民俗学の知見に基づく災害復興政策の提言を検討したい。

2 福島原発事故の困難性

東日本大震災による死者の多くは津波に伴うものである。ただし福島県の場合、沿岸部の津波による被害もさることながら、福島第一原子力発電所の爆発による放射能災害が加わっていることが大きな違いである。もちろん、放射能被害は福島県に限ったことではない。行政的な対応は行政領域で異なるため、山口［2016］が報告するように、空中の残留放射能の値が同じでも道路を隔てて対応が異なるということが生じている。また、放射能汚染のリスクの捉え方に個人差があることも、問題を複雑にしている。

原発事故に伴う被害は多岐にわたるが、健康被害、家屋の喪失、帰還へのジレンマ、離ればなれになった家族、農業や観光など地域産業への風評被害、将来への不安などさまざまである。その中には母子避難の問題がある。子どもへの放射能の影響を心配する母親が、福島県で仕事に従事する夫と離れて避難生活を送ることである。研究者は、母子避難者たちが地域社会やその家族からすらも孤立してしまいがちな傾向とその心理的・社会的過程を民族誌的に記述している。そこでは地域社会・親族・家族の中で、被災者の人間関係に深刻な衝突や葛藤が生じているからである［辰巳 2014; 池田 2013］。その理由は、放射能の健康被害と影響をどう捉えるか、そのリスク判断には家族内にも個人差がみられるからだ。放射能被害は、高度に学術的な専門的知識を基盤とするため、科学者や医師の中でも評価・判断が一致していない。そうした議論の余地がある放射能のリスクについて、一定の科学的立場を前提としながら政府や地方行政は被災地復興政策を実施している。

この問題は、人類学研究の中では、チェルノブイリ原発事故を調査研究したアドリアナ・ペトリーナの「生物学的市民権」に関わっている。「生物学的市民権とは、生物学的損傷を認知し補償するための医学的、科学的、法的基準に基づいて遂行される社会福祉の一形態に対する巨大な要求であり、またそれに対する選別的なアクセスである」と説明されている［Petryna 2002＝2016: 37］。彼女は、旧ソ連ウクライナという社会主義国家における原発事故の被災者の苦境とそれへの抵抗・克服を明らかにしながら、自立的な市民社会が構築されていく様相を論じた［Petryna 1995］。それは全体主義国家体制が内面化された人びとが、被災者という能動的主体として市民的連帯をつくる過程を記述＝説明するものだった。

福島原発事故に伴いそのような生物学的市民権が行使されていることも事実である［粥川 2016; 森岡 2013］。しかし、福島県の状況はむしろ市民社会を崩壊させる働きをしているとも見えてくる。これは市民社会をどう定義するかにもかかわるが、家族や親族・友人などを含む地域社会とゆるやかに定義した場合、先に紹介した母子避難者の調査研究にみられるように、被災者の社会的つながりは打撃を受けている。このことについて、辰巳[2014]は、個人が市民的自立性を獲得するために避難を決断・実行する意思決定の実現が、その個人の社会関係性を切断させるという点でゼロサム関係になっていることを指摘している。彼女は、母子避難者の問題の解決案の一つとして、「紛争因と距離をたもちつつ、避難者同士、および避難者と支援者、避難者と故郷との関係を結び直す実践をつづけることである」と述べている[辰巳 2014: 206]。

このような福島原発事故の災害復興という文脈で、民俗芸能や祭礼といった無形文化財はどのような役割を果たすのかというのが本章の問題関心である。災害復興において市民的自立性と伝統文化の関係は両立するか、ということだ。災害によって生じた社会関係への打撃・破壊は、福島原発事故の母子避難だけでなく至る所で発生している。福島県飯舘《いいたて》村の事例からは、復興されるべきは人びとの共同体なのか、それとも物理的空間なのかについての先鋭的対立が現れ、復興を進める村とその中にある地域社会が対立する状況が生まれている[ギル 2013]。岩手県や宮城県の津波被災地においても程度の差こそあれ、同様の現象がとくに地域社会レベルで生じている。沿岸部の津波激甚被災地のほとんどは居住禁止地区とされ、集団であれ個人であれ移転しなければならないからである。この困難さの背景には、個人がどこに生活の場を置くかという選択が横たわっている。無形文化財の儀礼性は、歴史文化的背景や既存の社会的紐帯を肯定的に回顧しながら、地域社会で定められた文脈を強調するため、帰還を望む人びとには、その実現を促す一助になるかもしれない。一方で、帰還を悩む人びと、とくに自立的市民性の文脈では、むしろ社会的圧力とみなされるかもしれない。市民的自由の自己決定性とこれとの相対的文脈では、地縁の生得的性質は対立する可能性があるからだ。以下では、原発事故後の福島県の民俗芸能の調査研究を通して、無形文化財がどのように復興に寄与しているのか考えてみたい(1)。

3 民俗芸能

3-1 下仁井田獅子舞

この獅子舞は、いわき市四倉町下仁井田《よつくらまちしもにいだ》の諏訪神社で四年に一度、八月下旬に行われるものである。筆者の聞き取りによれば、その起源は一七世紀（一六三四年）に遡るという。雄獅子《おじし》、中獅子《なかじし》、雌獅子《めじし》の三種類の面を被った舞手が、五穀豊穣と子孫繁栄を願って諏訪神社に舞いを奉納する。諏訪神社は小さな神社で神主は常駐しておらず、地域住民が社殿の管理を行っている。写真8‒1は二〇一五年のときの記念撮影である。社殿の中には、古い時代の記念写真がいくつも飾ってあった。下仁井田という地名は、江戸期から一八八九（明治二二）年までは村であった（『角川日本地名大辞典』による）。なお、一九七一年の報告によれば、下仁井田獅子舞は旧暦七月二七日に奉納されたが、一九四〇年頃から新暦八月二七日となった。また五年または七年に一度、大豊作の年に限って行われ、その実施も青年会の発起により氏子組織が合議したと報告されている［いわき市史編さん委員会編 1971: 430–431］。

写真8‒1　いわき市下仁井田獅子舞での記念撮影（2015年8月22日）
写真提供：高倉写真館

下仁井田獅子舞があるいわき市は福島第一原発から南に三五キロメートルの場所に位置し、前記の居住概念上は安全な区域に分類されている。避難指示が出ていた区域、居住制限区域、帰還困難区域などに震災前暮らしていた人びとの中には、いわき市を避難地として居住している場合もある。と同時に、政府が示す安全性に抵抗を感じる市民の中には、ここから自主的により遠方に避難した場合もある。

現在、獅子舞を運営しているのは地区の青年会と氏子組織である。八月に入ると連日の練習が行われ、本祭では神社での奉納後、一行は地区内を練り歩きいくつかの家を訪れ、庭先で舞を披露する。獅子舞の一行は、紋付き袴を身につけた笛担当が一三名ほど、黒頭巾を被った獅子舞先導役「とうろく」、獅子頭を付けた三名（男児）、舞に登場する花笠三名（女児）、浴衣を着て「ささら踊り（さいさい踊り）」をする道化役の男性二〇名ほど、さらにひょっとことおかめの仮面をつけた二名で構成される。舞が披露された後には食事や飲み物が供され、また練り歩きの際には子どもや地域の人びとがそのまま舞の一団を追いかける光景が見られる。人類学的に興味深いのは、獅子舞が始まる前に行われる、男性による円舞「ささら踊り」である。二〇人近くの男性が、男性器を模した「ささら棒」を周囲に晒して性的行動を表現するからである。(2)

興味深いのは、この獅子舞の運営である。下仁井田地区の青年会と氏子組織、保存会が、管理や運営において主導的な役割を果たしている。保存会は行政区(下仁井田)の組織の一つであるという。具体的には行政区を構成する諸「隣組」から四年任期で一人ずつ役員を出すことが決まっている。「隣組」はこの地域で見られる地縁的社会組織であり、隣接する一〇軒程度で構成される。下仁井田行政区を構成する樋向《といむかい》地区に四組、須賀向《すかむかい》地区に二組(もともとは三組だった)、道庭《どうてい》地区に三組の隣組がある。これらのうち、樋向と須賀向が諏訪神社に関わり、道庭は近くの稲荷神社に関わっている。隣組は葬儀などが起きた際に協働する単位でもあるが、この地域では稲作作業の共同作業が今でも行われている。春には水田の水引前の側溝の清掃、畦畔と道路の際の草刈りである。

一方、獅子舞の実際の運営において主導的役割を果たす諏訪神社の氏子組織は、保存会とは別ものである。ただ、同様に隣組から一人ずつ四年任期の役員を出して組織される。氏子組織は、正月のお飾りや五月・七月の例祭、八月の盆踊り、そして四年に一度の獅子舞を取り仕切る。準備の実務作業や獅子舞公演のときの前踊り「ささら踊り」を行うのは青年会のメンバーである。二〇歳から三五歳までの一一名の男性で構成されている。彼らは、八月の初旬から二週間、諏訪神社に隣接するかたちで建設されている集会所に毎晩集まり、道具や飾りなどの制作準備をするとともに、舞の練習を行っている。彼らの中には獅子舞の舞手や花笠の舞手の父親もいる。

筆者がこの獅子舞を調査したのは二〇一五年八月であったが、四年前の前回は二〇一一年の震災の年に実施された。沿岸部であることから津波被害は大きかった。地震・津波・原発事故の被害ゆえに獅子舞をやめた方がいいと考える人もいたようである。しかし、途絶えさせないことが復興に貢献する、復興のためにはむしろやるべきだという意見が最終的に通った。そのことで二〇一一年八月にも獅子舞は行われたのである。ただ、子どもが減少していることで、四年後の二〇一九年に獅子頭を被る子どもがいるのか不安視する声が聞かれる。

ちなみに、二〇一五年現在でこの地区の戸数は六〇軒弱である。つまり、人口的には数百人規模の小さな地域社会がまさに自律的に総動員するかたちで、獅子舞を運営・継承しているという印象を持った。地域の社会組織がこれほどまでに活発であることに、筆者は大きな驚きを覚えた。青年会は、地域住民のまとめ上げに驚くほどの大きな役割を果たしている。彼らはまた、年長の氏子組織役員とよく協力して、組織立ったまとまりを見せた。

このようにみてくると、下仁井田獅子舞は、先に述べた儀礼の典型であると考えられる。非日常的な行動と目的をもって集団的な行為を行い、そこでは社会的統合性が生まれているからである。儀礼的な性的表現という非日常的行為は、確立された社会的秩序を刺激し、社会組織の新たなプロセスを生み出す力をもっている。とくに重要だと思われるのは、この儀礼が、共同作業と信仰的情動を基盤とする地縁的社会組織をベースにしていることである。そしてその社会組織は、四年に一度の儀礼にあわせて交替する。この交替は、実際的には獅子舞の運営をめぐって過去の役員と引き継ぎをするという意味で、地域の歴史文化的過去に直接触れる機会となる。隣組から役員が選出されることは、その単位である樋向、須賀向という字の名前にもなっている歴史的な空間の存在を当事者に認識させ、「隣組＜字(樋向・須賀向等)＜地区名」であり近世期の村(下仁井田)という構造化された歴史的空間のなかに、この地域の人びとが暮らしていることを自覚させるに違いない。獅子舞は地域の人びとにコミュニティの歴史的経緯を意識化させ、そのなかでの人的交流を活性化させるとともに、四年後の未来を想起させる力をもつのである。

3-2 双葉町の流れ山踊り

双葉町《ふたばまち》の流れ山踊りは、福島県相馬地方の民謡である相馬流れ山の節にあわせて、陣羽織の衣装をつけた人びとが舞うものである(写真8-2)。民謡自体は相馬藩主の旧領地であった下総《しもうさ》の流山(現・千葉県流山市)にちなむ。国の重要無形民俗文化財にも指定されている相馬野馬追《のまおい》で行われた軍歌で、男性の踊りだったが、それを女性がやるようになったという。相馬野馬追で公演する場合は八〇名ほど必要で、大がかりである。双葉町では婦人会が企画・運営しており、毎年恒例のお祭りでの出し物であった。

福島第一原発事故の発生に伴い、地区住民は強制避難となったが、その一部は原発から一六〇キロメートル南に離れた茨城県つくば市に避難した。つくば市には入居可能な公務員宿舎があり、そこが避難者に供されたのである。放射能汚染のため双葉町では流れ山踊りは公演できない。双葉町からの避難者が多いいわき市では、毎年一月初旬に「双葉町だるま市」が開催され、町民が集う機会となっている。双葉町婦人会の会長である中村富美子さんは、避難先の市民や支援団体への感謝の気持ちを示すため、郷土芸能の踊りを披露しようと発案し、実施するようになった。つくば市内での支援団体への公演以外に、双葉町役場が当初避難した埼玉県加須《かぞ》市内の各地、福島からの避難者を一時受け入れていたさいたまスーパーアリーナでも行ったという。二〇一二年には九回、二〇一三年には四回、二〇一四年は三回、二〇一五年は四回だった。

　避難によって地域住民が各地に散り散りになったため、震災以前の舞手を全員揃えることはできず、中村さんは踊り手のグループを再編成する必要があった。つくば市の避難者の中で踊りに馴染みのない人たちに踊り方を教えると同時に、踊りの装束を準備する必要があった。このような困難があったものの、その活動によって、さまざまな場所に住む双葉町の人びとが再会を果たすきっかけとなり、双葉町時代の思い出や現在の状況を語り合う場となった。

写真8-2　いわき市で開催された「双葉町だるま市」での双葉町流れ山踊り（2016年1月10日）

　流れ山踊りという芸能は、双葉町の避難者にとってどのような意味をもっているのだろうか。確実にいえるのは、その参加者たちにとっては原発事故前の日常を想起させ、そしてそこで存在した社会関係を確認・更新する働きがあるということである。避難者がこの芸能を見たならば、原発事故前の生活と避難生活に関わる複雑な感情と、帰還がきわめて困難な状況とを関連づけるに違いないと解釈できる。

　婦人会会長の中村さんは活動的な人で、流れ山踊りのリーダーだけでなく、毎月一回の慰霊祭を公務員住宅の庭で行っているほか、双葉町の昔話の朗読をCDで制作する活動などを行っている。[3] とはいっても、災害復興過程におけるこの芸能の活動が代表の個性にのみ依存していると言

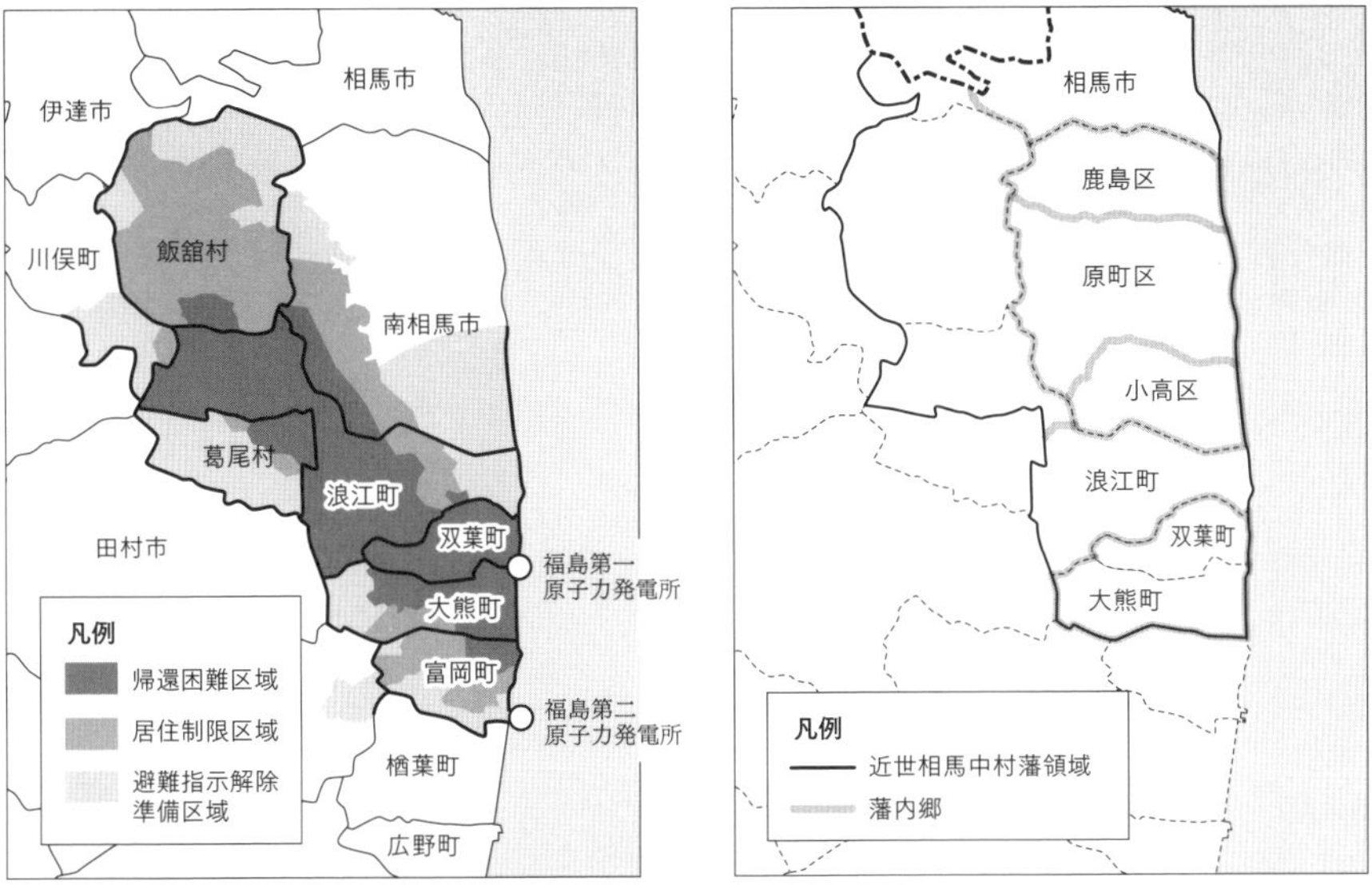

図8-2　旧相馬中村藩領と避難指示区域（2015年9月時点）

出所：『藩史大事典　第1巻　北海道・東北編』（雄山閣，1983年），ふくしま復興ステーション「避難指示区域の状況」福島県ウェブサイト（http://www.pref.fukushima.lg.jp/site/portal/list271-840.html）［最終アクセス：2016年4月30日］をもとに筆者作成．

いたいわけではない。彼女から聞き取りをするなかで、流れ山踊りについて興味深い歴史的背景を見いだすことができた。それを紹介する前に、先行研究からこの芸能の歴史について振り返っておこう。相馬野馬追自体は、この地方の領主だった相馬中村藩が軍事訓練として始め、その起源は千年ほど前に遡るといわれる。相馬中村神社（現・相馬市）、相馬太田神社（現・南相馬市原町区）、相馬小高神社（現・南相馬市小高区）の三つの神社とこの藩の領域であった五つの郷（現在は相馬市に隣接する諸市町村）によって実施されてきた。歴史的な神事であり、甲冑《かっちゅう》競馬・神旗《しんき》争奪戦・騎馬武者の行列などから構成される。民謡となった流れ山は、中村藩時代には祭りの宵の夜に藩士が歌う陣屋歌だった。一九六〇年代の報告書では、野馬追祭の中で流れ山踊りが重要であること、また男女はそれぞれ別の衣装を着けて踊っていたことが記録されている。震災後は諸々の困難があったが、住民の努力でこの野馬追も二〇一一年七月に実施された［植田 2013: 46; 福島県 1964: 1001–1005］。

　中村さんによれば、相馬野馬追の中での流れ山踊り公演は、双葉町だけでなく、周辺の六つの地域社会が交替で参加することで実現している。具体的には鹿島、原町、小高、浪江、双葉、大熊である。六つの地域社会が持ちまわりで行うため、六年に一回催事を行う機会を得ることになる。図8-2を見てほしい。現在の行政区画では、南相馬市の中に鹿島区、原町区、小高区があり、浪江町、双葉町、大熊町となっている。南相馬市の三つの区は二〇〇六年一月の合併以前には独立の市町であった。そしてこの六つの地域社会は、かつての中村藩領だったのである。相馬市に城下町があり、これらの三つは農村部だったわけである。ここから言えるのは、流れ山踊りを継承していくことは、相馬中村藩のかつての構造的支配領域と、戦国時代から伝わるその歴史的記憶を確認することにもつながるのだ。ちなみに相馬市と南相馬市の一部を除けば、多くが現在も避難指示区域であり、指示が解除された地域でも住民帰還は十分には進んでいない。

4 民俗芸能と災害復興

伝統文化は災害復興に貢献するのか、これまでの議論からは、筆者は諾であると考える。二つの事例をみれば、少なくとも民俗芸能の当事者たちは、それが災害復興における地域社会の再生に貢献していることを認識している。そしてその活動は、当事者集団を超えて、地域社会のさまざまなつながりをつくり出している。伝統文化が災害復興に役に立つならば、それはなぜかを理論的に明示したいと考える。この問題意識に沿って、民族誌資料を分析・解釈してみたい。

二つの事例は、民俗芸能がどのように災害復興に役立つのかを明確に示している。第一に、民俗芸能の儀礼性つまり社会的統合性が発揮されるからである。下仁井田の獅子舞では、震災直後の実施をめぐって議論があったが、地域社会で継承されてきた芸能を実施することこそが復興につながるという社会的合意に至った。そしてその実施に際しては、地域社会の氏子組織・青年団・保存会が協働するかたちで活動を行い、そのメンバーを共有化された目的のもとに動員している。双葉町の流れ山踊りも同様である。震災前の居住地で暮らすことができず、地域住民がさまざまな場所に避難している状態にあって、この流れ山踊りの公演を通して、元のメンバーが集まると同時に、新しいメンバーを生み出している。

民俗芸能は、地域社会のアイデンティティの形成・維持・強化においても重要な役割を果たしている。下仁井田の獅子舞の場合、その住民の多くは震災前後を通して同じ場所に暮らしており、形成・維持とはいえるが、「強化」とまではいえないかもしれない。しかし双葉町の流れ山踊りは、物理的な意味での地域社会が失われた条件のなかで、双葉町を象徴する歴史的な文化として、住民と双葉町をつなげる役割を積極的に果たしている。民俗芸能は、所与の地域社会のなかで歴史的に継承されてきたと認識されており、この点で歴史文化的な正統性をもつ文化的象徴となりうるのである。

第三には、すでに植田が指摘した儀礼における回帰的な時間、いいかえれば時間の反復性が民俗芸能にはみられることである。四年に一度の開催という下仁井田の獅子舞、毎年地域社会で行われると同時に六年に一度の晴れの舞台で公演されてきた双葉町の流れ山踊りは、他には代替できないかたちで、原発事故前の生活感覚、とくに一定のサイクルをもって繰り返されてきたという感覚を人びとに提供する。

この三つの理由は、既往研究の中でも言及されていたことである。筆者が二つの事例から述べたいのは、民俗芸能の担い手の組織や、地域社会が歴史的な構造性をもつという点である。いずれの芸能においても、担い手の集団は、地域を包摂する行政区画の歴史と関わっている。それは地域社会が今・ここにある存在だけなのではなく、明治以前の近世的な歴史感覚から連綿とつらなり、構造化された統合体の一部であることを示唆している。本稿ではこれを歴史文化的構造性と呼んでおこう。さらに、民俗芸能は単に一年毎の年中行事であるというより、四年・六年いずれにせよ、相対的には中長期的周期性という属性をもっていることである。

いずれの民俗芸能も、その担い手やこれが披露される場面は、単に一回限りの集団的行為なのではなく、時間あるいは空間という意味において、構造化されたある部分を形づくっている。獅子舞の場合、その担い手は過去において自らの兄・父・祖父などの上の世代が行ったことを意識するだろう。流れ山踊りは、双葉町の毎年の公演だけでなく、六年毎に行われる相馬野馬追祭の中での公演という時間が想起されるはずである。民俗芸能はこのようなかたちで、当事者が現在暮らしている空間が、歴史的な過程を経て、さらに地理的な意味で隣接空間における社会組織との関係のなかで存在しながら現在に至っていることを想起させるのである。そして、それは単年ではなく、四〜六年というような中長期的な周期でめぐってくることも大切である。下仁井田の獅子舞は、隣組によって構成される樋向や須賀向という地区が単に住所上の違いではなく、諏訪神社の氏子組織という意味で協働してきた歴史なのだ。双葉町の流れ山踊りは、同様に相馬中村藩の歴史と隣接する地域社会のつながりとそして行政区画上での分断(独立)の歴史感覚を当事者に伝えるのである。参加者たちは、日常生活のなかに内在化されている構造化された歴史的・文化的な深遠性を民俗芸能を通して感じることができる。

民俗芸能が震災復興において重要なのは、それが被災した地域社会の社会的統合性、地域的アイデンティティ、回帰的な時間を、人びとに対して提供するからであるが、重要なのは、三つの要素は、中長期的周期性によって支えられた歴史文化的な構造の中に存在していることであり、それは地域社会にとって他には代替不可能な文化的資源であるということである。

5 変化する伝統と自立的市民性

最後に、復興に対する無形文化財の寄与と放射能汚染によって生じる社会的紐帯の危機・破壊について考えてみたい。先に論じたのは、民俗芸能は伝統的な地縁社会と結びついているという点で、これは市民的自由と矛盾するのではという疑問であった。つまり、過度に民俗芸能の災害復興における役割を強調することは、その社会的統合性や地域的アイデンティティが、ある種の抑圧として機能するかもしれないという考えである。民俗芸能の重要性を主張することは、帰還を躊躇する避難者への圧力となるかもしれない。

まず指摘しておかなければならないのは、本章の事例の中でも示してきたように、伝統文化は変わるということである。変わらない伝統というものはない。一九七〇年代の報告書では、下仁井田獅子舞の実施は五~七年毎でかつ大豊作だったときであり、青年会の発議と氏子組織による合意が必要だった。流れ山踊りも、一九六〇年代の報告では男女別の衣装で舞が行われていたと記録されている。いうまでもなく、伝統芸能を変えるのは当事者たちの話し合いである。このことについて、研究者であると同時にいわき市の獅子舞継承に関わる田仲桂は、震災後の民俗芸能の継承という課題における葛藤として、担い手の緩和条件つまり外部者を巻き込むか否か、担い手の動機づけをどう高めるか、つまり奉納路線か、イベントなどでのショー化をどう判断するか等を挙げた上で、「どう継承していくか、何を選択するか、芸能のどこに価値を置くかは地域によっても異なる」[田仲 2016: 60]と述べている。伝統文化ゆえに変わらないというのは、事実と反することであって、そのときどきに置かれた条件のなかでどのように芸能を行うか、誰が関わるかは、当事者たちが決めるものなのである。この点で市民的自由と矛盾することはない。

過去がそうであったように、未来の地域社会は、現在と異なる空間と人びとのつながりとして再編されていく。市民の自立的な意思決定は、民俗芸能の継続に必要なものであるとすら、筆者は考える。この意味で、無形文化財は、辰巳［2014］がいう避難者と故郷との関係を結び直す実践の重要な一つになると思うのだ。

6 むすび

本章の目的は、フィールド民族誌資料に基づきながら、無形文化財が災害復興に貢献するとすればそれはなぜかを理論的に解明することであった。これについての結論は、次のようになろう。民俗芸能は、社会的統合性、地域社会のアイデンティティ、回帰的な時間をもっている。とくにそれら三つの要素が中長期的な周期性をもち、歴史文化的構造を受け継ぎながら新たな社会的つながりをつくり出すことができる、それゆえに、地域社会の復興という文脈で独自の貢献が可能なのである。

地域社会の震災復興政策において、参加型イベントや芸能人を招聘した娯楽イベントなどが行われており、そのようなかたちでも、社会的統合性、地域社会のアイデンティティ、回帰的な時間の要素のすべて、あるいは部分をまかなうかたちで住民に対して提供可能かもしれない。しかし民俗芸能は、これら三つをセットにし、他地域では代替不可能な文化資源であるという点で際立っている。そして地域社会の歴史文化的構造を継承しながら、新しい社会的つながりをつくりうるという点では特異な性質である。さらに行政が主導するのではなく、地域社会の住民自らが伝承する意識を持っていることも重要である。復興政策のある部分を市民主導で行うことが可能となるからだ。肝要なのは民俗芸能が不変の伝統文化なのではなく、住民自身によって変えられてきた伝統だということである。それには市民的自立や個人的な意思決定がむしろ必要な要素である。

このような結論を踏まえて、災害復興政策に対して人類学・民俗学的観点からの提言をまとめておきたい。地震・津波・原発事故を含む災害復興に一定の役割を発揮する民俗芸能など無形文化財を、「減災無形文化遺産」（Disaster Risk Reduction Intangible Cultural Heritage）と呼ぶことを提唱したい。

防災・減災という言葉は、災害への事前準備というニュアンスがあるが、国連防災戦略事務局は災害後の復興過程を含めてこれらの言葉を使っている。近年は在来知や社会的慣習を防災・減災政策に結びつけることの重要性が国際社会で主張されている[Shaw et al. eds. 2008: V–VII]。また、「無形文化遺産」概念はユネスコが提唱したもので、日本の無形文化財よりも広く地域社会が伝承してきた慣習や表現や知識や技をも含んでいる[飯田編 2017; 七海 2012: 11]。

減災無形文化遺産とは、地域社会が歴史文化的に継承してきた文化的行為や知識・技にあって、自然のきわめて強い外力と社会が接する際の緩衝になると同時に、それが被害をもたらしたときの回復に寄与するもので、それゆえに次世代に継承することが望ましいものである。民俗芸能や祭礼など集団的行為以外にも、いわゆる「津波てんでんこ」などの在来知も含まれる。文化行政は、今後、減災無形文化遺産を調べ認定していく必要がある。それは、今そのようなものとして明瞭となっているものだけでなく、これからそうなっていく可能性がある人びとの営みの保全発展にも、研究者や民間組織等と協力しながら関与することが求められるだろう。

謝辞

本稿は、科学研究費基盤B「震災復興の公共人類学：福島県を中心とした創造的開発実践」(二〇一四～二〇一六年度、代表：関谷雄一東京大学准教授、課題番号 26284136)および、東北大学東北アジア研究センター共同研究「東日本大震災後の復興過程に関わる地域社会比較と民族誌情報の応用」(二〇一三～二〇一五年度、代表：高倉浩樹)の成果の一部である。

註

(1) 調査方法としては、関係者および祭礼の参加者に対して、非構造化面談ならびに参与観察を行うかたちで民族誌資料を収集した。同時に、ビデオカメラと写真による民俗芸能の映像記録も行った。いわき市四倉町の下仁井田獅子舞は、獅子舞が実施された二〇一五年八月二一～二二日、および補足として同年一二月三〇日である。筆者はいわき市四倉町出身であり、関係者の中には中学校の同級生がいる。双葉町流れ山踊りは、つくば市への避難者支援者をしている武田直樹講師(筑波学院大学)から紹介してもらい、二〇一五年七月六日と二〇一六年一月一〇日に行った。

（2） いわき市の獅子舞については、ＤＶＤ動画「四年に一度の獅子舞がつなぐもの：二〇一五年夏の福島県いわき市四倉町下仁井田」として筆者が制作し、東北大学機関リポジトリに収録されている。以下のＵＲＬからダウンロードが可能である。http://hdl.handle.net/10097/63692/

（3） 「毎日新聞」二〇一六年一月一五日。

文献

飯田卓編［2017］『文化遺産と生きる』京都：臨川書店

池田陽子［2013］「「汚染」と「安全」——原発事故後のリスク概念の構築と福島復興の力」、ギル他編［2013］一六五—二〇〇頁

いわき市史編さん委員会編［1971］『いわき市史　第七巻　民俗』福島：いわき市

植田今日子［2013］「なぜ大災害の非常事態下で祭礼は遂行されるのか——東日本大震災後の「相馬野馬追」と中越地震後の「牛の角突き」」、『社会学年報』四二：四三—六〇

粥川準二［2016］「チェルノブイリとフクシマの生物学的市民権」、Petryna［2002（2013）＝2016］三一五—三二八頁

ギル、トム［2013］「場所と人の関係が絶たれるとき——福島第一原発事故と「故郷」の意味」、ギル他編［2013］二〇一—二三八頁

ギル、トム／ブリギッテ・シテーガ／デビッド・スレイター編［2013］『東日本大震災の人類学——津波、原発事故と被災者たちの「その後」』京都：人文書院

高倉浩樹・滝澤克彦編［2014］『無形民俗文化財が被災するということ——東日本大震災と宮城県沿岸部地域社会の民俗誌』東京：新泉社

辰巳頼子［2014］「避難が生み出す平和——原発事故からの母子避難者が形成する新たなつながり」、小田博志・関雄二編『平和の人類学』京都：法律文化社、一八七—二〇九頁

田仲桂［2016］「いわき市における無形民俗文化財の継承の取り組み——「三匹獅子舞」の事例より」、『地方史研究』六六（六）：五五—六一

七海ゆみ子［2012］『無形文化遺産とは何か——ユネスコの無形文化遺産を新たな視点で解説する本』東京：彩流社

橋本裕之［2012］「岩手県沿岸部における無形民俗文化財への支援と今後の課題」、日高編［2012］一一二—一三三頁

——［2015］『震災と芸能——地域再生の原動力』大阪：追手門学院大学出版会

橋本裕之・林勲男編［2016］『災害文化の継承と創造』京都：臨川書店

日高真吾編［2012］『記憶をつなぐ――津波災害と文化遺産』大阪：千里文化財団
福島県［1964］『福島県史　第二三巻　民俗一』福島：福島県
森岡梨香［2013］「立ち上がる母――受身の大衆とマヒした政府の間で戦う女性たち」、ギル他編［2013］二三九―二六八頁
山口睦［2016］「県境を越えたもの、越えなかったもの――宮城県丸森町筆甫地区における放射線対策」、『東北文化研究室紀要』五七：二三―三九
Mitchell, Jon P. [1996] "Ritual," in Alan Barnard and Jonathan Spencer eds., *Encyclopedia of Social and Cultural Anthropology*, London: Routledge, pp. 490–493.
Petryna, Adriana [1995] "Sarcophagus: Chernobyl in historical light," *Cultural Anthropology*, 10(2): 196–220.
――― [2002 (2013)] *Life Exposed: Biological Citizens after Chernobyl*, Princeton: Princeton University Press. (＝2016,『曝された生――チェルノブイリ後の生物学的市民』森本麻衣子・若松文貴訳、京都：人文書院)
Shaw, Rajib, Noralene Uy and Jennifer Baumwoll eds. [2008] *Indigenous Knowledge for Disaster Risk Reduction: Good Practices and lessons Learned from Experiences in the Asia-Pacific Region*, Bangkok: United Nations Office for Disaster Risk Reduction (UNISRD). (http://www.unisdr.org/files/3646_IndigenousKnowledgeDRR.pdf)

III

災害死者の
慰霊・追悼と記憶の継承

第九章

災害死者の供養と伝承

川島秀一

1　はじめに

二〇一一年の東日本大震災以後、災害で亡くなった死者と生存者との関わりをテーマにした研究や報告は、それほど多いわけではない。例えば、金菱清編の『呼び覚まされる霊性の震災学』[金菱編 2016]や、奥野修司『魂でもいいから、そばにいて』[奥野 2017]などが見受けられる。

ただ、これらの著作にうかがわれる「怪奇現象」や「タクシードライバーの幽霊現象」、「霊体験」などは、震災以前からの世間話のパターンに沿って伝承されている点は見逃すことはできない。震災という「非日常」によって増幅されているとはいえ、ある種「日常」的に伝えられてきた点については注意が向けられることは少なかった。むしろ、現在の家族のあり方と死生観との関わりなどに関心が開かされるような報告であった。さらに、このような体験譚がなぜ、今回の震災で目立つようになったのか、それをひもとく必要もあるだろう。

また、川村邦光の『弔い論』[川村 2013]や『弔いの文化史』[川村 2015]でも若干触れられているものの、これらはとくに「災害死者」に限定しての論考ではない。

本章は、震災以前から伝えられてきた「災害死者」をめぐる民俗に対象を絞り、災害で亡くなった死者と生存者の関わり方が、「災害列島」と呼ばれる広範囲の地域で、以前から共通性がみられるのかどうかを探るものである。

例えば、宮城県の気仙沼地方では、山や海で怪我をした場合には、そのまま家に入れずに、必ず家にいた者が箕《み》を手に持って、その者を祓ってから中へ入れた。また、外で事故死にあった場合にも、そのまま遺体を家中へ入れずに、戸板の上にのせたままで、外へ置いておく。それが昭和三〇年代まで行われていたという。事故による怪我、あるいは事故死や災害死には、その死に伴って、その者に良からぬモノが憑いているという考え方があった。

本章では、このような災害死者に対してどのような供養をしてきたのか、列島各地の供養の実態と、供養を通して行われていく個々の災害の伝承について探っていく。先に、身内の死者ではなく、偶然にその被災地で働いていた旅の者などの供養について事例を挙げる。次に、その被災集落にとってまったく縁のない者の供養、例えば通りすがりの旅の者や、津波による漂着遺体に対する供養などについて、事例を挙げながら述べる。さらに、海上で拾った漂流遺体をどのように祀ったのかということも、あわせて考えてみる。本章ではとくに、災害死者の中でも無縁の霊への対処の仕方について注意をしておきたいが、それらを供養することが、なぜ災害そのものの伝承にもつながるのかも、東北地方の巫女の「口寄せ」の例を通して一考しておきたい。

2　旅の者の被災

一九三三（昭和八）年の昭和三陸津波においては、死者・行方不明者が三〇六四人であったが、死者一五二二人に対して行方不明者が一五四二人と、行方不明者が若干上まわるという結果になった。このような数値になかなか表れないのが、旅の者がたまたまそこに居て津波に遭遇し、被災した例である。

例えば、岩手県洋野町《ひろのちょう》八木は昭和三陸津波以降、毎年、津波のあった三月三日に、津波記念碑の前で「供養祭」を行ってきたところであるが、この津波で二〇〇名ほど亡くなっているうち、当時、内陸の農山村から築港工事のために滞在していた村外の者が多かったという。

また、同県宮古市田老町《たろうちょう》の水沢にある墓地の一角には、一八九六（明治二九）年と一九三三（昭和八）年の津波で、そこに仕事などで長期の滞在をしていて亡くなった旅の者を祀っている（**写真9-1**）。同墓地には五基の墓があるが、そのうち記銘を解読できるのが三基、明治二九年が一基、昭和八年が二基ある。明治の墓には「明治二十九年旧五月五日　下総玉野村　米吉二十八才　妻久美　四十八才　南無観世音菩薩　畠山長之助建之」(縦六三×横三五センチメートル)とある。昭和の墓には、一つには「生地宮城縣七北村松森　昭和八年旧二月八日　海雲功樹信士　津波遭難　安田要助　行年五十八才　森山千代松建之」(縦四七×横三三センチメートル)、二つ目には「昭和八年三月三日　故高橋正雄之墓　享年六十九才」(縦六六×横二五センチメートル)とある。(1)

あらためて、明治三陸津波の発災日が旧暦の五月五日であり、昭和三陸津波の発災日が新暦の三月三日であったことが確認されるが、昭和の津波に対して「旧二月八日」という表記もあったことが、この墓碑群の一つから読み取れる。むしろ、明治は「端午の節句」(旧暦五月五日)、昭和は「桃の節句」(新暦三月三日)ということに引き寄せられて、この発災日が通常に出まわることになったものと思われる。明治三陸津波の死者の墓が「旧五月五日」と「旧」が付記されているところから考えると、新暦での表記(新暦六月一一日)も墓碑に限らずあったはずである。

写真9-1　昭和三陸津波で亡くなった「旅の者」の墓(2015年2月16日)

ところで、この墓碑から読める、旅の者の出身地の「下総玉野村」(現・千葉県袖ヶ浦市)や「宮城縣七北村松森」(現・仙台市)では、これらの者の墓が別個にあるものであろうか。あるいは、身内の者の引き取り手がいなかったので、ここに埋めたものであろうか、墓碑からは不分明であった。しかし、水沢の集落の者が祀ったことは明らかであり、今でも盆や彼岸の墓参りの折には、手を合わせる箇所であるという。(2)

以上は、多少は顔見知りの者が被災した場合のように思われるが、被災した集落の者にとって縁のない死者に対しては、どのような対応をしたものだろうか。

3　天草の「寄り人さん」

熊本県の有明海の沿岸にも、津波で上がった「津波石」や津波碑がある。津波碑は、長崎県で四一基、熊本県で四三基を占めている。その津波とは、一七九二(寛政四)年に雲仙普賢岳の噴火により、島原の眉山《まゆやま》が目の前の有明海に崩落し、そのことにより生じた津波のことである。

その津波によって対岸の肥後の国(熊本県)も被害に見舞われ、五千人近くの死者が出た。島原領だけでも約一万人の死者だったことを考えると、近世でも大きな自然災害の一つである。人びとは、この津波のことを指して、「島原大変、肥後迷惑」と呼んだ。

それから約二〇〇年後の一九九一年の雲仙普賢岳の噴火のときは、昼夜を問わず、熊本市内から有明海沿岸まで車で来て、噴火の様子を見ていた人が絶えなかったというから、「島原大変、肥後迷惑」の伝承も危ういものだったに違いない。

ただし、津波のあった四月一日に、津波碑の前で供養の儀礼を行っているところが、熊本市と天草市にある。

写真9-2　熊本市河内町塩屋の「津波供養祭」(2016年4月3日)

熊本市河内町《かわちまち》塩屋の津波供養碑は、安山岩の自然石(縦二四四×横二四七センチメートル)に刻まれている。碑面には「南無妙法蓮華経　法界萬霊」とあり、「寛政四年　四月朔日《ついたち》(一日)流」の日付も読める。「流」とは津波による被害のことを指す。奉納者は「熊本新壺井紺屋町　赤木弥次郎」「新魚屋町　荒川綜兵衛」「同蕎麦屋　治太良」の三名、いずれも熊本城下の商人である。塩屋という漁村と城下の商人との関わりが深かったことがわかる。この供養碑の所在地である川越光則家では、以前から毎年、津波のあった四月一日には、兄弟たちや親戚を呼んで、タイやスズキなどの魚を供養碑の前に供えて、供養を行ってきたというが、川越家の先祖が被災されたという伝承もなく、当家にとっては無縁の霊の供養である。「津波供養祭」として広く集落の者も参画していったのは約一〇年前からで、漁協や消防団も組み入れ、宮司による供養が行われている[3](**写真9−2**)。

一方で、有明海に面した天草上島《かみしま》の小島《こしま》

子《ご》（天草市有明町《ありあけまち》）では、一九九一年の雲仙岳の噴火により津波が来るのではないかと心配していた人びとがいた。小島子の鯨道《くじらみち》という一二〜一三戸の集落で、毎年「寄り人様」を祀っていた人びとである。

その「寄り人様」の場所には、有明町教育委員会によって「寄り人様の由来」の説明書きが二〇〇四年に建てられており、次のように書かれている。

寛政四年（一七九二）旧暦の四月一日、雲仙眉山の火山性大崩壊によって有明海に大津波が起きました。この大災害で肥前、肥後の沿岸住民一万五千人余の人命が一瞬にして有明海に飲み込まれました。天草でもそのときの大津波で四百人余（一説では千四百人）の犠牲者が出ました。

村々の海岸にはおびただしい亡骸が打ち寄せてきました。人びとはそれを「寄り人様」と言い、供養を営みました。その後、各地区では無縁塔を建立して寄り人様の霊をねんごろに弔いました。

ここ小島子鯨道の慰霊塔もその一つで、慰霊祭は今でも受け継がれており、毎年四月一日は津波節句の手料理が振る舞われ、地区民の交流を深めています。

津波による「漂着遺体」という言葉より、「寄り人様」という言葉の方が優しい響きがあり、鯨道でも「寄り人さん」と親しげに語り、津波によって流されてきた人を祀ったものであることが伝えられていた。

四月一日は、寛政四年の津波のあった日（旧暦）であるが、その供養を「津波節句」と呼んで、一種の地区行事として集い楽しむ行事でもあった。天草で四月一日前後は、桜の花が満開となる行楽の季節でもある。天草下島《しもしま》の五和町《いつわまち》御領《ごりょう》の黒崎海岸に建つ「南無阿弥陀仏」も、寛政四年の津波で周囲に打ち寄せられた遺体を供養して建てられたものであるが、つい最近まで、四月一日には島原半島の口之津《くちのつ》から人びとが船に乗って渡ってきて、供養碑の前で飲食をして帰っていったという。無縁様の供養碑であるから、犠牲者の子孫ではなかったはずだが、こうして天草の各地で四月一日を亡き人の供養を兼ねた行楽の日としていたようである。

二〇一六年四月一日に、実際の縁日の様子を拝見したが、「寄り人様」の前に、藍の地に白く「八幡宮御前」と染めた幟《のぼり》が立っていた。鯨道の宮下馨さん（一九三五〔昭和一〇〕年生まれ）によると、「寄り人さん」の石碑のことを、とくに縁日には「御前《ごぜん》様」と呼んでいるという。[4]「寄り人様」の石碑の前には、石の祠《ほこら》（お宮）がさらに建っているが、後ろの石碑の方には正面に「溺死霊魂塔」、向かって右側面に「維時寛政壬子《みずのえね》年（四年）四月朔日」と津波があった日、そして左側面に、おそらく建立者と思われる村人二一人の名前が刻まれている。手前の祠には、上半身だけの小さな仏像が祀られており、これが「御前様」と思われる（**写真9‐3**）。

「八幡宮御前」の旗を奉納した故中山幹雄さんから伝えられている話によると、以前に四月一日の「寄り人様」の供養を止めたところ、村に赤痢が流行したので、再度祀り始めたという。おそらく、そのような折にでも「寄り人様」を「八幡宮御前」という神に祀り直したものと思われる。三三年の年忌が済めば、ホトケ（死者）は神になるという言い伝えは、全国的に聞くことができる。前述した熊本市河内町塩屋の「津波供養祭」でも、供養に関わっている宗教的職能者は住職ではなく、宮司であった。

写真9‐3　「寄り人様」の供養碑（後ろ）と「八幡宮御前」の石祠（2016年3月31日）

写真9‐4　有明町下津江の地蔵様（2016年4月1日）

有明町で「寄り人様」と呼ばれている供養碑は、ほかに須《す》子《じ》（□□□漂着溺死塔）にあり、赤崎にも「メントサマ（無縁塔様）」と呼ばれている碑が建立されているが、日を定めて集落の人びとが祀っているわけではない。

また、有明町の下津江《しもつえ》には、津波と関連する地蔵さんが建立されている。有明海に流れ落ちる小さな川の橋のたもとに建つ地蔵である（**写真9‐4**）。台座からは一九七六（昭和五二)年に建てられたことがわかるが、寛政の津波を記した碑文の後半に、次のように刻まれている。

爾後百八十余年非業ニ果て　萬霊今尚安ラガザルガ如ク　怨訴ハ化シテ　シバシバ交通事故を惹起セント郷人此処ニ於テ無縁霊ヲ弔ワンガタメ地蔵尊ヲ建立ス

つまり、ここでも津波から一八四年が経ってもなお、有明海沿岸に沿う道路で頻発する交通事故を、津波で亡くなった者の「怨訴」を原因とする感性が伝えられていた。災害などによる異常死が祟るものであるという言い伝えも全国的であるが、「寄り人様」も当初はそのような理由で建てられたと思われる。

4　大阪大正橋の「地蔵盆」

寛政四(一七九二)年からおよそ一五〇年後の安政元(一八五四)年に、南海地震津波が紀伊半島や四国を襲い、大阪も被害に遭った。この津波による死者は一万人余と伝えられているが、大阪府浪速《なにわ》区 幸町《さいわいちょう》の木津川に架かる大正橋の東詰には、津波の死者の供養碑が建てられている。表の面には、「南無阿弥陀仏」と「南無妙法蓮華経」が並列して刻まれ、両脇に二段二行ずつに分かれて願文も刻まれている。残り三面にわたって、びっしりと「大地震両川口津浪記」が刻まれ、津波の様子と、後の世への警告が読まれる。「両川口」とは木津川と安治川《あじがわ》のことである。

地元ではこの供養碑のことを「お地蔵さん」と呼び、建立が安政二(一八五五)年の七月であったためか、毎年の八月二四日には、地蔵盆が行われている。この碑文の末尾には、「願くハ心あらん人年々文字よミ安きやう墨を入給ふへし」と記され、地蔵盆が近づく頃に、幸町三丁目の近所の者たちが碑文に墨を入れる行事を行っている。墨入れは、墨が流れるので塗りにくく、文字をつぶさないように、書き写した原文と照合しながら塗るので時間がかかるが、誰にでもできるという利点がある。「地蔵盆」という供養の年中行事の中に災害伝承が取り込まれていることにおいて、注目される事例の一つである。

二〇一五年には、八月二一日に供養碑の墨入れ、二三日から二四日にかけて地蔵盆が行われたが、これらの行事は、「幸町三丁目西の町会」の二つの班(一班一〇世帯)で毎年お世話をしている。安政元年の津波供養碑を「地蔵」と呼んでいる理由は不明であるが、おそらく、地蔵盆に津波の犠牲者を供養したことにより呼ばれ始めたものと思われる。供養の当日に供養碑に飾られた提灯にも、「大正橋　津波記念供養」という文字が見える。

この「地蔵盆」においては、供養碑（地蔵さん）に上げた供物は、午前中に担当の女性が「大正橋の地蔵さんの供物ですから」と言いながら配って歩いた。津波供養碑の墨入れと同様に、このような行為を伴って間接的に災害が伝えられていることがわかる。[5]

また、二三日の夜と二四日の供養の終了後には、供養碑（地蔵さん）に上げたオブッハン（御仏飯）を大正橋の上から川に流す。これは魚に食べてもらうためだと語っているが、おそらくこの行為の相手も、安政元年の津波で亡くなった無縁の死者であることに違いない[6]（**写真9−5**）。

写真9−5　橋の上から川へ供物を上げる（2015年8月24日）

さらに、大正橋近辺は現在、四本の川が合流している箇所であるが、幸町に伝えられている世間話で、大正橋の対岸にある尻無川《しりなしがわ》に架かっている岩崎橋の怪異譚がある。一九九〇年代の後半、大阪ドームなどの開発工事のなかで、この建設工事に直接に携わった者たちの話として、毎晩、岩崎橋を通るときに、大勢の白い着物を着た人たちがぞろぞろと川から上がってくるところを目撃したという話が伝えられている。同様の目撃者が相次ぎ、その恐怖のために仕事を辞める人が続出し、岩崎橋を付け替えるときに寺の住職に拝んでもらったところ、以後そのようなことはなくなったという。大正橋では「地蔵さん」を祀っているから、そのような出来事はないと語られていることを考慮に入れると、白い着物を着た者たちは、安政の津波の災害死者であったことになる。

災害による死者に対して、可哀想だから祀ったものとだけ考えるのは、近代的なヒューマニズムに捉われた一面的な見方であろう。いずれにせよ、死者を祀ることで災害の記憶が後世に伝えられるものであるからには、このような伝承にも深く目を向けていかなければならないものと思われる。

5 興津の「うき子さん」

天草の「寄り人様」の場合は、津波による「漂着」遺体を祀ったものであるが、海上で「漂流」遺体を拾った場合には、どのような供養を行うことが多いのであろうか。海難事故や投身自殺によるものが多いようであるが、この場合も広い意味での「災害死者」であり、その祟りに対する感性も、前述したものと同様と思われる。

例えば、福島県いわき市の中之作《なかのさく》にある真福寺《しんぷくじ》の墓地には、山の斜面に切り開かれた墓地群の頂上に、海難事故で亡くなった者の供養として船主が建てた五輪の塔などとともに、おそらく漂流遺体を祀ったと思われる「浮流白骨聖霊」と刻まれた墓が二基祀られている（写真9−6）。一つは縦四九・五×横二五・五センチメートルであり、一五センチメートルの両幅の、向かって右側には「昭和十年旧十一月三十日歿」、左側には「昭和十二年旧十一月五日　施主　吉田喜好建立」の字が読める。もう一つは、縦八一×横一六センチメートルの「浮流白骨聖霊」の墓であり、これらは漂流してきた白骨遺体を祀ったものと思われるが、前者のように、該当するような海難事故の年月日が明らかではない。

写真9−6　「浮流白骨聖霊」の碑
（いわき市中之作，2016年12月11日）

同じ墓地には、高さ一四五センチメートルの五輪の塔が海に向かって建てられているが、これは中之作の船主が、戦時下に犠牲になった漁船、第二海運丸の乗組員を祀った供養塔である。宮城県気仙沼市の大島の乗組員が多く、大島にも供養碑があるにもかかわらず、二〇一〇年の夏には大島から一家族が供養に来たという。船主である金成《かなり》家の仏壇には、「第二海運丸戦没者一同」と「第廿《二十》一海運丸殉職者」の一名の名前が記してある一つの位牌が入れられており、毎朝拝んでいるという。第二海運丸は一九四三（昭和一八）年の沈没、第廿一海運丸は二一トンのマグロ延縄船で、一九六二（昭和三七）年三月二八日に唐桑《からくわ》（気仙沼市）出身の船員一名が船から落ちて亡くなっている。(7) 中之作と気仙沼地方との深いつながりもわかるが、船主の代が替わっても供養を続けている。

真福寺の墓地には、「明治二十二年十二月」に建てられた「安田長太郎之墓」（縦九三×横三四センチメートル）もあるが、「房州館山之産　享年四十二」と刻まれている。「房州館山」（現・千葉県館山市）から来ていた旅の者の墓と思われるが、これも、前述した宮古市田老町水沢の墓と同様な心から発した供養であろう。(8)

中之作の墓地の「浮流白骨聖霊」の「浮」という文字に関して参照したい供養碑として、高知県四万十町《しまんとちょう》の沿岸部、興津《おきつ》に「うき子」と刻まれた墓がある（写真9-7）。墓に向かって左側面に「興海妙浮信女」という戒名が刻まれ、裏面に「昭和廿《三十》七年六月一日　高橋文雄建之」とある。すぐ脇には、近年になって建てられたと思われる地蔵堂があり、脇の石板には、「昭和三十七年六月一日　興津沖合浮遊中発見される　身元不明の女性　推定年令二十五、六才　平成六年六月高橋文雄建之」と、さらに詳しく記され、漂流遺体を祀ったことが理解される。おそらく、この地蔵堂は、「うき子」をさらに「地蔵」として祀ったものと思われる。

写真9-7　「うき子」の墓
（四万十町興津，2013年7月24日）

この遺体を拾った興津の高橋文雄さん（一九三二〔昭和七〕年生まれ）のお話では、その年は春から、餌イワシ（カツオの活き餌）を捕る定置網の船である須崎（高知県須崎市）の鈴丸に乗っていたという。

鈴丸の船主は、ほかに野見《のみ》（高知県須崎市）に、嘉漁丸、実漁丸、躍漁丸の三艘のカツオ一本釣り船を所有していたが、高橋さんは、その中の実漁丸で実際にあった話を、船主の野島鈴一さんから聞いていた。漂流遺体を見つけることになる同年の春先のことである。

カツオ一本釣り船の実漁丸は、かつて足摺岬沖にて、女性の土左衛門を発見した。口紅の色は消えていたが、女性ということがわかった。漁へ行く途中であったので、この地方の慣例として、「帰りに拾うから、ここにおってくれ！」と、遺体に声をかけて出かけた。しかし、沖では思いのほかに大漁をして満船になったので、急いで市場や、さらにイワシを活かしておく餌場へ戻らなければならなくなった。帰りには、その遺体に遭わないようにと祈りながら、そのまま放置してしまうことになった。ところが、その後、どの漁場へ行ってもさっぱり漁がなく、挙げ句の果てに、「太夫《たゆう》さん」(宗教的職能者)に八卦《はっけ》をみてもらったところ、女性が憑いて出てきて、恨み言を語った。それで、女性の人形を作って、仮の葬儀を行ったところ、元の漁に戻ったという。

このような話を聞いた後の六月一日、高橋さんは定置網を離れて、父親と、弟の嫁の実家の息子たちとともに、五人乗りの船でモジャコ(ハマチの稚魚)捕りに行っていた。モクサ(海藻)が流れ寄る潮境をねらって捕り、イケスにモジャコを入れて帰り始めて、二〇〜三〇分も経った頃だった。父親が海上に何か浮いたものを発見し、近寄ったら異臭がしたので、漂流遺体であることがわかった。フライ旗(大漁旗)を上げ、遺体のまわりを時計まわり(右まわり)に一周した後、船のオモカジ(右舷)から遺体を上げた。下ろすときはトリカジ(左舷)から下ろしたが、これらの慣習はみな、前の船主の実漁丸の一件とともに野島氏から教えられていた。

遺体は顔に肉がなかったが、着物姿であった。怖い思いと汚いという思いが交錯したが、船に上げた遺体に塩をかけた。そのうち、遺体からまっ黄色な液が船内に流れ始め、臭いがきつかった。しばらく後までその臭いが消えなかったというが、高橋さんは気持ち悪くなり、思いあまって船尾から吐いてしまったという。

陸に遺体を上げてからは、警察や医者を通し、最後はお寺へ行って通夜を行った。解剖をするときは、漁師たちがいっぱい来て、燃え盛る線香の束でいっぱいになった。皆からは、「高漁丸(高橋さんの船)、いいシアワセもらったな」と言われた。漁師にとって、漂流遺体を拾うことは縁起がよいことであったからである。遺体は無縁仏だけを祀る高台の一角に埋め、寺の住職からは戒名をもらい、通称「うき子さん」と名付け、郷分(高橋さんの集落)の人びともお参りしてくれた。うき子さんの一回忌、七回忌、三十三回忌、五十回忌も行い、遺体を発見した六月一日を「立ち日」として、毎年の命日にはオハギを供えに墓に行っているという。(9)

以上のように、海上で拾った漂流遺体の場合には、浜へ上がった漂着遺体の場合と相違して、その拾う者の責任が大きく、さらに、その者が供養をすれば漁を授かるという言い伝えの方が濃厚であるように思われる。もちろんそれは、供養をしなければ不漁の祟りがあるということと表裏一体であることに違いはないが、漂着遺体の場合はその発見者に特別の役割がなく、流れ着いた浜の集落全体で供養することに対して、漂流遺体の場合はその拾い主という個人の役割が大きいことが相違する。

静岡県の御前崎市のカツオ一本釣り船では、漂流遺体の身元が判明した場合であっても、その遺骨を拾い主である船主が譲り受け、船主のお墓の隣に、実際は無縁ではないのに「無縁様」として祀っている。盆になると、その「無縁様」の遺族の方が供養に来ているという。(10) これらの事例も、漂流遺体を拾い、それを供養し続けることで、拾い主(船主)の家の安泰、とくに大漁の祈願を行っていると考えてよいであろう。

ところで、このような習俗を培ってきた者として、須崎の実漁丸の事例で出てきた「太夫さん」のような宗教的職能者の役割は重要であると思われる。最後に、このような宗教的職能者による「無縁霊」の語りについて、災害の伝承との関わりを中心に、さらに深く、おさえておきたい。

6 サエギリボトケの語り

なぜ、無縁の霊が祟るかというと、死後に供養する者がいないためということは一般的にいわれていることである。しかし、その無縁の者を忘れずに語ってもらうことが、そのまま供養につながるという考え方も伝えられている。

例えば、宮城県においては、葬式の後、遺族の女性たちを中心に、かつてはオカミサンと呼ばれる巫女を家に呼び、「口寄せ」という、死者が巫女に憑いて遺族に語る儀礼を行っていた。

「口寄せ」の一番初めには、ミチビキと呼ばれる先祖のホトケ(死者)の口寄せが行われるが、新口《しんくち》のホトケ(新しい死者)が男性ならば女性の先祖、女性ならば男性の先祖が呼び出されて、「口寄せ」が行われる。この場合の「先祖」とは、新口のホトケより先に亡くなったものであれば誰でもかまわず、むしろホトケに近い死者が呼ばれることが多い。続いて行われる口寄せの「七口下ろし《ななくち》」とは、ミチビキの後に、身内などの七人の者へ向かって語ることを指すが、ホトケが相手に呼びかけながら、結局は、そのオホトケの一生を語り続けることを意味しているという[川島 2009]。

その「七口下ろし」を終え、近親者だけでなく、親戚の者もホトケに向き合う口寄せが終わると、最後にトメクチと呼ばれる口寄せが行われる。トメクチは男性でも女性でもかまわないが、新口のホトケに一番身近な者で長命だったオホトケを下ろす。

　ところが、このトメクチを呼ぼうとするときになって、突然、思いもよらなかったホトケが巫女に憑いて語り出すことがある。とくに、新口の口寄せのときに出現することが多く、このホトケのことを、本来のオホトケの口寄せをさえぎるために「サエギリボトケ」、あるいは、そのようなホトケを供養する者がいないために「主《ぬし》なしホトケ」とも呼ばれている。

　例えば、新口のホトケが突然に状況の違ったことを語り始めたときに、ホトケが憑いた巫女と相手をする「問い口」などが気づいて、それを「サエギリボトケ」だと判断する。また、トメクチを迎えようとするときに、巫女の方から「出たがっているオホトケがいる」と語って、すぐにサエギリボトケの口寄せを始める場合もある。

　このサエギリボトケには、ワカバと呼ばれる霊で、産湯を使わないうちに亡くなった子、つまり「水子」の霊や、新口のホトケの家から出た者で、海や遠隔地へ行って亡くなり、供養がされなかったということで出る霊もある。最近では、「盆口」や「彼岸口」などの「古口《ふるくち》」で、あえて最後に「無縁様」を下ろすことがある。ただし、この「無縁様」の口寄せという考え方は、最近のものと思われる。以前はこの場所にサエギリボトケが出る可能性があったわけで、今では、このサエギリボトケが出ないうちに、口寄せの依頼者が「無縁様」と称して先に出してしまうように変わってきたのである。

　これらの「無縁様」にとっては、自身のことを思い出してもらいたいというだけでなく、あれこれと語ってもらいたいために出現すると思われている。亡くなった者の事跡を語ることが、その者にとっての供養になるからである。それが災害死者であれば、災害によってどのように死んだかということを語ってもらうことが、一つの往生への道となる。その人の死に際について詳しく知らなくても、その災害のことを語ってくれただけで供養となる。災害死者の供養が、個別の災害の伝承につながる大きな理由である。

7 おわりに

以上、列島各地における災害死者の供養の実態について、大まかに一覧してきたが、とくに、災害死者の中でも無縁の霊が大きな影響力をもつこと、それは生きて生活している者にとっては「祟る霊」であることを、明らかにしてきた。ただし、これらの災害や事故による無縁の霊が、例えば「地蔵」（熊本県天草市有明町下津江）や「地蔵盆」（大阪市大正橋）、「地蔵堂」（高知県四万十町興津）の事例のように、なぜ地蔵信仰と関わることが多いのかという点については、今後の課題としておきたい。

　また、死者の事績や最期を語ることによって供養になるという考え方は、今でも東北地方などによくみられる。無縁の霊が祟るのは、祀り手がいないというばかりでなく、とくに災害死者の場合は、偶然に災害に出くわした旅の者や漂流遺体などが多く目立つために、その者のことを詳しくは知らず、語れないということが「祟り」を引き起こすと考えられていた。災害を語り続けるということが、その災害で亡くなった死者を供養することにもなるわけである。東北地方では、無縁の霊にとっては、巫女の口を通して自身のことを語り、見ず知らずの者に語られるということが望まれているからである。

　いずれにせよ、そのような供養を通して、歴史的な出来事である災害が生活文化のなかで伝えられていくとしたなら、それも見過ごすことのできない災害伝承の要件として、今後も注意をしていかなければならないものと思われる。

　東日本大震災が起きた二〇一一年は、すでに「口寄せ」を語る巫女が激減していた状況であった。そのような時代に、「災害死者」をどのように供養をするかということに向き合わざるをえなかったのが、東北地方の三陸の被災者たちであった。震災後、「怪奇現象」や「霊体験」の語りが顕著に拾われていったのも、自らが巫女のような宗教的職能者の代わりになり、自身と死者の思いを表現しなければならなかったからだと思われる。

註

（1）二〇一五年二月一六日、岩手県宮古市摂待区水沢にて墓碑調査。

（2）二〇一五年二月一六日、岩手県宮古市摂待区水沢の森山シウさん（一九二三〔大正一二〕年生まれ）より聞き書き。

（3）二〇一五年四月一八日、熊本県熊本市河内町塩屋の川越光則さん（一九二三〔大正一二〕年生まれ）より聞き書き。

(4) 二〇一五年一二月二四日、熊本県天草市有明町小島子鯨道の宮下馨さん(一九三五〔昭和一〇〕年生まれ)より聞き書き。

(5) 二〇一五年八月二一~二四日、大阪市浪速区幸町の大正橋にて「地蔵盆」の調査実施。なお、この津波供養碑に関する研究として、長尾[2012, 2014]などがある。

(6) 魚の供養と海難者の供養の抜き差しならない関わりについては、川島[2013]を参照のこと。

(7) 二〇一六年一二月一〇日、福島県いわき市中之作の金成幸夫さん(一九三三〔昭和八〕年生まれ)より聞き書き。

(8) 二〇一六年一二月一一日、福島県いわき市中之作の真福寺にて墓地調査。

(9) 二〇一三年七月二四日、高知県四万十町興津の高橋文雄さん(一九三二〔昭和七〕年生まれ)より聞き書き。

(10) 二〇一二年二月四日、静岡県牧之原市相良の西川春夫さん(一九四三〔昭和一八〕年生まれ)より聞き書き。

文献

奥野修司[2017]『魂でもいいから、そばにいて——三・一一後の霊体験を聞く』東京:新潮社
金菱清(ゼミナール)編[2016]『呼び覚まされる霊性の震災学——三・一一 生と死のはざまで』東京:新曜社
川島秀一[2009]「一生を語るということ——東北の口寄せ巫女の語り物」、『昔話—研究と資料—』三七:二二一—二四〇
——[2013]「魚と海難者を祀ること」、『歴史民俗資料学研究』一八:二三五—二五六
川村邦光[2013]『弔い論』東京:青弓社
——[2015]『弔いの文化史——日本人の鎮魂の形』中公新書、東京:中央公論新社
長尾武[2012]「『大地震両川口津浪記』にみる大阪の津波とその教訓」、『京都歴史災害研究』一三:一七—二六
——[2014]「大阪市における南海地震石碑と教訓の継承」、『歴史都市防災論文集』八:二六三—二七〇

第十章

災害後のコミュニティの持続可能な構築に果たす記念碑の役割

——東日本大震災と津波を事例に

セバスチャン・ペンマレン・ボレー
高棹健太訳

1　はじめに

産業社会は、主に工学や自然科学の研究により導き出された知見によって、地震や津波の脅威に対処してきた。それらの科学では、たいていの場合、地震だけでなく、人びとの生活や環境に関する現象による物的証拠をもとに研究を行っている。地震工学者たちは、耐震構造の建築物を設計するため、そしてすでにある建物の構造的な脆弱性を補強するため、さまざまな揺れに対する建物の反応を調査している。地質学者は、次の地震や津波の可能性を診断するために構造プレートや堆積物の動きを研究している。同様に、流体力学、海岸浸食、モデリングに関する津波工学者の専門的な知識は、海岸沿いの地域を保護するための防波堤設計の手段や防波の技術となっている。建築物の強靭さの水準を高めること、そして災害リスクを減じることの解決策として、化学や物理学などのハードに関する科学や技術力の急速な発展は、建築物やインフラ設備の強靭さへの信頼を高めるように産業社会を促したのだった。

近年、自然災害に関する複雑性や損害の増大は、災害に関連する集団的な行動や文化を含むより全体的なアプローチを要請している。科学者たちは、いかに人びとの知識や経験が社会の緊急事態への対応に影響を与えたのかを研究することに多くの時間と資源を費やしてきた。彼らは、政府や地域自治体そしてＮＰＯと連携して、学校や官公庁、そして他の公共施設における地域共同体の備えのために大規模な計画を作成している。それらは、地震に関する実践や必要な知識を保護しながら避難訓練を計画し、実験することを促している。しかし私たちは、災害文化や民俗の知識に関する研究が増加していることを考慮する必要がある。社会科学者、歴史学や他の災害に関する専門家は、災害を経験したコミュニティがいかに世代を超えて特定の知識や緊急事態への対応をつくり出し、発展させ、適応させたのかについて理解しようとしてきた。現実的な防護策と同様に、災害に関する文化や社会的な影響を理解することは重要であり、それは社会のレジリエンスや防災を高める最も効率的な方法となりうるのである。

本章は、災害記念碑の役割についての調査を通じて、災害への社会的な対応に関する理解を深めることを目指している。記念碑は、記念に関する有形もしくは無形の行為を通して、悲劇やその犠牲者たちの記憶の保存の一助となる災害記念行為の広範なプロセスの一部分である。それらの行為は、おそらく私的／公的な式典、世俗的／宗教的な記念の場、語りの場、そして非公式／公式な教育の場であるかもしれない。世界中において、戦争記念碑は最も一般的な災害記念行為の形式であろう。戦死した兵士の記念は、しばしば戦争の残虐性や脅威を新しい世代に気づかせる手段の一構成要素となる。同様に、自然災害発生後に見られる記念碑建立の増加を私たちは見聞きしている。近年の例では、二〇〇四年のスマトラ島沖地震インド洋津波、二〇〇五年のハリケーン・カトリーナ、そして、二〇〇八年の四川地震がある。ただし、私たちの戦争に関する記念行為の知識がより進展したとしても、自然災害に関する記念という特定のプロセスを十分に理解することにはなっていないのである。

以上を踏まえれば、東日本大震災の記念行為は、最も有力な事例研究のように思われる。まず初めに、日本は、産業国の中でも地震や津波に関する経験を最も多く有する国である。この事情のため、日本では防災に関して膨大な調査と時間を投じている。同様に、多くのコミュニティが震災を記念する行為という豊かで深い災害文化を形成した。日本社会は、多くの時間と資源を災害の記念行為に捧げてきた。この伝統は、東北地方の荒廃した海岸線に沿って建てられた数百の東日本大震災の記念碑の中にも明らかに見て取れる。

だが、こうした傾向にもかかわらず、災害記念碑の必要性について疑問が投げかけられている。防災やコミュニティのレジリエンスに携わる指導者たちは、例えば、過去の津波の石碑が災害の積極的な記憶の保存には無関係であったとか、人の命を救うことには貢献しなかったと主張した。この議論は、東日本大震災の後に発せられた新しい避難計画のためのキャンペーンの間に、日本の広告会社や公共関係の機関からつくり出されたものだ。彼らのプロモーションビデオ(1)は、一九三三年の三陸地震の記念碑の「此処より下に家を建てるな」と刻まれた言葉を映し出すことから始まる。石碑の下にあった海にまで続く荒廃したコミュニティが示すように、ナレーションでは、「このような教訓が生かされず、大きな被害が出てしまった地域が数多くありました」、「未来の世代の安全のために、石碑ではなく習慣を残していきたい」と語っていた。石碑の代わりに、彼らは避難訓練などの新たなる文化を未来の世代に伝えることを提言する。石碑に対する批判として、石碑はしばしば忘れ去られる、もしくは周辺地域で起きた数多くの死に関して不十分であったのでは、とたびたび論じられた。

一方、記念碑に賛成する意見では、それらの記念碑は失った多数の死者を証言し、また、その環境が再建され、災害を経験した人びとが亡くなってしまったとしても、それらの記念碑が記憶を存続させる要素となると論じるのである。しかし、そうした意見を持つ者たちの間でも、石碑そのものへの考察や、特定のイベントにおける関係性への考察へと及ぶことは稀である。

東日本大震災の後に、記念碑が果たした幅広い役割を理解するために、本章では、東日本大震災後のコミュニティにおける記念碑に関する三つの活動を検討する。本論は、記念碑を単なる過去の証明とする見地に立つのではなく、それらの災害教育やコミュニティのレジリエンスに対する積極的な貢献の側面を明らかにする。本論では、前述した批判に対して次のような問いを立てることにより考察したい。「防災やレジリエンスに関して、記念碑の有効性はどのように評価できるだろうか」、「記念碑の有効性を計る正しい基準が看過されているのではないか」、「東日本大震災後に見られた記念碑の役割とはなんだったのか」。本章の目的は、日本の事例における災害記念碑の役割や有効性の度合いを評価すること、そして、それは同時に減災と防災に重要な影響を与えられることを理解することである。

本章は、東北地方、とくに宮城県名取市の閖上《ゆりあげ》地区を中心とした二年間に及ぶ民族誌的調査に基づいている。筆者は参与観察によって、二五五一世帯、四〇人の行方不明者を含む七五三人の命を奪った津波の後に形成された閖上地区のコミュニティの全体像を捉えるに至った。筆者は、二〇一三年から二〇一四年の間、毎週末には荒涼とした閖上地区を訪れ、以後二〇一六年まで時折訪問を続け、今でもインフォーマント(情報提供者)との強いつながりを維持している。この訪問には、行方不明者の捜索、記念行事や祭事でのボランティア活動も含まれる。その日々の中で、筆者は記念行為の問題とともに、災害後の復興や閖上地区の未来に関する問題について話し合うことができた。この「会話」(インフォーマル・インタビュー)は、数分間で終わることもあれば、数時間に及ぶこともあった。中心となるインフォーマントは五人から一五人の定期的な訪問者であったが、より多くのインフォーマントは臨時のもしくは一回限りの訪問者やボランティアたちであった。閖上地区における人びとの出入りは激しく、正確なインタビューの回数やインフォーマントの人数を数えることはできない。しかしながら、筆者は一〇〇日以上の訪問で、日々二名から一〇名ほどの人びとと話し、訪問者集団の振る舞いを観察する機会を得ていたのである。すべてのインフォーマントは、後に本論で検討することになる「お茶飲み場」、「閖上の記憶」、日和山《ひよりやま》、そして閖上中学校の遺構などで出会った人びとだ。筆者は、閖上において津波による犠牲者たち、そして生き残った遺族のために記念碑を設立する必要性の認識を高める運動を支援することによって、地域住民たちと深く関わり合うことになった。この運動は、本論で考察することになる二つの記念碑の設立に至ることになる。このような人びととの多様で親密な関係性を通して、筆者は、本論で検討する災害後のコミュニティにおける記念碑の役割に関するさまざまな見解などの、津波の生存者たちが直面した問題について広範かつ質的な理解を得ることができたのである。

2 東日本大震災の記念碑

二〇一一年三月一一日の午後、日本の東北地方はマグニチュード九・〇の地震に襲われた。その地震は、四〇メートルに及ぶ高さの津波を引き起こした。この津波は、沿岸の集落をことごとく押し流した。津波に巻き込まれ、一万五〇八三人が命を失い、三九七一人が行方不明となった。この災害は、歴史上二番目に大きい原子力事故や、二〇兆円を超える経済的損失が報告されるなど、最も損害額の多い大災害とされている[Ranghieri and Ishiwatari eds. 2014]。こうした圧倒的な数字に加え、私たちは、その出来事が被災したコミュニティや生存者の暮らし、社会的関係性、そして文化財に与えた破壊的な影響も考慮しなければならない。

東日本大震災による破壊は、それと同じくらい多くの記念行為を呼び起こした。日本政府や自治体、仏教寺院、NGO、NPO、そして地域の教会は、式典や儀礼を苦心してつくり上げ、記念碑や追悼施設を建て、記念公園や展示施設を計画した。復興計画を求めて苦心する最中、遺構や遺物などと呼ばれる建築物や物体を含む災害遺構の保存か解体かについての集中的な議論が行われた。最も有名なものでは、気仙沼市の船、南三陸町の防災対策庁舎がある。日本社会は、東日本大震災の記念行為の進展に膨大な資源と時間を費やしてきたのである。

これらの記念行為は、三つの主要な機能を有していると思われる。第一に、これらは生存者に犠牲者や失われた故郷を悲嘆する機会を与える。遺族や他の訪問者は、冥福を祈り、死者への敬意を表すのである。重要なことは、犠牲者のための儀礼の実践は、被災地外の住民にとって、津波の被害を受けたコミュニティへの連帯感や同情を表す手段にもなっていることだ。第二に、これらの記念行為は、災害の記憶やその余波を保存したいという願望を伝播させる。それらは、記念式典、記念碑、展示施設、アーカイブ、そして昨今溢れるほど存在するデジタルメディアに結びつけられる。私たちが長期的な研究を欠いているデジタルメディアを除くと、記念碑は、実に東北地方の災害の地を記念する最も一般的な方法である。本論をまとめている時点では、私たちは、記念碑をもたない東日本大震災の被災地コミュニティをほとんど知らない。

日本は、記念碑や災害の記念などについて深く根ざした文化を持っている。第一のタイプは、日本において最も一般的な記念碑である。記念碑は一般に、個人や出来事や組織に永遠性を与えるために用いられる。第二のタイプは、横死者に捧げられた石碑からなる。これらの石碑は、死者の霊を慰めるための慰霊碑、もしくは死者の供養のための供養碑といわれる。慰霊碑や供養碑は、遺族、生存者、宗教指導者、政府役人や来訪者が、死者やより広い被災地コミュニティへの祈りと敬意を表す際の儀礼的中心点を構成している。実践的には、この慰霊/供養碑や記念碑の二つのカテゴリーは重複しており、厳密に区分することは難しい［川島 2016］。私たちの研究では、慰霊碑は記念碑と似通った役割を果たしており、その逆もまたしかりである。

日本の慰霊碑の管理は、伝統的には宗教団体の責務となっている。神社神道は、死んだ兵士の魂を顕彰する集合的な石碑を持ち、維持している。東日本大震災の記念のために建立された最初期の慰霊碑の一つは、宮城県石巻市の大川小学校がある。それは、七四人の児童と一〇人の教職員の死を慰霊するものである。このデザインは墓石とよく似ている。中心となる要素は、慰霊碑の名と日時を刻んだ黒色の花崗岩《かこうがん》の柱である。それには、「東日本大震災大津波横死」と、そして「大川小学校教師十霊位、大川小学校児童七十四霊位、大川中学校三霊位、大川地区在住老若男女諸霊位」とある。他の要素は、前方の香炉や、花を供えるための二つのブロック、仏像、仏塔、そしてその他に記念するためのものがある。半永久的な性質から、この複雑な構造は、学校に起きた悲劇と津波によって命を奪われた七四人の幼い魂を慈しむためのものとして解釈される。後述するが、東日本大震災の記念行為の新たな取り組みの一つとして、慰霊碑の建立における自治体のかかわりを挙げることができる。

記念碑の建立は、政府、NPO／NGO、そして地方の団体が主導していることが一般的である。東日本大震災の記念碑は、多様性と新たな取り組みが表されている。この中で最も目を引くものは、釜石市にある「伝えつなぐ大津波２０１１・3・11」という名の建造物である。この記念碑は、黒色の花崗岩で、それぞれ高さ二・六メートルの五つの石柱からなる。それぞれの石柱には、津波の記憶や脅威を保存するための小学校の児童からのメッセージが刻まれている。このメッセージは、子どもたちが次なる世代に伝えつなぐことを願う教訓である。一つには「「つなみがきたらにげろ」をむねにきざみ生きてゆこう。」と、そしてもう一つには、有名でよく知られている言い習わしである「つなみてんでんこ。自分で自分の命をまもれ。じしんが来たらすぐ高いところへ。」と、警告が刻まれている。このプロジェクトの資金を調達した会社のウェブサイトには、この記念碑が数千年の時を経ても、東日本大震災の教訓を伝えつなぐことを願っているとある［全優石津波記憶石プロジェクト n.d.］。

もし、記念碑のデザインや意味だけが重要なのであれば、私たちは記念碑のもつ役割はおろか、防災に対する有効性さえ認めることはできない。このポイントは、冒頭で触れた避難の文化を奨励する者たちによって明確につくり上げられていた。一方で私たちは、記念碑だけでは、そのデザインがいくらよかろうと、大災害から人びとを守ることができない、という見地に賛成する。しかし、一つの出来事や、事実に基づいて記念碑の有効性を評価する考え方に疑義を唱える必要を感じている。その代わりに、私たちは、災害記念碑にまつわる言説や活動を包括的に検討する民族誌的、通時的アプローチによって論じることになる。そのようなアプローチは、長期間に及ぶ記念行為の有効性を向上することを助けるものであるだろう。この視点を適用し、次節では、災害記念碑の特定の様式、東日本大震災後のコミュニティ内での記念碑の関係性や役割を考察する。

3 閖上の記念碑——事例研究

宮城県の沿岸部に位置する名取市閖上のコミュニティは、東北地方で最も甚大な被害を受けた地域の一つである。強大な津波は、人口の一割を超える七五三人の命を奪い、四〇人が行方不明となった。東日本大震災以前の閖上は、漁師や、通勤するサラリーマン、退職後移住してきた人びと、そして観光客の混ざり合ったコミュニティであった。住民が約七一〇三人で、二五五一世帯が暮らしていた。閖上は、市場、砂浜、サイクリング場、そして乗馬センターといった観光名所で有名であった。これらの施設や建物の大半は、名取市の平地を数キロメートルも越えて襲ってきた一〇メートルの高さに及ぶ波の圧倒的な力によって、押し流されてしまった。

閖上は五年以上ものあいだ荒地となっていた。津波の後、自治体は迅速な回復と復興を実行する決意を表した。閖上は、瓦礫を取り払った最初の地域であったが、その手段や方法に関する論争により、復興事業は中断されてしまった。閖上は二〇一四年の時点で、宮城県の被災地の中で、復興の進捗状況が最も遅い地域であった［宮城県庁土木部土木総務課 2014］。この状況は、護岸や堤防の建設に着手する復興計画の執行の開始を告知した二〇一五年の終わりまで変わることはなかった。本論を執筆している時点では、嵩上げに必要な土砂を運ぶため、閖上に毎日数千台のトラックが行き来していた。このような再建が進まない状況は、日曜市を伴う記念の場が依然として閖上の唯一の中心であったことを意味している。

東日本大震災以前の閖上の姿を残すものは、日和山と呼ばれる人工の小さな山だけである。そこは元来、漁師を守護する神を祀る小さな社だった。東日本大震災以後、日和山は、ボランティアや訪問者、そして生存者による積極的な記念行為の場となった。日和山には、最初期に一時的な記念碑が建てられた。主要な要素は、犠牲者の魂に捧げるための二つの柱と仏塔からなっていた。それらの柱は、日蓮宗と立正佼成会の二つの仏教教団によるものである。いくつかの仏像、香炉、折り鶴、そして他の人工物によって、その場所は形づくられていた（写真10−1）。閖上を訪れる人びとは、整然と日和山を訪れ、犠牲者や神仏への祈りを捧げるのである。災害の記念行為の一部となっているにもかかわらず、先行研究では、それらの施設は一時的な性格のものであるとして分析から除外されてきた。

3-1　閖上中学校の慰霊碑

記念碑の第一の事例は、名取市内にある閖上中学校の慰霊碑である。遺族会の会長の説明によれば、東日本大震災の日、閖上中学校は卒業式であった。すでに式を終え、学校には誰もいなかったが、午後二時四六分に地震が襲ってきたとき、近所の住民の多くが避難所であった閖上中学校に避難してきた。他の人びとは、家族の安否や家屋の損傷を確かめるため家に戻っていった。会長である彼女は、ラ

写真10−1　閖上の日和山からの風景．前方に一時的に建立された回向柱

写真10−2　名取市東日本大震災慰霊碑近くへ移転した閖上中学校の慰霊碑（右側）

ジオから発せられる津波警報により人びとは混乱し、信じられない思いだったという。また、サイレンもなく、人びとは九・〇九メートルの波が向かってきているとは思っていなかったと述懐している。彼女は、その波が閖上に到達したとき、彼女の息子と一三人の子どもたちが力なく水に飲み込まれた、という言葉で説明を終えた。残された遺族たちは、子どもたちのために、その年には遺族会を結成し、慰霊碑を建立したのだった。

閖上中学校の慰霊碑のデザインは、記念行為への独特のアプローチを見せている。遺族会は、堂々とした大きい石碑を建立するよりも、むしろ表面を少し傾けた、一四人の子どもたちの名を刻んだ背の低い花崗岩のブロックを選んだ。慰霊碑の前面には、災害の日時や名前といった情報が、後面には遺族会の名と記念碑を建立した日が刻まれている。遺族会の会長は、シンプルなデザインにより、すべての訪問者が、とりわけ学校の子どもたちが、亡くなった子どもたちの名前を読み、触れることができるのだと説明する。この石碑を撫でるという行為は、遺族やこの記念碑を訪れた人びとにとっては儀礼となっている。死者への悲嘆に加え、遺族は、犠牲者の「存在の証明書」としてその石碑を遺構として残し、彼らの子どもが存在していたことの証明としている(写真10-2)。

閖上中学校の慰霊碑は、受動的な石碑というよりも、むしろ多くの災害に関わる活動を刺激するものだった。はじめに、その慰霊碑は、毎年の「追悼の集い」を行う重要な場を提供している。子を失った両親からのメッセージが集会の中心となっている。その集会は、二〇一一年から遺族会の主な支援者となったNGOのリーダーによって構成されている。記念碑に加え、NGOは、「閖上の記憶」と呼ばれる遺族会の事務室として使われる「津波祈念資料館」を建てた。今日、津波祈念資料館は、子どもたちや他の生存者に対する精神的ケア、心理的ケアを施す場となっている。その構造は、訪問者が映像を見たり、東日本大震災の経験について生存者や目撃者から話を聞くことができる小さな展示室と映写室からなっている。最後に、ガイドツアーでは慰霊碑や学校に目を向けさせる。その場を、死者を偲ぶ場として捉えると、閖上中学校の慰霊碑は、遺族や生存者が東北の大震災の物語や教訓を伝えつなぐ重要な場所となっている。

3-2 お地蔵さんの記念碑

閖上にある二つ目の記念碑は、「閖上寄り添いお地蔵さん」と呼ばれる仏像である。地蔵は、子ども、旅行者、そして弱者の魂を守護する菩薩である。地蔵は、妊娠中に祈りを捧げる女性を見守ると信じられている。地蔵は、人が横死した場所にも建てられ、この国のあらゆる道沿いや交差路に見ることができる。

個人の死はいずれ時間とともに忘れ去られてしまうが、地蔵はコミュニティの一部として残る。地蔵像はしばしば、よだれ掛けや帽子、ローブを着せられる。人びとは地蔵に敬意を示し、手を合わせて祈り、供物を捧げる。生存者の心を癒すため地蔵の力を利用しようと、仏教団体が「被災地に届けたい「お地蔵さん」プロジェクト」を始めることを決定した。このプロジェクトは、東北地方沿岸部の被災地の至る所に五〇体の地蔵像を建てることを目的としている。この地蔵像は、二〇一四年六月一五日に生存者の家庭が所有していた土地に建立された。

閖上寄り添いお地蔵さんは、ライトグレーの花崗岩の三つの主要な要素からなる。ハスの花に立ち、丸みを帯びた姿で、薄く目を開き、優しい微笑みをたたえた二メートルの高さの地蔵が台座の中央にある。そして、その両脇に津波の犠牲者を表す少女と少年の二つの小さな像が建てられており、三体の像がすべて台座に乗っている。台座の裏側に、この像の名と設立に関わった仏教宗派の名が刻まれている。そして、被災地の迅速な復興とともに、死者の魂や生存者の苦しみを和らげるために、この像が建てられたと説明する短い文章がある。六六名の寄付者やプロジェクトリーダーたちの名前と、設立の日時が碑文として刻まれており、すべての災害の犠牲者に捧げられ、閖上寄り添いお地蔵さんは閖上の重要な場所となっている（写真10–3）。

写真10–3　閖上寄り添いお地蔵さんと日和山

閖上中学校の慰霊碑のように、閖上寄り添いお地蔵さんは、個人や来訪者の小さな団体や仏教僧が死者への敬意を表し、祈り、供物を捧げるために訪れる場である。閖上中学校の慰霊碑と異なる点は、この像の周辺で大きな集会や毎年の式典がないことである。この地蔵像が建てられる以前、弟と甥を亡くした女性が中心となって、義姉や娘さんとともに「閖上のお茶飲み場」として知られる即席の茶室を作った。二〇一一年から、彼女たちは毎週末に集う人びとのために飲み物やスナック菓子、そして食事さえも提供したのだった。

主な目的は、生存者が語らい、仲間を見つけ、心を和ませる場を提供すること、災害以前の閖上の記憶をとどめること、そして縁を再び取り戻すことだった。時は経ち、会話の多くが、コミュニティの再建や政策に関わるものになった。それに加え、閖上のお茶飲み場は、地元の人びとや個人、そして旅行者たちの小さな集団、生徒とボランティアの交流地点の役割を果たすようになった。堅苦しくも組織的なものでもなかったが、訪問者は、災害について学び、同じような出来事に巻き込まれた際にとるべき行動についてのアドバイスを受けることになるのである。

写真10-4　閖上にある名取市東日本大震災慰霊碑

3-3　名取市東日本大震災慰霊碑

三つ目の事例は、名取市の自治体によって二〇一四年八月一一日に建立された記念碑である。日本では、個人の死を記念する公共の石碑である慰霊碑が、自然災害で建立されることは稀である。自治体は中立性の高い記念碑か、記念公園を建てる傾向がある。東日本大震災の文脈においてさえも、亡くなった市民の魂のために石碑を建てたのは、名取市の隣の市である岩沼市のみであった。名取市は当初、そのような石碑を建立する計画はなかった。記念公園や記念碑の建設は、閖上の復興が完了された後に予定されていたのである。しかしながら、生存者が死者を悲嘆する記念碑を求める人びとの声は、自治体に計画を変更させ、数年前倒しして現在の慰霊碑を建立するように促したのだった。遺族たちの求めに応じて、市は名取市で命を失った九四四人の犠牲者の名前を刻むことを許したのであった。このように、この慰霊碑は、訪問者が死者に敬意を表し、悲嘆し、悼む場なのである(写真10−4)。

名取市東日本大震災慰霊碑は、日和山に近く、閖上寄り添いお地蔵さんから一〇〇メートル足らずの場所にある。より大きな規模の人工の山で、前方にある花崗岩の「種の慰霊碑」と、中央に建てられた背の高い「芽生えの塔」から形成されている。その「種」にはこの石が災害で失われた市民や故郷を象徴していることが刻まれており、「白い芽」はコミュニティの再生とレジリエンスを表している。慰霊碑の高さは、津波の到達点八・四メートルを示している。この山の両側には二つの大きな芳名板があり、九四四人の犠牲者の名前、名取での東日本大震災の情報、そしてこの慰霊碑の説明が書かれている。慰霊碑の高さと芳名板に刻まれた数えきれないほどの名前の列は、訪問者たちに閖上で起きた破壊の大きさを伝え、津波の危険性についての認識を育ませる。

建立されて以降、名取市東日本大震災慰霊碑は、公共の正式なイベントにとって重要な場となった。例えば、安倍晋三首相や麻生太郎副総理(当時)は、それぞれ二〇一五年七月一一日、九月二八日にこの慰霊碑を訪れた。他の公的な訪問の事例では、国連防災会議のような国際会議の間に、海外からの政府高官や研究者たちが訪れている。さらに、閖上中学校の慰霊碑のガイドは、定期的にこの地を訪れる学校の遠足や、津波のスタディツアーを企画しているという。閖上中学校の慰霊碑や閖上寄り添いお地蔵さんとともに、名取市東日本大震災慰霊碑は、新旧の世代が災害文化を育み、未来の災害に対する備えというレジリエンスを増大させる機会をもつ場という、記念行為の複合的機能を形成しているのである。

4 東日本大震災後の記念碑の役割

最後に本節では、閖上に建てられた東日本大震災の記念碑に関する調査から、それらの一般的な機能を説明したい。私たちの目的は、外在的機能と内在的機能の関係性を論証することである。例えば、第1節では、悲しみ、つながり、そしてアイデンティティの関係性について考察してきた。もう一つの例は、死者の記憶の保存と災害教育の結びつきである。分析を通して、私たちは、記念碑に関わる思想や実践への相対的なアプローチによって、過ぎ去る時間のなかで、社会における記念碑の広範な役割を理解することができることを示したいと思う。

4-1 悲嘆と平穏

記念行為に関して、あらゆる所に見られる主題は、死者と失ったコミュニティへの悲嘆である。自然災害は、その事例で人が犠牲になったときのみ、災害と呼ばれる。大災害の規模を計る共通因子は、被害者の数である。主要な政治家による公的なスピーチは、悲しんでいる犠牲者の保護者や友人に対する同情を表すことから始まるのが常である。それゆえに、閖上の三つの記念碑が何よりもまず、津波で亡くなった人びとに捧げられたのは、驚くべきことではない。それらの記念碑は、遺族やコミュニティの他のメンバーが悲嘆に対処する装置としての役割を果たしている。さらに、この研究はコミュニティにおいて死別の過程が実行されていることも明らかにしている。名取市の慰霊碑や地蔵が建立されるに先立つ対話において、お茶飲み場のリーダーは、記念行為の本質はその集団性であると語った。彼女たちは、芳名板の前で死者へともに祈るプロセスを通してのみ、遺族は苦しみを克服するであろうと意見した。この地域社会で施される治癒行為は、被災地の慰霊碑や記念碑を訪れ、死者をたたえ、生存者たちの団結を表す訪問者の積極的な活動がなければ完了することはない。

閖上の東日本大震災の記念碑の二つ目の役割は、犠牲者の安寧に寄与することである。親族や友人を失った人びとは、災害の生存者内で最も脆弱な集団を形成する [Kessler et al. 2014: 265–274]。個々人は、自身のトラウマ的な経験だけでなく、愛した人びとが非業の死を遂げたという事実にも対処しなくてはならないのである。そのような状況では、記念碑の不可欠な側面である集中的な精神的ケアや心理的サポートが必要となる。閖上の事例では、閖上中学校やお茶飲み場といった、死者を悼む二つの集団のリーダーは、コミュニティの社会的復興における最も積極的な関与者である。つまりは、遺族の平穏の回復は、コミュニティの再建の鍵となっていると言えるだろう。

4-2 社会的なつながりと故郷

集合的な記念碑は、生存者とその土地とのつながりを保存することに寄与している。災害後に、閖上のコミュニティは分断され、縮小し、弱体化した。すべての瓦礫が素早く撤去された閖上の地域は、五年間で月面のような荒涼とした風景となった。閖上を訪れる人びとは、すべての公共的な施設や家々が消え去ってしまったとき、閖上の未来を想像することは困難であった。この地域には、戻ることも住むこともないのではないかと思ったに違いない。地域の神を祀る日和山は、生存者や訪問者にとって重要な巡礼の地となった。しかしながら、公衆の目に晒され、プライバシーを欠如している状態が、人びとにこの空間で社会的な集会を行うことを自制させている。毎週の市場は、カナダウッドから寄付された新しいメイプル館が設立されたことで、廃墟から再び現れた。私たちの研究では、閖上の地域住民は、災害以前の市場には訪れることはなかったにもかかわらず、この場所と疎遠になったように感じていることが明らかになっている。結果として、多くの年月は、コミュニティの連帯感を維持することが深刻な課題であることを示してきた。生存者の多くは、二度と戻ることはないと、ついに閖上の外で生活の拠点を再びつくり上げたのだった。

閖上の生存者が戻る場所も交流する場所もないことを考慮すれば、「閖上の記憶」(津波祈念資料館)やお茶飲み場などの施設が、地域のつながりの維持や、週末に集まりたいと願う人びとの間で人気になっていることは驚くべきことではない。記念碑の設立された場所に生活を営む人びとは、生存者の仲間たちとともに交流するだけでなく、かつて慣れ親しんだ故郷が二度と戻ってこないことを客観的に見つめ、受け入れる機会を得ている。最近では、小さな集まりで、嵩上げや新たな閖上に向けた新しいレイアウトによって生じた劇的な変化が話題になることがあった。つまり、この事例研究によって、集合的な記念行為を通して、生存者が過去を受けとめるように促されるだけでなく、未来を心に描くことをも促されていることが明らかになっている。

4-3 災害の記憶の保存

東日本大震災の記念碑が果たすもう一つの役割は、大災害の記憶の保存と伝達である。閖上では、名取市東日本大震災慰霊碑がその役割を果たしており、悲劇についての最も広範な説明を提供している。とても大きな記念碑は、九四四人の犠牲者の名が刻まれており、地域に起きた悲劇を明確に思い起こさせるものになっている。異なる規模ではあるが、閖上中学校の慰霊碑もまた、津波により失った子どもたちを、訪れた人びとに思い出させるため、訪問者たちの感性に触れるように意図されている。さらに、記念碑の周辺の場所は、人びとが大災害を学ぶために訪れる重要な社会的な場となっているのである。すでに見たように、「閖上の記憶」は、生存者や支援スタッフが東日本大震災のビデオや写真、資料をシェアする活動センターとなっている。最も重要なことは、このセンターが毎週行われる語り部を結成するようになったことである。語り部活動によって、訪問者は生存者の経験やコミュニティ全体で得た教訓を学び、避難や身の守り方などについてのアドバイスを受けることになる。生存者にとっては、語り部活動は彼らのトラウマを扱い、個人的な経験の共有を可能にする手段となっている。非公式ではあるが、閖上のお茶飲み場は、訪問者が災害の記憶を学び、共有するミクロコスモスとなっている。

4-4 津波スタディツアー

記念碑は、閖上での災害ツーリズムや教育にとってランドマークとなった。また、「閖上の記憶」は、災害ツーリズムや津波スタディツアーに公的で専門的なガイドを提供することで、リーダーシップをとっている。ガイドはたいていの場合、閖上の生存者が務めているのであるが、バスに乗り、マイクを使って、荒涼とした土地を進みながら、東日本大震災での出来事を思い起こさせるように求められている。彼らの語りは、写真を用いたり、さまざまな場所にある東日本大震災以前の様子を表したパネルを示しながら、津波以前の閖上の暮らしを伝えている。このツアーの間、最も印象的なランドマークとなるものは、疑いなく、訪問者が犠牲者の遭遇した喪失と痛みの大きさを感じることができる記念碑である。ガイドは、それらの記念碑の意義や短い歴史を説明することに特別の労力を払っている。

5 むすび

本章を締め括るにあたり、私たちはまず、記念碑に防災的効果はないという批判に立ち返ってみたいと思う。私たちは、その批判は学術的な議論を意図していたが、そうなりえなかったと理解している。そして、私たちの発見が、いかに災害記念碑への誤った認識から脱することを可能にするのか、以下の四つの一般原則から示していきたい。

① 社会活動

私たちの研究が示してきたように、記念碑の役割を理解するためには、科学者は、記念碑の社会的な「力」を分析し、その形、文章、そして象徴といった外的特徴に視野を広げるべきである。ここに、私たちは、記念碑の社会的存在性を、記念碑に関連する人びとの活動と定義したい。これらの活動は、おそらく東日本大震災の犠牲者のために記念碑で行われる死の儀礼であるだろう。それはまた、大災害について学ぶために被災地を訪れる学校の子どもたちや大人のグループを対象にした災害ツアーであるだろう。これらの議論は、記念碑に関する災害ツーリズム、もしくは「ダークツーリズム」の発展を導き出す。あまり知られてはいないが、記念碑は、生存者間や訪問者間、そして生存者と訪問者との関係性をつくり、再建し、維持する手段にもなっている。これらの集団の活動に対して、私たちは、両親や友人、そしてコミュニティすべての喪失を悲嘆する個人にとっての記念碑の重要性に注視しなければならない。実際に、記念碑は災害後の状態を残す唯一のものであり、「当時」の証明なのである。

② 記念碑の複合的機能

記念碑の設立にとって、災害への対処が不可欠な要素である。これらの石碑の機能はとても多様である。いくつかの記念碑は本質的に死者を悼み、敬意を表すものである。他には、特定の悲劇を記録し、その出来事の情報を共有することを意図している石碑がある。最終的に私たちは、情報を提供するだけでなく、過去の大災害の教訓を伝えつなぐ装置としての記念碑の機能を発見している。それらの第一の機能は、過去の地震や災害の知識を代々伝えることである。言葉を換えれば、それぞれの石碑は、災害記念碑のより広い範囲の複合的機能との関係性のなかで、役割を果たしているのである。

③ 目的ではなく、手段としての記念碑

本論は、記念行為と防災はともに、それそのものを達成したり目的としているのではなく、プロセスや状態として捉えるべきだという見地を深めるものとなっている。私たちの研究では、記念碑を過去の災害の遺構として捉えるだけでなく、過ぎ行く時間のなかで、どのようにそれらの役割が発展しているのかを観察し、理解すべきであるかを示してきた。

④ 災害文化と社会的レジリエンス

私たちが日本の事例で見てきたように、記念碑は災害の記憶と教育の中心的な媒体となっている。人類学者のネイサン・ジェシーは、それは災害の個別の経験を超えて、すべてのプロセスであると主張している［Jessee 2016］。それはまた、住居や避難、そして安全性といった単一の事実をも超えるものである。この議論は、災害文化はより広い教育の文化の上に成り立つ必要があるとする高野や上山の議論とも共鳴する［高野・上山 2015: 229–230］。

本論の議論は、答えられていない多くの課題を残している。それは、「記念碑は、どのように、そしていつ、防災に関する役割を果たすことがなくなるのか」、また、「記念碑の機能は、どのように、そしてなぜ、記念碑の種類や形、デザインなどによって時間とともに変化するのか」、「記念碑の特定の役割、それぞれの有効性は、いつ、そしてなぜ、次第に消えていくのか」といった問題である。記念碑の社会的な持続性についてのこれらの課題の答えを導くことで、時間の経過とともに有効性が増大するような特定の解決策や最良の実践を見つけ出すことができるのではないだろうか。かかる問題への答えは、災害教育や知識の媒体となる記念碑の有効性を極大化し、その役割の維持を可能にするのである。

謝辞

本研究は、日本学術振興会外国人特別研究員 P12702（二〇一二～二〇一四年）および、東北大学災害科学国際研究所プロジェクト助成金（二〇一五年）により助成を受けた。ここに謝意を表したい。

註

（1）「『カケアガレ！日本』とは?」カケアガレ！日本企画委員会（https://www.youtube.com/watch?v=gm7LPIq6c8I）。

文献

川島秀一［2016］「津波碑から読む災害観――人々は津波をどのように捉えてきたのか」、橋本裕之・林勲男編『災害文化の継承と創造』京都：臨川書店、四四―六五頁

全優石津波記憶石プロジェクト［n.d.］「津波記憶石　第三号　岩手県釜石市唐丹町　碑文」、一般社団法人全国優良石材店の会ウェブサイト（http://www.tsunami-kioku.jp/津波記憶石/津波記憶石 3 号/碑文/）［最終アクセス：二〇一七年九月一日］

高野俊英・上山肇 [2015]「防災に資する「記念碑等」の意義と役割に関する研究」、『日本建築学会大会学術講演梗概集』(都市計画)、二二九―二三〇頁
宮城県庁土木部土木総務課 [2014]「東日本大震災からの復旧・復興事業の進捗状況」、宮城県ウェブサイト(http://www.pref.miyagi.jp/uploaded/attachment/281310.pdf)[最終アクセス:二〇一七年九月一日]
Jessee, Nathan [2016] "Hope for 'Just Resilience' on Earth Day," *EnviroSociety*, 22 April (http://www.envirosociety.org/2016/04/hope-for-just-resilience-on-earth-day/).
Kessler, Ronald C. et al. [2014] "How well can post-traumatic stress disorder be predicted from pre-trauma risk factors? An exploratory study in the WHO World Mental Health Surveys," *World Psychiatry*, 13(3): 265–274.
Ranghieri, Federica and Mikio Ishiwatari eds. [2014] *Learning from Megadisasters: Lessons from the Great East Japan Earthquake*, Washington: The World Bank.

第十一章

インドネシアと日本の津波記念行事にみられる「救いの約束」

福田　雄

1　はじめに

本章は、スマトラ島沖地震（二〇〇四年）と東日本大震災（二〇一一年）という二つの大津波に対して、インドネシア・アチェと宮城県石巻市という二つの社会がどのように応答したのかを考察することを試みる。具体的には震災以降、毎年地震発生日に行われている公式の記念行事をそれぞれみていくことで、現代社会における津波と向き合う方法について考察する。

以下ではまず、記念行事という社会現象の諸性質を特徴づけたうえで、次にインドネシア・アチェの津波記念行事を検討する。その後、アチェの記念行事から見いだされた「救いの約束」という観点から石巻市の記念行事を捉え返してみたい。なお、本章の考察は、インドネシア・アチェにおいては二〇一四年、石巻市においては二〇一一年より実施してきた現地調査の知見およびそこで得られた資料に基づいている。

2　記念行事という社会現象の諸特質

歴史家のポール・コナトンによれば、「記念式典」は過去の出来事をめぐって行われる実践の中でも、「儀礼を遂行する者と彼らが遂行するとされるものの間に得られる関係を特定する」[Connerton 1989＝2011: 95]という独特の性質をもつという。むろん記念式典だけでなく、例えば本書第十章でボレーが論じるとおり、記念碑それ自体もまた人びとと災禍による死者との関係を維持・構築する役割を果たすと考えられる。しかしながら、記念式典における儀礼が、記録文書や記念碑に刻みこまれる記憶と異なるのは、記念式典の儀礼行為がもつ遂行的性質にあるとコナトンは指摘する。彼は、記念式典の中でよく用いられる「願う」「祈る」「感謝する」といった発話を例として挙げ、それらの発話が何らかの意味内容を読み取るテキストとしてだけでなく、言語を伴って遂行される社会的実践としてアプローチ可能であると主張する。これらの発話行為は、「われわれ」という集合的な行為主体を前提として遂行されることで、ある集団に過去の出来事に関する特定の価値と意味を与え続ける役割を担うというのである。

かかるコナトンの主張に対しては、いわゆる「公式行事」としての記念式典に単なるパフォーマンス以上の意味合いはないのだと、その役割を過小評価することもできよう。式典の儀礼や発話がどのようなものであれ、それを一面的に受け取る人はほとんどいないであろうし、当の主催者側にあっても、記念式典は形式上そうならざるをえないプロトコルを粛々と行っているにすぎないという側面がある。けれども記念式典はまさに形式的であるがゆえに数十年にわたって反復可能なのであって、この形式性と遂行性こそが「社会の記憶」に連続性と持続性を与えるのだとコナトンは主張するのである。

記念式典が「社会の記憶」の保持に資する文化装置であるというコナトンの主張が妥当なものであるとして、果たして今日の社会で共有し、継承されるべき価値や意味をもつ出来事とはどのようなものでありうるのか。社会学者の鈴木謙介はこの問いへの答えとして、戦争や大事故、そして災害といった「「共同体に向けられた死」を伴う悲劇」[鈴木 2013: 235]を挙げる。なぜならこれらの出来事は、多様な意味付与実践が可能な現代社会にあって、「個人的な意味を持ち込むことが不可能なほどに強い意味をともなう儀礼空間」[鈴木 2013: 237]をつくり出すからであるという。だとすれば、現代社会の悲劇を記念する儀礼空間には、どのような社会的価値や意味を認めることができるのだろうか。本章では、地域社会が壊滅するほどの損害を受けた二つの被災地域を取り上げ、その儀礼や発話行為を通じて、儀礼行為者と儀礼が向けられる対象とのあいだにどのような関係が取り結ばれているのか、またそこでは災禍にいかなる社会的価値や意味が与えられているかを、その「形式」と「遂行性」に注目してみていきたい。

かかる関心から災禍をめぐる記念行事を考察対象とするものとしていくつかの研究を挙げることができるが[(1)]、いずれもテロや戦争時の人為的災禍をめぐる出来事を対象としており、自然災害の記念式典に焦点を当てた研究はない。自然災害の中でも、とりわけ本章が取り上げる津波常襲地における津波の記念式典は、他の災禍にはないようなリアリティ——「かつて、どこかで、誰か」に起こった出来事ではない「いま、ここで、わたし」にも起こりうるという災禍のリアリティ——を持続的に喚起しうるように思われる。そこで本章では、インドネシア・アチェと宮城県石巻市という二つの津波常襲地における記念行事を取り上げ、そこにみられる発話行為の中に津波との向き合い方を素描する。その際、「救いの約束」という観点からこれらの記念行事を捉え返し、それぞれの地域における苦難への社会的応答のパターンを考察してみたい。

3　インドネシア・アチェにおける記念行事

二〇〇四年一二月二六日、スマトラ島沖で発生した地震による津波は、インド洋沿岸部に二〇万人以上の死者・行方不明者をもたらした。なかでもインドネシア・アチェ州バンダ・アチェ市では被災前人口二二万人のうちの約三割が犠牲者となったといわれる。まずはじめにインドネシア・アチェの概要や歴史的背景を踏まえたうえで、そこで行われている記念行事をみていきたい。

3-1　「メッカのベランダ」としてのアチェ

アチェ州は北をマラッカ海峡、西をインド洋に面するインドネシア共和国最西端の州である。東北地方よりもやや小さいほどの面積に居住する約五〇〇万人のうち、その約九割をアチェ人というエスニックグループが占めている。その多くが稲作や漁業など一次産業に従事しており、胡椒、コーヒー、ゴム、タバコなどの換金作物の農業も盛んである。とりわけ胡椒は、一九世紀前半には全世界の半数以上を生産していた時期もあるほどの名産地である。アチェはまた、天然ガスや石油などの天然資源も豊富であり、その不平等な利益配分が分離独立派とインドネシア政府との三〇年にわたる内戦の一因となった。豊かな自然に恵まれるアチェは、その一方で火の輪(*cincin api*)と呼ばれる最も火山・地震活動が活発な地域の中に位置している。二〇〇四年の地震は、インド・オーストラリアプレートとスンダプレートとの境界で発生したものであり、その後も大きな地震が頻発している。

しかしアチェは、これらの地政学的な特性以上に、東南アジアにおける最初のイスラーム君主国家が誕生した地として最もよく知られている。国王が改宗し、最初のスルタン国パサイが現在の北アチェ県に生まれたのは一三世紀のことである。その後、一六世紀にはクタ・ラジャ(現在のバンダ・アチェ市)を王都とするアチェ王国がスマトラ島北部を支配するようになり、その圏域はマラッカ海峡対岸のマレーシア地域にまで及んだ。胡椒や金の輸出によって発展したこの海洋交易国家は、アラブ地域から東南アジア地域への玄関口、東南アジアからアラブ地域への船出の地として多くのウラマー(イスラーム法学者)を集めた。こうしてイスラーム教学の中心地となっていったアチェは、次第に「メッカのベランダ(*Serambi Makkah*)」と呼ばれるようになる。すなわちアチェは、世界的なウンマ(イスラーム共同体)の中にあって、メッカの一部とみなされるほどに重要な宗教的アイデンティティを得ていったのである。

アチェ最大のエスニックグループであるアチェ人にとって、「敬虔さ」をめぐる自己認識は、宗主国オランダに対する抵抗運動や、第二次世界大戦後の独立戦争、そしてインドネシアからの分離独立を求めた内戦など、よそ者に対する闘争史の通奏低音であり続けた。この「強く敬虔なアチェ人」というアイデンティティは、後述するとおり現在にあっても広く共有されている。世界最大のイスラーム人口を数えるインドネシアの中で唯一、イスラーム法(*Shari'a*)を自治法とする特別州とアチェがなりえた背景の一部は以上のような歴史による。そしてこの歴史的文脈はまた、なぜよりによって、東南アジア地域において最も敬虔なムスリムが住む「メッカのベランダ」が、人類史に残る大津波に襲われなければならなかったのかという問いと向き合わせしめたのである。

3-2 「神に近づく」ための儀式

以上を踏まえたうえで、二〇〇五年以降、アチェ州が挙行しているスマトラ島沖地震の記念行事を記述する。例年、沿岸地区で行われる記念式典は次のような式次第によって構成されている。まずはじめにクルアーンの一節が読誦され、州知事や県知事によるスピーチが行われる。続いて震災遺児への贈呈（写真11‐1）が行われ、その後イマームや国立イスラーム大学学長などによる講話（*tausiyah*）が行われる。最後に、一同ともに神に祈りを捧げたのちにクンドゥリと呼ばれる食事をとって式典は終了する。このほか公式行事として、式典前日や式典当日の早朝に集団埋葬地やモスクなどで祈り（ズィキル（*zikir*）とよばれる）や説教が行われる。

一見してわかるとおり、これらの記念行事はアチェにおけるイスラーム文化によって特徴づけられる。例えば震災遺児への贈呈は、クルアーンやハディース（預言者ムハンマドの言行録）で命じられている宗教的善行の一つである。孤児（*anak yatim*）は、田植え前や葬式、預言者聖誕祭などの集落単位で行われる共食儀礼（クンドゥリ）の際にも、まずはじめに食事をとるよう招きを受ける。孤児を寛大に取り扱い、彼らに食事や金品を施すことは、来世の褒賞（*pahala*）を積むというアチェの日常に根づいた宗教的実践なのである。イスラーム法を自治法とするアチェにおいて、式典がイスラームの諸文化を反映したものであることは驚くに値しない。そもそもこの式典は「神を憶え、神に近づく」ことを主たる目的とするからである。

写真11‐1　11周年ツナミ記念式典における「震災遺児への贈呈」の様子（2015年12月26日）

挙行を担当するアチェ州文化・観光局長は、記念行事の意味や目的について次のように説明する。毎年、宗教者に講話を依頼するのは、まずもって「それがなぜ起こったのか、その意味は何なのか（中略）、そしてなぜわれわれが前に進まなければならないのかを、イスラームの観点から分かち合うため」だという。年に一度といわず、われわれは日々の生活のなかで神を憶え、災害がもたらされた意味を思い出さなければならないと彼は述べ、式典をその重要な契機の一つとして位置づける。彼がこのように述べるその背景には、「神がすべてのものごとを意味あるものとして計画されている」という、アチェで広く受け入れられている前提がある。すなわちこれらの行事は、まずもって津波をもたらした神を憶え、「神に近づく」ための記念式典なのである。それは東日本大震災後に行われた「慰霊・追悼」を目的とする記念行事とは明確に区別するべき行事であることを確認する必要がある。

3-3 津波の宗教的意味——殉教者としての津波死者

以上のようにアチェにおける津波記念行事の形式を踏まえたうえで、次にアチェ州主催の津波記念行事の一つ、ズィキルという集まりにおける説教(*ceramah*)に焦点を当ててみたい。津波記念式典を前に、バンダ・アチェ市内のウレレー地区集団埋葬地で行われたこの公式行事には、州知事や来賓など式典に参加する面々も参加していた。ウレレー集団埋葬地は、海岸に近接した最も津波の被害が大きかった地区の一つにあり、その集団埋葬地には約一万五千人が埋葬されている。伝染病が蔓延するという風評が広がったため、ほとんどの遺体は、「大人」「子ども」の区別のほかにはいかなる特定作業もなされないまま震災直後に埋葬された。故人がどこに埋葬されたのかわからないため、遺族の中には、集団埋葬地を複数まわる者もいる。集団埋葬地では遺体が埋められた場所に向かって座り、それぞれクルアーンのヤーシーン章を誦む姿があちらこちらで見られる(写真11-2)。

津波から一一周年のこの日は、集団埋葬地の通路にテントが建てられ、男女が分かれて並び座るなか、ズィキルが始められた。まず一人の *tengku* によってクルアーンが朗誦され、その後は皆が声を合わせていくつかの箇所を読誦し、信仰告白(*shahadat*)が一〇〇回唱えられていく(写真11-3)。読誦と祈りが進むうちに、参加者の声と揺り動かす身体のリズムが混じり合い一体となる感覚が感じられる。この祈りのあと説教者が前に立ち、次のような内容の説教が語られた。

一一年前、建物はすべて流され、多くの人びとが命を落とした。あれから一一年が過ぎ、この町は、世界中からの支援によって、津波前とは見違えるような姿で復興した。神はすべてのことをご存じであり、これらの過程を見通されていた。どうすることもできない「試練」が与えられることもある。津波を神からの懲罰とみなす人もいるが、そうではない。神の力と知恵はわれわれの想像をはるかに超えている。神の目的とは何だろうか? 神は祝福を与える前に困難な過程を歩ませることがある。われわれアチェ人は長く続いた内戦から救われた。津波は神からの試練である。

われわれはこれを神に感謝しなければならない。

この説教では、津波は「懲罰(*azab*)」ではなく「試練(*ujian/cobaan*)」として位置づけられる。神はアチェ人の信仰を強め、よりよいムスリムになるための機会として津波をもたらされた。説教者は「見違えるような姿に復興した」現在のバンダ・アチェに言及する。内戦状態にあった二〇〇四年以前のアチェは、軍事戒厳令が敷かれ、国軍による分離独立派の掃討作戦が実行されていた。多くの人びとが謎の「失踪」を遂げ、誰もが疑心暗鬼に陥っていた。外国人の入域が制限され、孤立を深めたアチェには経済発展など望むべくもなかった。しかし、神はこの内戦からアチェを救われた(*diselamatkan*)。津波翌年に和平条約を結んだアチェは、外国の支援を受け、近代的なインフラが整備され、また何よりも平和がもたらされたのである。

「試練」としての災害に言及するとき、この説教者はハディースの次の一節を引用しながら、津波で亡くなった人びとにも「保証(*jaminan*)」が与えられると述べる。

アッラーのみ使いは「あなた方の間ではどのような者を殉教者と考えているか」と申された。人々は「アッラーのみ使いよ、それはアッラーの道において殺された者です」と言った。み使いは「(もしそれだけが殉教者で

写真11-2　ウレレー地区集団埋葬地.
「大人の遺体」と書かれた看板の前に佇む人びと(2016年12月26日)

写真11-3　集団埋葬地でのズィキルで祈りを捧げる人びと(2015年12月26日)
撮影:Sébastien P. Boret

あるとすれば）わが共同体の殉教者の数はまことに少数である」と申された。彼等は「それではそれはどのような人々なのですか」と言った。その御方は「アッラーの道において（戦いそして）殺された者は殉教者である。アッラーの道において死せる者は殉教者である。疫病で死せる者も殉教者である。激しい下痢の病で死せる者も殉教者である」［磯崎他訳 1987: 63–64］。

この引用に引き続き、彼は「溺死せる者は殉教者である」［磯崎他訳 1987: 64］というハディースの一節を最後に述べ、津波の犠牲者が殉教者（*syahid*）の地位にあることを強調した。イスラームにおける殉教者とは、最後の審判に臨むことなく来世において楽園（*Jannah*）に導かれる死者である。すなわち津波による犠牲者は、生き残ったわれわれよりも神に祝福される恵まれた人びとであることがここで含意される。トルコのマルマラ地震（一九九九年）を記念する石碑に *sehit* という語が確認されている［佐島 2016: 6］ことからも、地震の死者に対するこの説教者の解釈は少なからずイスラーム社会で一般性をもつものと思われる。

すなわちこの語りは、亡くなった者を殉教者とみなし来世の救いを約束する一方、生き残った者にはよりよいムスリムとなるための「試練」として津波を位置づけるのである。この説教者ばかりでなく、アチェ州の記念式典ではほとんどの語り手が、神に感謝を捧げつつ、「あの日」を振り返り、「敬虔なムスリム」としてわれわれアチェ人は神に立ち返らなければならないと語る。全知全能かつ慈悲深い神が津波を引き起こしたことを前提とするアチェの記念式典は、死者にとっては来世の救いを約束するとともに、残された生者にとっては、救いに近づくための信仰を新たにする記念の場なのである。

4 苦難の神義論から「救いの約束」へ

インドネシア・アチェの津波記念行事にみられる宗教的な応答は、社会学者マックス・ヴェーバーの論じる苦難の神義論という観点から理解可能な典型的な事例であるように思われる。ヴェーバーによれば、いくつかの宗教思想は、いわれのない苦しみに関して「彼岸におけるよりよい生活への期待（パラダイス）」［Weber 1921＝1972: 48］、すなわち救いを約束する「合理的な不幸の神義論」［Weber 1921＝1972: 47］を展開させてきたという。(2) こうした観点からすれば、前節にみたアチェの記念行事は、死者の彼岸における救いを約束し、救われるに足る信仰を此岸で確証する神義論をその中にみることができる。それは「苦難自体に、本来はそれとはまったく無縁であったような積極的な価値表章が付与される」[Weber 1921＝1972: 47]という、救いの宗教がもつ合理的解釈の試みの一つとして捉えられる。ただし、このような神義論的解釈枠組みが、次節にみる石巻市の記念行事に不在であることはいうまでもない。イスラーム法というかたちで宗教が合理的なものとして生きられているアチェとは異なり、現代日本の社会的領域において、悪と矛盾しないかたちで弁証すべき神（あるいは諸力）の居場所はないからである。

ところで、ヴェーバーは神義論が苦難からの「救いへの待望」[Weber 1921＝1972: 45]から生まれてきたとしているが、しかしながら苦難からの救いは、いわゆる「宗教」のかたちをとるとは限らない。苦難や死の無意味さを拒絶し、（たとえ有意味とまでは言わないにしても）その不条理な出来事の中に、何らかの価値を事後的に見いだそうという実践は、「神」なき現代日本においても模索されうるのではないだろうか。もとより本章は、アチェのイスラーム文化と日本の宗教文化の比較を意図するものではないし、それが可能であるとも考えていない。むしろここで試みるのは、アチェにおける津波の神義論という観点から、それとの対比において現代日本における津波への社会的応答の形式的諸特徴を捉え返すことである。それは東日本大震災の慰霊・追悼をめぐる人びとの心情を描き出すものではないし、ましてや代表するものでもない。しかしながら、共同体全体に苦難をもたらす津波という災禍に対して、現代社会がいかなる意味を打ち立てる——救いを約束する——ことができるかという限定された観点に関する限りにおいて重要な諸点を考察することは可能であるように思われる。次節では、「救いの約束」をめぐる実践[3]という観点から石巻市における公式の津波記念行事を捉え返すことを試みたい。

5 東日本大震災をめぐる石巻市の記念行事

以上を踏まえ、本節では震災後、石巻市で行われた慰霊祭・追悼式の中にみられる特有の形式とその遂行性に着目し、その儀礼が取り結ぶ諸関係のなかにいかなる社会の価値と意味が見いだされるのかを検討する。

5-1 石巻市における慰霊祭・追悼式の無宗教性

石巻市は東日本大震災の被災自治体の中で最も多数の

犠牲者を出した地域として知られる。震災前の二〇一一年二月末における石巻市の人口一六万二八二二人のうち、二〇一一年六月時点における死者・行方不明者は約五八〇〇人にものぼった。その被害の大きさもさることながら、被災地の中では比較的アクセスが容易な立地であったために、石巻市はさまざまなメディアによる報道やボランティア活動が最も集中した自治体の一つであった。

石巻市は震災発生後の一年間に次の二つの記念行事を開催した。まず、震災から一〇〇日目にあたる二〇一一年六月一八日、石巻市総合運動公園に設置されたテント内において、「東日本大震災犠牲者石巻市慰霊祭」(以下、「慰霊祭」)を挙行した。一〇時三〇分より開始された式典には遺族やボランティア従事者が多数参列し、テント内外に設置された約四千席を埋めた。式典会場となった特設テント内には生花で飾られた祭壇が設けられ、その中央に「東日本大震災石巻市犠牲者之霊」と書かれた標柱が立てられた。式次第は黙とうに始まり、市長による式辞、来賓による追悼の辞と続き、遺族代表の言葉が述べられた後に、遺族代表(地区代表七名)、主催者、来賓、一般参列者の順に白いカーネーションが献花台に捧げられた。

また、震災から一年を迎えた二〇一二年三月一一日には、石巻市河北総合センターの体育館内において、「東日本大震災犠牲者石巻市追悼式」(以下、「追悼式」)が挙行された。会場内には「慰霊祭」と同様に祭壇と標柱が設置された。一四時三〇分より開始された式には約二五〇〇人が参列した。式次第はまず石巻市文化協会による「追悼合唱」が捧げられ、石巻市長による式辞が述べられた。市長の式辞の後、同時刻に国立劇場にて行われていた政府主催の追悼式の映像が会場前方に設置された大型スクリーンに映し出され、震災発生時刻の一四時四六分に一同起立し黙とうが捧げられた。続いて政府主催追悼式における「内閣総理大臣式辞」および「天皇陛下おことば」の中継映像が流された後、来賓による追悼の辞、「ご遺族代表のことば」が捧げられ、献花に移っていった。

これら二つの慰霊祭・追悼式は、「無宗教式」とよばれる形式で行われている。そこでは宗教的象徴や宗教者の関与が慎重に遠ざけられ、献花や黙とう、合唱といった特定の宗教に限定されないようなかたちの慰霊・追悼行事が行われている。それは「神道司令」に始まり、その後の公共空間と宗教との関係を問ういくつかの事件を経て、戦後日本の政府や地方自治体が標準化するようになった記念行事の形式である。

一方、公共の領域の外において宗教者は、震災から五か月後の二〇一一年八月一三日に、「東日本大震災　石巻祈りの集い」という諸宗教合同の記念行事を行っている。神道、仏教、キリスト教、そして新宗教など各教団教派が集い、それぞれが順番に慰霊・追悼の儀礼を行った。一〇〇人ほどの参加者を集めたこの集いの中で、宮司や僧侶、牧師などの聖職者らは、仙台湾を見下ろす日和山の神社境内より、いまだ見つからない多くの行方不明者が眠る海に向かって、祝詞や読経、聖書朗読や手かざしなど犠牲者の霊を慰める諸々の儀礼を行った。最後に、犠牲者の慰霊と復興への祈願をこめて、一同黙とうを捧げている。

石巻市主催の慰霊祭・追悼式と「石巻祈りの集い」において共通するのは、その儀礼が生き残った生者と死者との関係を取り結ぶ点にある。アチェの記念行事が神との関係を取り結ぶための行事であったのに対し、いずれの行事もすべての儀礼や発話は死者に向けられている。慰霊祭・追悼式では「犠牲者之霊」と書かれた白い標柱に向かって、また「祈りの集い」では鹿島御児《みこ》神社の鳥居越しに見える仙台湾に向かって、すべての儀礼が行われている(4)。特筆すべきは、たとえ宗教者が集う記念行事であっても、津波を何らかの宗教的解釈の枠組みに位置づけて説明する明示的な語りはみられなかった点にある。そこでは、ただ死者の前に立ち、それぞれの仕方で死者の冥福を祈る行事が行われたにとどまる。石巻市における津波の記念行事では、死者との関係を取り結ぶことを主たる形式としながらも、特定の世界観のなかにその原因や目的が求められることはない。

5-2　慰霊・追悼の場で約束されるもの

石巻市の記念行事に認められる以上の形式を踏まえたうえで、次に、これらの記念行事の中にみられる発話行為が何を果たしているのかというその遂行性に注目してみたい。ここで検討するのは慰霊祭・追悼式で行われた式辞等一五編である（表11-1）。これらはすべて、単なる個人ではない「われわれ」という集合的主体を代表するかたちで行われている。その中でもここでは慰霊祭の「御遺族代表の言葉」をその典型として取り上げたい。

二〇一一年六月一八日の慰霊祭における「御遺族代表の言葉」は次のようなものであった。「尊い命を天に召された御霊の慰霊祭が執り行われる」にあたり、まずはじめに「哀悼の辞」が捧げられる。続いて「あの日」に起きた出来事が回想されたのちに、「いまだに信じることができず、悪い夢であってほしい」、「助けることができなかったことを責

表11-1　石巻市主催の東日本大震災をめぐる災禍の儀礼

「東日本大震災犠牲者石巻市慰霊祭」 2011年6月18日， 石巻市総合運動公園内特設テント	式辞：石巻市長
	追悼の辞：内閣総理大臣
	追悼の辞：衆議院議長
	追悼の辞：参議院議長
	追悼の辞：宮城県選出国会議員代表
	追悼の辞：宮城県知事
	追悼の辞：石巻市議会議長
	御遺族代表の言葉
「東日本大震災犠牲者石巻市追悼式」 2012年3月11日， 石巻市河北総合センター体育館	式辞：石巻市長
	追悼の辞：宮城県知事
	追悼の辞：石巻市議会議長
	追悼の辞：財務大臣
	ご遺族代表のことば
「東日本大震災一周年追悼式（内閣府主催）」 2012年3月11日，国立劇場	式辞：内閣総理大臣
	天皇陛下おことば

め続け、心に負った傷は生涯癒されることはない」との思いが述べられ、死者の無念が言及される。その後、さまざまな復興支援に謝意を表するとともに、不安をもちながら「自分たちの人生を切り開」いていくという未来への固い決意が表明される。最後に、「大きな被害を受けた石巻が、元の歴史ある街として復興していくようにお役に立つことが、亡くなられた人たちへの何よりの供養である」と述べられ、犠牲者の冥福が祈られる。

遺族代表に限らず、市長や議員が式典内で死者に向けて語った発話行為は多かれ少なかれ次のような定型に収束する。まずは式典を執り行うにあたり、「追悼の言葉」（追悼式：宮城県知事）や「哀悼の誠」（慰霊祭：参議院議長）が死者に捧げられる。次に、当の出来事が発生した日時とその被害の状況（死者・行方不明者の人数や破壊された街並み）に言及するとともに、現在それをどのように受けとめているかについて語り手の態度が言明される。続いて救援や遺体捜索に関わった自衛隊や警察・消防および復旧活動に従事した国内外のボランティア団体や個人への謝意が示される。そして最後に、市民や県民、また国民や遺族の代表者として、復興への取り組みが誓われるとともに、死者の冥福への祈りと願いによってまとめられる。

石巻市における津波記念行事では、アチェにみられたような苦難の意味が直接語られることはないし、ましてや災禍の背後にある「神の叡智」や「懲罰／試練」に言及することは今後も決してないであろう。これらの発話行為の中に認められるのは、宗教的な神義論ではなく、苦しみの意味を何らかの実践によって未来に見いだそうとする試みである。慰霊祭や追悼式における式辞や遺族代表の言葉などの語りは、震災で失われた石巻を再建・復興させることで、死者の「無念」に報いていくことを霊前に約束する。悔やみきれない思いを越えて、そこに（「あの死が無駄ではなかった」という意味での）救いがあるとすれば、震災以前の街並みを再び築き上げるとともに、この教訓を後世に継承し、二度と同じ悲劇を繰り返さないことであると語られる。これら実現すべき未来を死者に約束することによってはじめて、生き残った者は震災と向き合い、死者を供養し、苦難の中にある種の救い（価値と意味）を見いだそうと試みる。

いうまでもなく、これら死者を前にした誓いや約束は、慣習的な形式に則ったうえでの発話行為であり、公の場での単なるパフォーマンスとみなすこともできる。しかしながら、たとえどれほどの月日が経ったとしても、東日本大震災の記念行事における死者への語りかけは、これ以外のどのような形式において可能なのだろうか。あらゆる宗教的な（あるいは場合によってはナショナルな）犠牲の物語の自明性が問われる現代社会にあって、津波による喪失、生活の損失、偶然にも与えられた生に、いかなる意味もないと言い切ることができないとすれば、そこでの救いは何かしらの積極的価値を災後の生活のなかに見いだすことにしか、求められえないのではないだろうか。だとすれば、死者の前にこれらを約束することで、その（事後遡及的な）救いを遂行的発話の中に先取りすることしか、記念行事における語り手には残されえない。このように、石巻市における慰霊祭・追悼式には、死者との関係を取り結び、災禍からの救いを約束するという実践を見て取ることができる。

6 おわりに
――「救いを約束する」実践としての記念式典

本章では、インドネシア・アチェにおけるスマトラ島沖地震をめぐる記念行事と、石巻市における東日本大震災をめぐる記念行事をみてきた。これら二地域の記念行事は、そのコンセプトだけでなく、儀礼を基礎づける歴史的文脈や、儀礼や発話行為を向ける対象もまったく異なる。二一世紀のアジアで起きた人類史上に残る巨大津波という共通点だけによって、二地域の記念行事を比較しようという試みは、きわめて表層的なものにならざるをえないだろうし、そもそもその比較の土台となるこれまでの記述でさえも決して十分なものではない。ここで論じているのは、記念式典の実態ましてや本質などではなく、これまで記念式典のフィールドワークに従事してきた一調査者の視点にすぎない。本章で模索してきたのは、災後の地域社会において記念日ごとにみられる社会的諸実践の諸形式を照らし合わせ、そこに現代社会における災禍への社会的応答のバリエーションをみることを可能とさせるような認識の枠組みである。たとえそれが一時的かつ不完全なものであったとしても、もしこの試みによって現代社会をまなざす新たな視点を得ることができるとすれば、そこにわずかとはいえ何かしらの意義を見いだすことは可能であるように思われる。

本章での議論から導き出される視点とは、災禍のあと公の場で行われる持続可能な記念行事には、多かれ少なかれ苦難の意味に関する「救いを約束する実践」の諸形式が見いだされるというものである。もはや苦難の神義論を成り立たせる諸前提が自明ではない社会において、記念行事は災禍のもたらす苦難と向き合う社会的な方法を提供する一つの儀礼装置とみなすことができるのではないだろうか。過去の偉業や現在までの功績を讃える記念行事と区別するために、ここでは便宜的に災禍のあとに行われる記念行事を「災禍の儀礼」と称することとしたい。そのうえで、災禍の儀礼というこの認識の枠組みとの差違において現代社会における苦難への応答を考察していくことを今後の課題として挙げたい。

謝辞
本論考は科学研究費補助金(15J01697)の助成を受けた研究成果の一部である。

註

(1) 例えば、九・一一同時多発テロの記念式典の中に神義論的構造を見いだす研究[Simko 2012]や、長崎市原爆慰霊行事の通時的変遷に注目した研究[福田 2011]を挙げることができる。

（2） ヴェーバー自身は、イスラームの神義論について議論を展開していない。ただし、イスラーム研究者の Reza Idria（Idria 自身も二〇〇四年にアチェで津波を経験している）がイスラーム初期の神学的論争を検討するなかで指摘するように、「敬虔なコミュニティや町々が自然災害によって破壊される」ときのムスリムの態度は、「神義論という問題の文脈のなかで理解」［Idria 2010: 16］することができるという。

（3） 「救いの約束」をめぐる実践という観点は、宗教社会学者マルティン・リーゼブロートの宗教論から着想を得ている。リーゼブロートによれば、「災いを遠ざけ、危機を乗り越え、祝福と救い」［Riesebrodt 2010: 72］を約束する諸実践は、さまざまな社会のなかにそのバリエーションが観察可能であるという。リーゼブロートは、ヴェーバーの関心を引き継ぎながら、「人間を超えた諸力」との関係のなかで救いを約束する実践を中心に据えた宗教論を展開する。そこでは、知識人層によって体系化された世界観から漏れ出る、さまざまな社会層の実践——とりわけリーゼブロートは東アジアにおける非人格的な諸力と交渉する大衆の実践に多大な注意を向けていた——を比較研究しており、この理論枠組みはその後さまざまな事例研究が積み重ねられながら批判的に検討されている（例えば、二〇一二年の *Journal for the Scientific Study of Religion* 51(3) の特集号を参照）。特筆すべきは、リーゼブロートが宗教を「病や死、干ばつや洪水、統治や戦争」といった人間の無力さが感覚される脅威に直面する場面において発生するものと考えている点にある。人びとは災禍のもたらす脅威を「人間を超えた諸力との重要な関係のなかに位置づけることにより、パニックに陥ることや絶望することなしに、状況を積極的に処理することを試みることができる。（中略）この実存的意味において宗教は、偶然性への対処の方法なのである」［Riesebrodt 2010: 172］とリーゼブロートが述べるとき、彼の宗教論は、苦難からの救いがいかに可能かという社会学的関心に基礎づけられていることを確認できる。

（4） ただし、「祈りの集い」においては、聖書朗読を行ったプロテスタント教会牧師のみが海に背を向けて参加者全体に向けて説教を語っている。

文献

イマーム・ムスリム・ビン・アル・バッジャージ編［1987］『日訳サヒーフムスリム　第三巻』磯崎定基・飯森嘉助・小笠原良治訳、東京：日本ムスリム協会

佐島隆［2016］「トルコ・イズミトにおけるシェヒート şehit の碑」、『地中海学会月報』三八九：六

鈴木謙介［2013］『ウェブ社会のゆくえ——〈多孔化〉した現実のなかで』ＮＨＫブックス、東京：日本放送出版協会

福田雄［2011］「われわれが災禍を悼むとき——長崎市原爆慰霊行事にみられる儀礼の通時的変遷」、『ソシオロジ』五六（二）：七七—九四

Connerton, Paul [1989] *How Societies Remember*, New York: Cambridge University Press. (=2011,『社会はいかに記憶するか――個人と社会の関係』芦刈美紀子訳, 東京:新曜社)

Idria, Reza [2010] "Muslim Theological Perspectives on Natural Disasters: The Case of Indonesian Earthquakes and Tsunami of 2004," Master's thesis, Leiden: Leiden University.

Riesebrodt, Martin [2010] *The Promise of Salvation: A Theory of Religion*, Chicago: University of Chicago Press.

Simko, Christina [2012] "Rhetorics of Suffering: September 11 Commemorations as Theodicy," *American Sociological Review*, 77(6): 880–902.

Weber, Max [1921] *Gesammelte Aufsätze zur Religionssoziologie : Das antike Judentum*, Tübingen: J.C.B. Mohr (P. Siebeck). (=1972,『宗教社会学論選』大塚久雄・生松敬三訳, 東京:みすず書房)

第十二章

被災地の祭り・祈りを支援する学生ボランティアと宗教学者

黒崎浩行

1　はじめに

儀礼の執行が社会の統合に寄与するということは、エミール・デュルケムをはじめとして古くから議論されているところである。筆者は、都市化、過疎化、少子高齢化などさまざまな課題を抱える現代日本の地域社会において、神社・祭礼が何らかの価値を発揮するとみられる際に、具体的にどのような展開が起こっているのかを、「社会関係資本」(ソーシャル・キャピタル)という概念を手がかりとして探り、分析してきた[黒崎 2011, 2012]。

とくに、祭りを支えてきた従来からの社会集団に新たな担い手が加わったり、次世代への継承を意識した活動が展開するなどして、神社の中心にあるというべき「祈り」がどのようにして新たな共同性ないし公共性を獲得できているのか、いないのか、またそこにどのような障壁があるのか、ということに注目してきた。

そして、自らの調査研究と並行して、勤務校(國學院大學神道文化学部)の担当授業科目でもこの問題を中心的に取り扱ってきた。「神社ネットワーク論」という科目である。神社を取り巻く社会の変化を概説したうえで、祭りの継承・保存、まちづくりと神社、鎮守の森と環境、福祉・ケアへの取り組み、といったテーマのもとに具体的な様相を紹介し、学生とともに課題を考える、という授業を重ねていた。

そのようなさなかに、二〇一一年三月一一日、東日本大震災が起こった。

自分でもあきれるほどに、それまで、災害と神社・祭りとの関わりに関心を寄せてこなかった。しかし、「宗教の社会貢献」を研究する研究仲間はすぐに積極的なアクションを起こしていた。この分野をリードする宗教社会学者の一人である稲場圭信がＳＮＳ（ソーシャル・ネットワーキング・サービス）のフェイスブック上に「宗教者災害救援ネットワーク」のページを開設し、災害時の宗教者による救援・支援活動に関心を寄せる研究者に協力を呼びかけ、支援活動情報の収集、集約と共有を進めていった。それと同時に、宗教施設の被災状況や宗教者・宗教団体の活動状況を地図上で示す「宗教者災害救援マップ」の開設を提案し、筆者もその構築と更新作業を手伝った［黒崎・稲場 2013］。

さらに、同年四月一日に宗教学者の島薗進が代表となる「宗教者災害支援連絡会」が発足すると、世話人の一人として運営をサポートすることとなった［宗教者災害支援連絡会編 2016］。

こうした連携が始まっていくなかで、勤務校ともつながりのある神社界の災害支援、あるいは被災地域での神社や祭りの状況に必然的に関心を向けることとなった。とはいえ、筆者はそれまで東北地域をフィールドとしたことがなかった。四月末、同じ國學院大學の茂木栄教授が古沢広祐教授とともに宮城県気仙沼市、岩手県陸前高田市、大船渡市、釜石市、大槌町に向かい、被災神社を訪問するのに同行させていただき、それで初めて現地の惨状に触れたのだった。

以上のような経緯によって、さまざまな共同研究プロジェクトに関わりつつ、東日本大震災の被災地域に赴き、被災の状況と災害支援、復興に果たす神社・祭礼の役割を聞き取るようになった［黒崎 2013, 2014a, 2015］。

それと同時に、学生とともに何らかの支援活動に携わる可能性も模索し始めた。このことについて小文で触れたことはあり［黒崎 2014b］、また参加学生の体験報告会を開き、その体験記を学生が中心となって編集し冊子を刊行した［國學院大學神道文化学部 2016］。だが、まとまったかたちで振り返り、記したことはなかった。

この機会に、これまでの支援活動を回顧し、そこに宗教学者として関わるとはどのようなことであったかを考えてみたい。

2　祭り・祈りを支援する学生ボランティアとそれを可能にしたもの

2-1　体験報告会からの出発

二〇一一年五月、筆者の所属する神道文化学部の共同研究の一環として、東日本大震災の被災地域における神社の役割について、学生とともに何らかの支援活動を行う可能性を探りつつ調査することを決めた。そして、七月と八月に福島県いわき市を訪れ、現地の神職にインタビューを行った。また、同僚教員は青年神職の組織である神道青年全国協議会に連絡を取り、同会が展開していた支援活動［太田 2011］への参加可能性を探った。だが、具体的に学生たちに活動参加の機会を提供するには至らなかった。

その反省から、二〇一二年三月一六日、「震災支援に動いた神道文化学部生の体験報告会」を開いた。神道青年全国協議会の一都七県協議会事務局長を務めた武田淳氏（埼玉県神社庁）を招き、青年神職の支援活動と課題を紹介していただくとともに、個別に現地でボランティア活動を行った学生四人にその体験を語ってもらった。現地の様子や活動内容を紹介することに加え、神道文化を学ぶ学生として振り返ったときに、どのような支援が求められていると思ったか、またどのような支援が可能か、といった意見を出してもらった。「お祭り」をしたいという被災住民の声にどう応えられるか、仮設住宅での祭りの執行の手伝いができないか、といった発言が出された。また武田氏からは、多様な人びとともにボランティア活動に参加することを通じ、地域の中心を担う神職としての人間性の涵養に努めてほしいという期待が語られた。

この体験報告会には大学ＯＢとしてライターの太田宏人氏も参加した。太田氏は、神社本庁の関連団体である日本文化興隆財団が編集する雑誌『皇室』で「被災地神社［復興］ルポ」を連載し、被災地域の神社や支援活動を行う神職への取材を重ねていた。また、僧侶たちとともに「ＫＴＳＫ（傾聴に取り組む宗教者の会）」という団体を立ち上げ、宮城県女川町を中心に仏具配布、傾聴ボランティア活動を行っていた。報告会やその後の懇親会の場でさまざまなコメントをいただき、今後もし学生の参加できる活動の機会があれば声をかけてもらう約束をいただいた。この報告会が足がかりとなって、次年度からのさまざまな活動の機会が開けていった。

2-2 被災神社復旧支援、植樹祭への参加（二〇一二〜二〇一五年）

太田氏がまず声をかけてくださったのが、福島県いわき市久之浜《ひさのはま》での被災神社境内整備活動であった。久之浜の沿岸部、とくに大久川《おおひさがわ》河口付近は津波と火災により市街地が壊滅し、関連死を含む六八人の犠牲者を出したところである。また、東京電力福島第一原子力発電所の事故によりいわき市が二〇一一年三月一三日に自主避難の要請を出し、一時的に多くの住民が避難した。その市街地に鎮座し、津波により流失した星廼宮《ほしのみや》神社（諏訪神社の高木美郎宮司が兼務）は、下谷《したや》神社（東京都台東区）の阿部明徳宮司により境内に仮社殿を置いていた。二〇一二年五月二六日、境内の四隅に杭を打ち、いまだ散らばっている細かな瓦礫を拾い集め、雑草をとり、土砂を敷き詰める作業をお手伝いすることとなった（写真12−1）。

太田氏をはじめとするKTSKのメンバー、福島県神道青年会の青年神職たちに、四名の学生、三名の教員が加わって作業に従事させていただいた。一日の作業を終えた後、諏訪神社社務所で高木美郎宮司から、久之浜の住民の置かれている現状と、「ふるさと」を守る神社がコミュニティの絆を取り戻すきっかけになることへの期待をうかがった。

続いて、日本文化興隆財団がコーディネートする「みんなの鎮守の森植樹祭」への参加をお誘いいただいた。これは、宮脇昭・横浜国立大学名誉教授の指導のもと、津波によって境内林が流失した神社にシイ、カシ、タブノキなどの照葉樹の苗を混合して植え、鎮守の森を復活させようというものである。各神社が主催、日本財団が共催し、氏子総代が中心となって各地から集まったボランティアとともに植樹を行うものだが、日本文化興隆財団（太田氏もスタッフの一人）がコーディネートを行うことにより実現した。その第一回は二〇一二年六月二四日に宮城県山元町の八重垣神社（藤波祥子宮司）で行われた。

写真12−1　いわき市久之浜・星廼宮神社境内整備（2012年5月26日）

各地からおよそ五〇〇名のボランティアが集まるなか、國學院大學からは筆者と学生一名のみの参加であったが、その後の他の神社での植樹祭参加につながった（二〇一四年四月二七日、福島県いわき市久之浜町金ヶ沢、見渡《みわたし》神社の植樹祭に学生二名参加、同年七月六日の宮城県石巻市雄勝町分浜、五十鈴神社の植樹祭に学生一名・教員二名参加、二〇一五年五月三日の福島県南相馬市、山田神社の植樹祭に学生九名・教員二名参加）。

2-3　「東日本大震災慰霊鎮魂ならびに復興祈願　千度大祓」への参加　（二〇一二年〜）

二〇一一年八月二一日、國學院大學のOB・OGで組織される院友会の浜通り支部の主催により、福島県いわき市小名浜《おなはま》で講演会「海道の歴史と文化に学ぶ〜シリーズⅡ〜」が開催された。

支部長を務める山名隆弘氏はいわき市平菅波《たいらすぎなみ》に鎮座する大國魂《おおくにたま》神社の宮司で、双葉郡浪江町の請戸地区に伝わる「請戸の田植踊」の復活を支援していた。田植踊は請戸地区に鎮座する苕野《くさの》神社で二月第三日曜に行われる「安波祭（あんばさま）」で奉納されてきた。請戸芸能保存会により伝承され、地元の小学校女子児童が踊り手となってきたが、津波と原発事故により散り散りに避難し、伝承の途絶の危機にあった。それを知った山名氏が復活を支えたいと名乗り出て、福島県文化財保護審議会委員で民俗芸能学会福島調査団長を務める懸田弘訓氏とともに、請戸の子どもたちが再び集まって踊りを披露できる機会を提供した。その最初が八月二一日の講演会のときで、アクアマリンふくしま構内の「アクアシアター」でいわきに伝わるじゃんがら念仏踊り、獅子舞などとともに披露したのである（第七章参照）。

この機会に筆者はインタビューと見学に訪問し、山名隆弘氏とそのご子息で大國魂神社禰宜《ねぎ》の山名隆史氏と連絡が取れるようになった。

山名隆史氏は、消防団員として遺体捜索や瓦礫撤去、物資搬入などに従事していたが、神職としてなすべきこととしてこの災いに対し「祓い」を行いたいという思いを抱いていた。それが、二〇一一年七月の海の日に「東日本大震災慰霊鎮魂ならびに復興祈願　千度大祓《せんどおおはらい》」として実現した。いわき市と全国から集まった神職一〇〇名、およびいわき市の神社の氏子総代が海に向かって大祓詞十巻を奏上し、あわせて慰霊祭、放生の儀を執り行った。

翌年の二〇一二年にも「千度大祓」を継続することとなったが、前年ほどには神職が集まらないことが危惧されていた。筆者はそのことを知り、神職ではないものの神職を目指す学生が参列させていただいてもかまわないかうかがったところ、歓迎する旨、山名禰宜より返信をいただいた。

学生への呼びかけを行うにあたり、はじめは五〜六名ぐらいと見込んでいた。ところが、思いがけず二七名の神道学専攻科生（神道学専攻科は大卒者を対象とした一年間の課程で神職資格を得られる）が参加を希望し、自分たちで貸切バスをチャーターして行こう、という話へと展開していった。そこで、学部事業に切り替えて、学部の予算から貸切バスを手配してあらためて参加を呼びかけたところ、教職員を含めて総勢五六名で参加することとなった。山名隆弘支部長はじめ院友会浜通り支部の幹部の方々に現地で迎えていただき、沿岸部（豊間・薄磯・沼ノ内）を案内していただいた（写真12−2）。

以来、毎年学生を募集して参加を継続している。「千度大祓」は一〇年続けることが目指されている。二〇一二年、二〇一三年の二回参加した学生の一人は次のように体験を綴っている。

写真12−2　千度大祓（2012年7月16日）

写真12−3　いわき市久之浜・四社合同神幸祭縁日（2012年5月4日）

被災者として最も恐れるものは、風化被害であるという話は、今も印象に残っている。首都圏においても、自分の中においても、消化されつつあるこの震災への思いを再度、忘れてはならぬ、伝えねばならぬと呼び起こされる思いである。

（中略）先人達が多くの祭りを残してくれたように、我々もまた、新たな祭りによりこの記憶を後世へと伝えていかねばならない。この千度大祓が長年先まで残るような大きな祭りになり、後の子孫を救える教えを残した時初めて、この千度大祓以上の御霊への慰めになるのではないかと、私は感じる［國學院大學神道文化学部 2016: 49］。

2-4 祭礼縁日出店支援（二〇一三年〜）

二〇一三年四月一日、宗教者災害支援連絡会に阿部明徳・下谷神社宮司をお招きし、「被災地のまつり復興に向けて!!」と題してご報告をいただいた。

阿部宮司は、一九九五年一月一七日に発生した阪神・淡路大震災のとき、神道青年全国協議会の阪神・淡路大震災対策本部副部長として支援活動を行った。その経験を活かし、大災害が起こった各地で緊急支援物資の搬入などの支援活動を行ってきた。東日本大震災においても、これまで培われた神職のネットワークを活かし、氏子崇敬者をはじめとする多くの人びとの協力のもと、支援物資搬入、被災神社への小社殿・仮社殿や仮設の鳥居の寄贈を行い、現在も活動を継続している。

二〇一二年一〇月、宮城県名取市閖上の湊神社祭礼に際して、阿部宮司らは東京・埼玉の神職、崇敬者とともに縁日の出店（金魚すくい、ヨーヨー釣り、かたぬき、射的など）を提供し、祭りに集まった大勢の子どもたちに楽しんでもらっていた。そして、二〇一三年五月四日の福島県いわき市久之浜の四社合同神幸祭《しんこうさい》でも縁日出店を行う予定であることを、四月一日の情報交換会で話された。

筆者はそこで学生の参加の可否をうかがったところ、ご快諾いただき、学生たちへの呼びかけを行った。学生五名、教員二名が参加し、金魚すくい、射的をお手伝いした（写真12-3）。この活動も、一〇月の閖上、五月の久之浜とともに参加を継続している。参加を通じ、「復興」とは何か、災いをもたらす自然との共存・共生について思索をめぐらす学生もいた［國學院大學神道文化学部 2016: 44-45］。

2-5 神輿渡御支援ボランティア（二〇一三年〜）

学生が参加できる支援活動の可能性を探りながら、筆者自身もさまざまなボランティア活動に個人として参加してきた。その中でも早くに行ったのが、二〇一二年五月三日、宮城県女川町の鷲神《わしのかみ》熊野神社例祭の神輿渡御支援であった。

女川町の中心部にある堀切山の中腹には女川町地域医療センターがあり、さらにそこから二〇〇段の階段を昇ると熊野神社に辿り着く。二〇一一年三月一一日、津波は地域医療センターの一階部分にも到達した。多くの人が階段を昇って熊野神社の境内に避難し、一命をとりとめた。氏子区域である鷲神地区は壊滅的な被害を受けた。

その熊野神社の例祭神輿渡御を復活しようと、獅子振り団体「まむし」のリーダーであり氏子副総代長でもある岡裕彦氏が女川町を訪れているボランティアに広く担ぎ手募集を呼びかけた。岡氏に協力してボランティア団体「REALeYE」がインターネットでも担ぎ手を募った。

筆者はその情報を目にし、連絡を取って神輿渡御に参加させていただいた。およそ一〇〇名のボランティアが各地から集い、命を失った多くの氏子に代わって、雨の中、瓦礫の残る氏子区域を巡った。

はじめ、このボランティアにも学生の参加を呼びかけたが、東京から遠方であることもあって参加できる学生はいなかった。しかし、翌二〇一三年は一名の学生が参加し、さらに二〇一四年はその学生の呼びかけもあって学生一四名、教員二名が参加するに至った。

2-6　女川・金華山スタディツアー

二〇一二年三月に学生のボランティア体験報告会を行うにあたって、当時大学院に在籍していた平本謙一郎氏が、女川町でインド国家災害対応部隊（ＮＤＲＦ）の同時通訳ボランティアとして遺体捜索などの救援活動にあたった体験をパワーポイントのスライドで寄せてくださった。

平本氏も女川町でのボランティア活動や現地訪問の機会を学生たちに提供することを望んでいた。そこで同僚教員と協力し、二〇一三年一二月一四、一五日、國學院大學研究開発推進機構学術資料センターの企画として、「陸奥金《むつきん》華山《かさん》と女川の震災復興に学ぶ」スタディツアーを立ち上げ、参加学生を募集した。平本氏が親交をもった女川町の人びとを現地で語り部として迎え、学生たちとともにじっくりと被災体験と女川町復興への期待をうかがうのが一つの柱である。もう一つの柱は、金華山黄金山《こがねやま》神社をはじめとする牡鹿《おしか》地域の信仰を学びつつ、その復興のお手伝いをすることである。二〇一三年は正月の参拝者を迎える前の神社の境内清掃、翌二〇一四年は鹿の角切り神事に先立ち斎場の清掃を手伝った。

第一回のスタディツアーには教員四名、研究員三名、学生一六名に平本氏、渡邊太一氏（NDRF同時通訳ボランティアに参加）、川村一代氏（院友、神職・ライター）が参加した。國學院大學学術資料センター［2014］に参加学生の体験記を収めている。多くの参加者は、女川町の被災の記憶をいかに後世に残すか、また女川町の復興を見守りたい、といった思いや、自分自身が学業に勤しみ就職することで社会に貢献し復興につながりたいといった決意を記している。

このスタディツアーの二日目夕方、地域医療センター下にあった献花台で太田宏人氏らKTSKの一行と合流し、川村氏も神職として加わって合同慰霊祭を行った。そのときの感想をある学生は次のように綴っている。

その時は信じられないくらい寒く、ひと風吹く毎に体力なのか精神力なのかがみるみる削り取られていく実感があった。震えながら手を合わせていると、女川向学館で聞いた被災の話を思い出した。震災の直後、数日間は「危機的状況のせいで、空腹は感じなかった。しかし寒さはどうしようもなく辛かった」という話だった。スタディツアー中はよく雪が降っていたが、三月一一日も厳しい寒さの中で雪が降っていた。津波から助かっても凍死した人もいたと聞く。私は意識が朦朧としてくるような寒さの中で、「こういう寒さを感じたのかな」「もっと寒かっただろうな」「どんなに辛かっただろう」「どんな思いで死んでいったんだろう」と思った。この時が一番、あの日を身をもって想像した。この想像を胸に、私なりにずっと女川を見つめ続けようと思う［國學院大學学術資料センター 2014: 79］。

日程や費用の問題から参加者は減少傾向にあるが、その後も二〇一四年一〇月、二〇一五年一一月、二〇一六年一二月と継続してきた。

2-7 その他の活動

以上は継続的に行ってきた支援活動や事業だが、そのほか、単発的に参加した活動もある。

二〇一二年二月二六日、熊本県人吉《ひとよし》市の熊本県立球磨《くま》工業高校の生徒たちが実習用に作成した祠が、福島県南相馬市鹿島区の山田神社の仮社殿として寄贈された。筆者は二〇〇七年から熊本県人吉市に鎮座する青井阿蘇神社の例大祭「おくんち祭」の調査を継続的に行っており、そのご縁から祠の寄贈、設置に同行させていただいた。

この活動のきっかけとなり中心になったのは、熊本県天草郡苓北町《れいほくまち》の志岐《しき》八幡宮の宮崎國忠宮司（現・熊本県神社庁長）である。宮崎氏は東日本大震災の発生時に単独で南相馬市を訪れ、一般の人びととともにボランティア活動に勤しんだ。そのなかで、南相馬市鹿島区鎮座の伊勢大御神《おおみかみ》禰宜（当時）の森幸彦氏（福島県立博物館学芸員）に出会い、八沢浦干《やさわうら》拓地を開発した山田貞策翁を記念して創建された山田神社が津波で流失したこと、八沢浦干拓地の人びとは神社を復活させて神を祈り、農地を復興したいという希望をもっていることを聞いた。そこで熊本県に帰り、球磨工業高校の賛同を得て祠の寄贈に至ったのであった。地元の青井阿蘇神社宮司の福川義文氏らも協力した。

宮崎氏は次に、「民生委員の父」［平瀬 2014］といわれる林市蔵（1867–1952）の邸内社が球磨工業高校に実習用として保管されているものを、当時避難指示解除準備区域であった南相馬市小高区の川原田《かわらだ》天照皇太神宮《てんしょうこうたいじんぐう》の仮社殿として寄贈するよう取りはからった。筆者はその日取りが二〇一三年八月二一、二二日であることをうかがい、学生二名とともに仮社殿設置作業と、同日に鹿島区の男山八幡神社で北海道神社庁、新潟県神道青年会、福島県神道青年会と合同で行われた縁日のお手伝いをさせていただいた。

二〇一四年九月、岩手県大槌町の大槌稲荷神社例大祭の神輿渡御の支援を行った。大槌稲荷神社は震災発生から二〇一一年八月初めまで、避難所として社務所、境内を開放した。その指揮をした十王舘《じゅうおうだて》勲《いさお》禰宜は、自らの体験を冊子にまとめている［十王舘 2012］。二〇一三年二月一七日、國學院大學で開催された共存学フォーラム「震災復興と文化・自然・人のつながり—岩手三陸・大槌の取り組みから—」に十王舘氏をお招きし、講演をしていただいた。また、二〇一四年五月二日、筆者の担当する授業科目「神社ネットワーク論」にもゲスト講師としてお招きし、神社が避難所となったときの心得を学生に説いていただいた。

大槌稲荷神社の神輿渡御は、二〇一二年の例祭で復活したが、二〇一三年は休止した。地域住民の強い要望を受けて、二〇一四年に再び復活することとなったが、担ぎ手の不足が懸念されていた。そこで学生にも声がかかり、四名の学生が前日から大槌稲荷神社を訪れて準備、祭典のお手伝いと神輿渡御の加勢を行った。また、大学の祭祀舞サークルで学生を指導し、下谷神社の阿部宮司の縁日支援活動に参加するなど被災地支援に関心を寄せていた東京の女性神職が、敬神婦人会の方たちとともに担ぎ手の装束、「官服」を仕立ててくださった。

二〇一六年八月二七日、宮城県南三陸町の志津川《しづがわ》仮設魚市場跡地で開催された「第六回　三陸海の盆 in 南三陸」に、学生三名とともに会場運営のお手伝いにうかがった。「三陸海の盆」は、世界宗教者平和会議（WCRP）日本委員会、NPO法人遠野まごころネットなどが協賛して、三陸沿岸各地で開催されるようになった郷土芸能による慰霊鎮魂行事である。南三陸町戸倉地区の行山流《ぎょうざんりゅう》水戸辺鹿子躍《みとべししおどり》、志津川地区の本浜《もとはま》七福神舞をはじめ、津波被害から復活再生した郷土芸能が披露され、参加者の慰霊鎮魂の思いを新たにするものであった。

南三陸町との縁は、二〇一二年に「東北再生　私大ネット36」に参加したことによって生まれた。二〇一一年三月、大正大学の学生・教職員が南三陸町でボランティア活動を行ったことをきっかけに、被災地に学ぶ学生たちを受け入れることで地域の復興を促進していくための連携組織として二〇一二年三月に発足した私立大学間のネットワークである。國學院大學も運営幹事校に加わることになり（二〇一六年四月に脱退）、大正大学の大学院で学んだ筆者もボランティアプログラム、スタディツアーの引率教員として協力することになった。入谷地区の宿泊・研修施設「いりやど」に常駐する南三陸研修センターのスタッフによるコーディネートのもと、志津川地区に鎮座する上山《かみのやま》八幡宮の工藤祐允宮司（二〇一五年一〇月に逝去）、工藤真弓禰宜、工藤庄悦権禰宜（現・宮司）をはじめとする地元の人びとにお世話になりながら、南三陸町の自然・産業・文化と、それらを資源とする地域の復興再生について体験的に学ぶ機会をいただいてきた。

二〇一六年はゼミ合宿として独自に企画し、「三陸海の盆」の会場運営ボランティアと、工藤真弓禰宜との質疑応答をさせていただいた。単発の活動ではあるものの、大学が運営幹事校から降りたことで南三陸町との縁を途絶えさせたくない、という思いから実行したものであった。

3 むすびにかえて——反省と課題

支援活動のきっかけとしての研究調査と教育

冒頭にも述べたように、筆者は地域社会の課題解決における神社・祭礼の意義やその新しい展開に関心を寄せ、またそれに関係する授業科目を担当してきた。東日本大震災に際して、支援活動や現地での学びに学生が参加する機会を模索するようになったのも、個人的な研究関心もさることながら、それを追求するなかで形成されてきた宗教研究者同士の人的なネットワーク、所属大学・学部と神社界とのつながり、さらには震災以前からの調査研究を通じての関わりが、活動を始動するにあたって大きな足がかりをなしていたことは間違いない。

振り返りの機会をもつこととその教育効果

しかしながら、震災発生から一年間は実質的な支援活動に踏み出せずにいた。それを大きく転換することができたのは、一年後に体験報告会を開いたからであった。そこでさまざまなボランティア活動を通じて被災地域における「祭り」に期待する声に触れ、神職を目指す学生としての参加の意義をあらためて教員・学生ともに確認することができた。

また、そうやって一歩を踏み出した学生たちが、自分自身にとっての活動の意義と、これからの自分の生き方、被災地域との関わり方に思いをめぐらせる機会を提供することも重要であった。

これはとくに震災発生から時間が経つにつれて必要性が増すプロセスであったとも言える。先に触れた「東北再生私大ネット36」のプログラムも、初めは瓦礫撤去や雑草取り、漁業支援といった肉体労働によるボランティア作業に勤しむことが主軸にあったが、次第にそうした作業のニーズはなくなり、代わって、地域で復興に取り組む人びとの語りに耳を傾けながら、交流し学ぶことに主軸が置かれるように変化していった。そのようななかでもやはり振り返りが重要になっていったのである。

体験とその解釈を対話的に紡ぎ出していくプロセスは、それ自体が教育そのものである。筆者が学生とともに参加した活動においては、そこに宗教という要素が関わってくる。神道系の私立大学であることから、単に客観的に被災地域における「祭り」や「祈り」の意義を確認するだけでなく、そこに主体的に関わることで神職を目指す者としての資質を涵養することが期待できる。また実際にそういう自覚を高めていった学生も見られた。

宗教研究・教育と社会実践

宗教系私立大学の被災地支援については、「建学の精神」との結びつきや、設立母体である宗教団体の社会活動部署との連携、あるいは大学キャンパスの立地地域での社会貢献活動の経験に足がかりを持っていたという星野壮・弓山達也の指摘がある［星野・弓山 2013］。一方で、宗教系大学も他大学と同様に一九六〇年代から七〇年代にかけて規模を拡大するなかで、社会科学系、理工系などの学部を増設し、教員や学生の多様化が進んだといわれる［中山 2011］。そのなかで培われた専門的学問分野の知見や、組織的なボランティア活動支援体制によって被災地支援に携わったケースも見受けられる。

今回の筆者の経験は前者のかたちに近いと言えよう。しかし、トップダウン的・理念先行的なものではなく、手探りで進めていったというのが実感である。

また、客観的・記述的な学問を標榜する宗教学者が規範的な価値・理念に基づく実践に関与することには異論もあろう。だが、稲場圭信は宗教学者が支援活動に参画することの意義として、複数の教団同士や、行政、自治体などとの連携が取りやすくなることを指摘している［稲場 2012: 47］。実際、宗教者災害支援連絡会が取り組んでいる情報共有を主とした後方支援［宗教者災害支援連絡会編 2016］や、東北大学文学研究科実践宗教学寄付講座による「臨床宗教師」養成の取り組み［谷山 2016］は、諸宗教の複数性や、公共空間における宗教のあり方に配慮することによって成り立っている。

そうした面からすると、筆者が勤務校においてもっぱら神社界とつながるかたちで行ってきた学生ボランティア活動への関与は、必ずしも宗教学者だからこそ担えたものではなく、むしろ規範的な神道学者に近いスタンスであったかもしれない。

時間の経過と継続性

「千度大祓」は一〇年続けることを目標としていた。それは震災の記憶の風化を食い止めることに一つの意義があった。大学の側もそれに応えて継続的に協力することを約束している。

また、閖上、久之浜での縁日支援や女川の神輿渡御支援も、町が復興し祭りが自立的に継続できるようになるまでは支援を続けていくことになるだろう。

しかし一方で、震災と津波、原発事故の影響により、被災地域の人口減少は歯止めがかからない状況がある。さらに、全国的に進んでいる地方の人口減少がさらに加速化しているという見方もある。

そうなってくると、いつか自立するまでの支援というより、継続的な連帯と相互交流という見通しを立てていくことの方がより重要になってくるように思われる。

残念ながら筆者の発想、力量では、関心のある学生への参加の呼びかけを、授業などを通じて継続していくのが精一杯であった。非常時に始まった正課外のボランティア活動ならではの弱さがある。

学生の中には早くからその問題に気づき、関心を持てる学生を増やすことに積極的に取り組んだ者もいた。二〇一五年三月から体験報告会は学生中心の運営にバトンタッチした。そうしたところ、震災からの郷土芸能の復活を描いた映画の上映会を組み込んだり、大学の備蓄品を点検するなどの防災ワークショップと組み合わせるといったユニークな工夫が凝らされるようになった［國學院大學神道文化学部 2016］。

今後に向けて

筆者は、これからも研究調査や時には学生を連れ出しての被災地訪問、ボランティアを継続していくつもりである。しかし、それが組織的により大きな効果をもち、継続性が担保できるようになるためには、いま一つの工夫、努力が必要であることを痛感してもいる。

それは、これまで関わらせていただいた被災地域の方々や連携をとってきた宗教者、研究者の恩に報い、後続の世代につなげるためにも必要なことと考える。

文献

稲場圭信［2012］「東日本大震災における宗教者と宗教研究者」、『宗教研究』八六（二）：二九—五一

稲場圭信・黒崎浩行編［2013］『震災復興と宗教』（「叢書　宗教とソーシャル・キャピタル」四）、東京：明石書店

稲場圭信・櫻井義秀編［2009］『社会貢献する宗教』京都：世界思想社

太田宏人［2011］「被災地神社「復興」ルポ　第二回　青年神職は希望の道標」、『皇室』五二：一〇六—一一一

黒崎浩行［2011］「宗教文化資源としての地域神社——そのコンテクストの現在」、国際宗教研究所編『現代宗教二〇一一』東京：秋山書店、四五—五八頁

——［2012］「都市生活における共存と神社の関わり——東京「大塚まちの灯り」の試み」、國學院大學研究開発推進センター編、古沢広祐責任編集『共存学——文化・社会の多様性』東京：弘文堂、八九—一〇五頁

——［2013］「神社神道の活動」、稲場・黒崎編［2013］六三—八七頁

——［2014a］「復興の困難さと神社神道」、国際宗教研究所編『現代宗教二〇一四』東京：国際宗教研究所、二二七—二四八頁

——［2014b］「（談話室）つながりの中での学び」、『國學院雑誌』一一五（九）：三二—三三

――――[2015]「東日本大震災におけるコミュニティ復興と神社――宮城県気仙沼市の事例から」、『國學院雑誌』一一六(一一):一七―二九
黒崎浩行・稲場圭信[2013]「宗教者災害救援マップの構築過程と今後の課題」、『宗教と社会貢献』三(一):六五―七四
國學院大學学術資料センター[2014]「「陸奥金華山と女川の震災復興に学ぶ」スタディツアー2013実施報告」、『國學院大學学術資料センター研究報告』三〇:七一―八七
國學院大學神道文化学部[2016]『國學院大學神道文化学部震災ボランティア活動報告書――防災とコミュニティを考えるつどい～防災 忘れない～実施報告』東京:國學院大學神道文化学部
十王舘勲[2012]『東日本大震災 僕の避難所長日記――三月十一日、その日。』東京:神社新報社
宗教者災害支援連絡会編、蓑輪顕量・稲場圭信・黒崎浩行・葛西賢太責任編集[2016]『災害支援ハンドブック――宗教者の実践とその協働』東京:春秋社
谷山洋三[2016]『医療者と宗教者のためのスピリチュアルケア――臨床宗教師の観点から』東京:中外医学社
中山郁[2011]「戦後日本の大学と建学の精神――宗教系大学の事例から」、『國學院大學教育開発推進機構紀要』二:一七―三二
平瀬努[2014]『民生委員の父 林市蔵――亡国の危機を救った「方面精神」の系譜』東京:潮書房光人社
星野壮・弓山達也[2013]「大学と市民活動――東日本大震災における大正大学と学外コミュニティの事例より」、稲場・黒崎編[2013]二〇一―二二〇頁

Ⅵ

被災者・家族の暮らしの再建と地域社会

第十三章

被災地にみる手仕事ビジネスと新たな社会関係
——宮城県を事例として

山口　睦

1　はじめに

1-1　問題の所在

二〇一一年三月一一日に東日本大震災が発生してから六年以上が過ぎた。震災直後の半年間で、被災三県（岩手県、宮城県、福島県）の完全失業者数は、震災前の約一五万人から一九万人へと急増した（厚生労働省調べ）。津波被害が大きかった沿岸部では、とくに水産加工業が工場被災に伴い休業、廃業し、多くの女性が職を失った。同年年末には、失業保険の受給者に占める女性の割合は、被災前の五一・八パーセントから五八・一パーセントへと、約七パーセント増加した（「朝日新聞」二〇一一年一二月一一日）。復旧・復興期には、建設や警備など男性向けの求人が多く、店員や事務員も非正規雇用の女性が先に解雇されたためである。

しかし、それを補うように女性の手仕事事業が多く興った。例えば、一九九五年一月に発生した阪神・淡路大震災においても、被災地NGO協働センター（タオルを加工し象の顔に見立てた壁掛けタオル「まけないぞう」を製造する）、木馬の会（シジミ貝を使った根付「しじみちゃん」を作成）といった団体が形成されたが［山口他 2007: 21–22］、今回の震災では後述するように宮城県だけでも八〇を超える団体が成立した。なぜ、東日本大震災後の被災地では女性を中心とした手仕事ビジネスが多く生まれたのであろうか。東北という土地に固有の理由があるのか、東日本大震災特有の状況があるのか、それとも手仕事を取り巻く時代的な背景があるのか。これが、本章の出発点となる疑問である。

本章では、宮城県で東日本大震災後に興った手仕事ビジネスを取り上げ、数量的な把握を試み、東松島市と気仙沼市の二つの事例について、事業発足の経緯、発展のプロセス、外部者との関わり、被災前の地域の社会資本がどのように機能しているか、従来のコミュニティへの影響、事業におけるリーダーシップ、震災後六年間の活動の変遷などを比較検討する。なかでも、被災地と外部者との関係性に注目して分析を進める。

1-2 復興コミュニティビジネスと手仕事

文化人類学において、災害研究が始まったのは比較的新しく[Hoffman and Oliver-Smith eds. 2002＝2006]、その後も海外のインド洋地震津波(二〇〇四年)、ジャワ島中部地震災害(二〇〇六年)、スマトラ南西部沖地震(二〇〇七年)、国内における阪神・淡路大震災(一九九五年)、新潟中越地震(二〇〇四年)など事例研究が積み重ねられている。東日本大震災については、より多くの研究者が多様な角度から事例研究を継続している[ギル他編 2013; 高倉・滝澤編 2014]。

これらの研究の中でも、本章で扱う災害復興と手仕事についての研究は次の二種に分けられる。第一は、震災前から存在する伝統工芸などが被災し、それを復興させる支援活動に注目する[金谷 2015]。第二は、震災を期に新しく発生した手仕事に着目する視点である[山口 2004; 山口他 2007]。この新たに発生した手仕事は、被災地の女性雇用という社会的課題解決のためのコミュニティビジネスに分類され[境 2015: 66]、本章の事例は後者にあたる。

山口一史らは、地域の課題を地域の資源の活用によって経済循環を起こしながら解決していく事業としてのコミュニティビジネス(以下、CB)の中でも、とくに災害後に興る「復興CB」に着目し、中越地震、阪神・淡路大震災の事例を分析している。「被災者が自らの特技を生かした手仕事」は、女性や高齢者など社会的弱者が暮らしを再建するために有効な手段だと指摘する[山口他 2007: 19]。復興CBの特徴として、①経済や経営が素人でも可能、②誰でも持っているスキルを活用した事業、③小さなニーズに対応、④コストの目的化(極大化)、⑤必ずしも長期間継続的に活動できなくてもよい、が挙げられている［山口他 2007: 37］。

また、女性と手仕事の関係については、本章にも関係する観光土産についての研究がある。日本のグリーンツーリズムにおける女性の役割について研究している Hashimoto and Telfer は、女性と手工芸品などの土産物産業の関係性は複雑で、それは観光産業の性質によるものだけでなく、各地域社会における社会的文化的状況に依っていると指摘する［Hashimoto and Telfer 2013: 121］。以上の女性が中心となる復興CB、手工芸品などの土産物産業に共通していることは、小資本で始められ、裁縫や編み物といった女性が持っている手仕事スキルを活用できる内職的形態をとることにより、多くの女性が担う家事・育児との両立が可能といった特徴があるといえる。

以上を踏まえて、本章では、対象とする宮城県で震災後に興った手仕事ビジネスがどういった社会的・文化的背景を持ち、どのような社会資源を活用して運営されているかをいくつかの事例の分析を通して明らかにすることも課題とする。

2 仮設住宅で生まれたソックモンキー
——東松島市

2-1 事業発足の経緯

本節では、東松島市の仮設住宅を拠点とした団体「小野駅前郷プロジェクト」を取り上げる。[1] この団体は、仮設住宅に暮らす女性たちが作るソックモンキー「おのくん」を商品としている（写真13-1）。この仮設住宅団地は、二〇一一年八月に入居が開始され、付近では一番遅かったという。プロジェクトの代表を務める武田文子さん（六〇代女性）は、仮設住宅団地の自治会長も担っている。震災前は、家で服飾の内職をしており、町内会活動などに積極的に参加していたわけではなかった。この仮設住宅団地では、武田さんと同じ東松島市S地区出身の人は五名だけで、U地区、Y地区の人びともあわせて入居していた。武田さんは、もらった野菜を配るなど仮設住宅の人たちを巻き込んで活動していた。

武田さんは、避難生活では「暇が一番いけない」と表現する。「何かしなくちゃならない」と思い、ボランティアからもらった布を使い試作を繰り返していた。エコたわしなどは他の仮設住宅ですでに作っていたし、「同じものでは失礼だ」と思っていた。そんななか、二〇一二年四月に支援品としてもらったソックモンキーに目が留まった。ソックモンキーは、もともとアメリカで一九三〇年代の大恐慌時代に母親が使い古しの靴下で作ったサルの人形である。趣味でソックモンキーを作っていた埼玉県の五〇代男性に、交通費は出せないけど自力で一泊二日で来て、教えてもらえないかとお願いした。靴下なら支援物資でもらったものがあり、それを利用することにした。当初は、在庫三〇個と決めて、三か月間は無報酬で作っていた。仮設団地に住んでいた中高年女性を中心に二〇名くらいで縫い始め、タグやロゴは、ボランティアに来ていた工業デザイナーに無償で作ってもらった。

写真13-1
ソックモンキー
（靴下で作るサルの人形）の
「おのくん」

2-2 ソックモンキーの流通と支援の仕組み

このソックモンキーは、流通方法に特徴がある。他の店舗での販売や委託販売は一切行わず、ファックスで注文するか、活動拠点の仮設住宅集会所で直接購入するか、イベント等で購入するかに限られている。その背景には、小野駅前郷プロジェクトの共同代表である新城隼さん（四〇代男性）の考えがある。新城さんは、東京で日本の伝統工芸を発信するウェブサイトなどをつくる会社を立ち上げることを計画していたが、東日本大震災を期にボランティア活動を始めた。ボランティア活動を通じ、被災地の状況を伝えることは、この計画と同じことではないかと思い至り、小野駅前郷プロジェクトに協力するようになった。その支援活動のなかで、例えば東京で東松島市の物産展を開催すると、そのときは売れるわけだが、それでいいのか、次にも買いたいものがあるのか、という問いにぶつかった。支援市で売って終わりでは活動を続けていくのは難しいと考え、あえてソックモンキーを売らなかった。物産展では「いくらですか?」と聞かれたものの、「東松島市に来てもらわないと手に入らないんですよ」と答える戦略をとった。ソックモンキーは宣伝をせず、ボランティアの口コミで広まっていったという。二〇一六年時点においても、ファックスでの申し込みに対して半年から一年待ちという状況である。

知名度が上がるなかで、企業からソックモンキーを仕入れたいという申し込みが多くあるが、断っている。なぜなら、通常の料金後払いや売れた分だけを後から精算して売上が支払われる委託販売のかたちで、何千というソックモンキーが全国に流通しても、作り手の手もとにお金が入らないという事態を避けたいのである。低価格の手作り品の流通の弱点を把握し、供給数をコントロールし、商品価値を守る対策が取られていることがわかる。ソックモンキーの作り手は二〇名ほどで固定化されており、その人たちの生活をしっかりと守るための仕組みが考えられている。

また、このソックモンキーは「売る」とは表現されず、「里親になる」と表現される。ソックモンキーを「里子」に迎えるには一体あたり千円がかかり、購入後に自分のソックモンキーを持参して(連れて)東松島市の仮設住宅を訪ねることを「里帰り」と称する。そこには、一回きりの販売者と購入者という関係性ではなく、ソックモンキーを介した情緒的な絆が結ばれる。さらに、自分のソックモンキーとの生活のひとこまを写真に撮ってSNS(ソーシャル・ネットワーキング・サービス)のフェイスブックにアップロードし、里親同士が交流する場が出来上がっている。ほかに、自分が気に入った靴下を購入して、小野駅前郷プロジェクトに寄付し、ソックモンキーを生み出す一翼を担うという行為が行われている。いかにかわいいソックモンキーをこの世に送り出そうかと、「里親さん」たちは靴下を探し、購入し、寄付して小野駅前郷プロジェクトに能動的に参加しているのである。新城さんは、この活動は「ビジネスではない」と言い、「どうやったら里親さんが喜んでくれるか」を考えて行っているという。小野駅前仮設団地には、平日であっても入れかわり立ちかわり、近くは東松島市、仙台市、遠くは関東、九州など全国各地からソックモンキーを求めて人がやって来る。「一体は家に飾ってあるけど、(そのソックモンキーが)寂しいだろうから、あともう一体を」(括弧内筆者)と言う人や、神奈川から定期的に「里帰り」に来る人もいた。新城さんの仕掛けがうまくリピーターを生み出して、購入者との間に交流が生まれているといえるだろう。

こういった個人の支援者のほかに、協力企業としては、イオンモール株式会社、いくつかの靴下メーカーや靴下問屋がある。イオンモールからは二〇一三年二月に協力の申し出があり、各店舗にソックモンキーの靴下寄付の募集箱が設置され、寄付された靴下を東松島市に送る送料を負担している。靴下は、個人や企業などによる寄付が三分の一を占め、その他は小野駅前郷プロジェクトが購入している。材料寄付の呼びかけは、「おのくんのエサ（材料）となる靴下と綿の支援を求めています！」と表現される。

このように、小野駅前郷プロジェクトは企業や個人の支援を受けているが、助成金はもらっておらず、会社化も目指していないという。手仕事ビジネス団体は、公的助成金、民間助成金などを獲得して活動することが多いが、助成金をもらうと助成金のための仕事になるから申請しないと武田さんは言う。助成金をもらった途端に売上が気になり、申請し続けなければ活動していけなくなり、助成金のための仕事になってしまうという。武田さんは、「一人くらい助成金などがなくてもやっている人がいるということでもいいのではないか」と思ってやっているという。月に何体出荷という数字は詳《つまび》らかにしていないが、これまでに七万個以上が国内外に届けられ（『河北新報』二〇一六年一二月一六日）、年間二万人が仮設団地を訪ねてくるという。

活動拠点としている小野駅前仮設団地は、二〇一七年夏の閉鎖予定が決まり、作り手も徐々に復興住宅や再建した自宅へと移っていった。小野駅前郷プロジェクトでは、仮設住宅が閉鎖されるまでに新たな活動拠点となる「空の駅」を建設するために寄付を募っている。次なる里帰り先である「実家」がつくれるかどうかは、今後の活動に大きく影響すると推測される。

以上のように、小野駅前郷プロジェクトは、支援物資を利用したソックモンキーを多様な外部者の助けを借りて開発し、武田さんがリーダーシップをとり、陸前小野駅前の仮設住宅にたまたま入居した人たちとともに事業を継続的に運営できている事例といえる。そこには、武田さんの服飾の内職という震災前のスキルや、ボランティアとして参加し、後に共同代表となった新城さんのブランディング戦略やITスキルが生かされている。本事業は、何よりソックモンキーのかわいらしさ、一体千円という手頃な価格が、何度も購入してもらう仕掛けとして強力に作用している。そこに、企業、メーカー、個人からの靴下や綿などの材料の寄付が継続的に寄せられ、ソックモンキー購入者同士の交流や、リピーターとの交流を生み出す仕掛けが、震災から六年以上が経っても活動が活発である原因となっているといえるだろう。

一方、次節では、震災後の五年間で活動内容が変遷した事例を紹介することにする。

3 編む仲間を増やしたい——気仙沼市

3-1 毛糸販売会社アトリエK

本節では、気仙沼市の毛糸販売会社アトリエK(仮名)を取り上げる。アトリエKは、京都在住のドイツ人女性マリーさん(仮名)の支援活動から始まった。(2) ドイツ生まれのマリーさんは、一九八七年に医学研究者として来日した。その後、マリーさんは日本人と結婚し、ドイツ語講師などの仕事と並行して京都で手編みの靴下を販売し、その売上でアフガニスタン支援活動を行っていた。彼女が使用している毛糸はドイツのT社製で、ただ編んでいるだけで模様が現れる特殊なものだった。(3) そんななか、二〇一一年三月に東日本大震災が起こり、一九八六年のチェルノブイリ原発事故をドイツで経験していたマリーさんは、子どもを連れてドイツに帰国しようとした。しかし、子どもの「日本の友達を捨ててはいけない」ということで日本にとどまることを決意した。

支援活動として現物の靴下や腹巻帽子を寄付するほかに、二〇一一年四月に、被災地支援を行っていた京都のNPOに頼んで、毛糸二玉と編み針をセットにして、一〇〇セットをいくつかの避難所に送った。毛糸を送るときに、周囲の人からは「水もないような状況なのに毛糸を送るなんて」と反対されたが、マリーさんは、避難所生活を送る人びとが自由時間に手を動かし、編み物を編むことで心が落ち着くのではないかと考えたという。同年五月のゴールデンウィークには、宮城県気仙沼市のK中学校から「もっと毛糸を送ってほしい」という電話があった。マリーさんはそれを聞いてとても嬉しく思い、追加の毛糸をK中学校に送った。それから、K中学校に避難している人たちと一台しかない電話で話をするようになり、彼女たちを親しく感じて現地に行きたいと考えるようになった。しかし、当時は被災地に簡単に行ける状況ではなく、口には出さずにいたが、夫が「気仙沼に行きたいんやろ、家族全員で行こう」と言ってくれて六月に現地を訪ねた。当時、K中学校には一八〇名が避難していたが、お互いに遠慮して体育館内はとても静かだった。一五名ほどの女性が編み物をしており、マリーさんは一緒に靴下を編むことにした。午後に体育館に着いて、夜九時就寝で、それまでに一人が靴下を完成させたという。次の日の朝には編み始めた人の全員が靴下を完成させており、夜、布団の中で編んでいたのではないかとマリーさんは言う。

さらに、編み物ができる女性だけでなく、みんながで きることがないかと考えて、マリーさんはタコのマスコット「タコちゃん」作りを思いついた（写真13―2）。このマスコットはドイツの小学生が三つ編みの練習をするために作るもので、男性や子どもたちも参加した。京都の知り合いにいらないボタンを寄付してもらい、目のパーツとして使用した。当初は、マリーさんが靴下を販売していた京都知恩寺の手作り市で一体千円で販売し、売上の全額を作り手に手渡していた。その後、タコの頭の中に入れるクズ毛糸をドイツの毛糸会社（T社）に寄付してもらうようになった。タコ作りに携わったのは、高齢女性五名、四〇代女性三名を中心に一二〜一三名であった。タコを作る女性たちを「タコママ」と称し、タコを購入することは「養子に迎える」と表現され、買い手と売り手の間に情緒的絆を形成するよう意図されている。これは前節の小野駅前郷プロジェクトと共通している。

写真13–2　タコのマスコット「タコちゃん」

その後、避難者は徐々に仮設住宅に移り、タコちゃん作りだけでは小遣いにしかならず、マリーさんは知り合った女性たちには仕事が必要だと考えた。そのため、二〇一二年三月にニット製品製造会社アトリエKを設立した。アトリエKは、日本国内における正規販売代理店としてT社と契約し、T社の毛糸を販売している。開業にあたって、マリーさんは住民票を京都から気仙沼に移し、三陸復興トモダチ基金の支援を受け、プレハブアトリエの開設、オンラインショップの開設、気仙沼駅前の直営店開店などを実現した(4)。事業内容は、ドイツ製などの輸入毛糸の販売、ニット製品の企画・製造・販売、各地での編み物教室やイベントの開催である。アトリエKでは、子育て中の女性を中心に雇用しており、二〇一六年九月時点で、正社員四名、パート四名、内職約一五名である。輸入毛糸や気仙沼で作ったニット製品を、京都や仙台の手作り市、インターネットを通して全国をマーケットとして売ることでアトリエKは成り立っている。マリーさんは、京都で靴下を売っていた経験と実績が役立ち、東北以外とのつながりが事業継続の鍵になっていると説明した。二〇一六年二月時点で月に約五〇〇件の毛糸注文があり、注文はインターネットが中心だという。

3-2 毛糸を送られた市川さん

次に、毛糸を送られた側の市川さん(仮名)の話を紹介する。[5] 市川さんは、気仙沼市唐桑町に住む五〇代女性である。震災当時は、午前中にパートとして働き、昼食後にひと休みしてから陸前高田市の海沿いの松林をウォーキングするのが日課だった。二〇一一年三月一一日の午後は、少し出発が遅かったため在宅中に地震が来て、何も持たずに高台にあるK中学校体育館に避難した。夕方には帰って家の中を片付けるつもりだったが、集落を見ていた人が「市川さんち、流されたよ」と教えてくれて、愕然としたという。市川さんの夫は、国内の製油所をまわるタンカーに乗っており、子どもたちも関東にいたため、市川さんは姑と二人で避難生活を送ることになった。市川さんは、自宅が流されたものの、「私は運が良かった」と言う。家のことはすっぱりとあきらめて、たまに姑と家の跡を見に行き、子どもたちが作った皿や太鼓などを見つけていたという。

避難所では三月一四日に本部が立ち上がり、役割分担を行った。市川さんは調理班担当で、朝・昼・晩食の準備を三～四班で分担した。三日に一回程度当番がまわってきたが、市川さんは毎日メニューを考え、調理に参加していた。中学校の下にある民宿でガスを借りて、一つの鍋でまずご飯を炊き、おにぎりを握って、次に味噌汁を作り、体育館まで運ぶという状態だった。食材は限られており、味噌汁は具がないこともあった。市川さんが中学校のグラウンドに建てられた仮設住宅団地に移る八月七日まで、最大二三〇名との共同生活は「すごい五か月間だった」と言う。

そんな状況のなか、物資担当の女性がマリーさんの毛糸支援の情報を見て、毛糸を送ってもらった。届いたダンボールには毛糸が何個か入っていた。しかし、市川さんは「編み物どころではなかった」と思い出す。市川さんは震災前には趣味で編み物をやっていて、子どもたちのセーターを編んであげたりしていたが、あの時点で毛糸が届くとは思ってもいなかったという。とても大変な目に遭っているなかで、趣味のことなどできない、この大変なさなかに何をやっているんだと思われるのではないか、と不安に思ったという。電気が復旧する前は、夕方の五時前にはすべてを終わらせないといけなくて、消灯は夜八時だった。四月初めに電気が復旧して、そのうち消灯が夜九時になり、夕飯の片づけまで終わったら、その後は本を読んだり編み物をする余裕があった。そして、夜な夜な編み物をする人が増えて、もう一度送ってもらえないかとマリーさんに連絡したという経緯だった。市川さんは四、五月頃になって編み物を始めた。六月にマリーさん一家が来て、タコのマスコットを作るグループができた。市川さんはその活動の様子を、「外国人だよな」、「日本語をしゃべってる」と眺めていた。

仮設住宅に移る頃には市川さんは活動に参加するようになり、タコにつけるメッセージ担当になった。一番初めの頃は小学生によるメッセージなどもあったが、徐々にタコの頭を丸める、足を編む、目を付ける、最後にメッセージをつけるというように流れ作業で分業するようになった。メッセージは、「ありがとう」「負けないよ」などのひとこととメンバーの名前を書いて、一枚いくらで請負い、一か月間に数十枚から数百枚を書いていた。ところが、メッセージを見て応援の物資をくれる人がいて、他のメンバーの中には「自分の言葉ではないから私はもらえない」と言って市川さんに渡してくれる人もいた。市川さんは、いつまでもがんばろう、ありがとうだけではなく、素直なそのときの思いや現状を言葉にすることが必要と考え、いろいろなメッセージを書いていた。そのうちに自分の名前で書きたいと思うようになり、マリーさんにその旨を伝えた。それを気に入らないメンバーもいて、とうとうメンバー間の関係が悪化し、二〇一三年二月に第一ステージは解散になった。市川さんは、「お金が関わってくると問題が起きてくる」と表現する。その後、社協(社会福祉協議会)の紹介で障がい者の母親への就業支援として活動が再開したが、市川さんは活動から離れた。二〇一六年四月以降は月に一度集合し、アトリエKで販売している編み針をとめるミニタコを編む活動などを行っている。

ただ、タコのマスコット作りを通して知り合いになり、市川さんといまだに交流のある人もいるという。例えば、京都府福知山市の三〇代女性からは、市川さんのメッセージに勇気づけられたと手紙が来て、子どもの写真を送ってくれたり、年賀状で近況を知らせてくれる。ほかにもボランティアとして来てくれた北海道の保健師の人や、大きいタコを事務所に飾って苦しいときに話しかけるという人などがいるという。

タコを「養子に迎える」という表現は、前節で紹介した小野駅前郷プロジェクトと共通しており、単に即時的な貨幣と商品の交換ではなく、製造・販売者と購入者の間に社会関係の構築を目指す仕掛けである。市川さんの事例からわかることは、タコだけではなく、「作り手」からという想定の、手書きメッセージの言葉と名前が、購入者にリアリティをもって伝わり、受けとめられたということだ。

市川さんは、その後のアトリエ運営などには直接関わってはいない。もとはスーパーの駐車場として貸していた土地が津波で流されて空いていたため、初代のプレハブアトリエを置く土地として安くマリーさんに貸していた。基本的には外から応援して、困ったときには地元をよく知る相談相手としてマリーさんと付き合っている。市川さん自身は、集落の高台移転、自宅の再建、福祉協力員や自治会役員の担当など多忙である。市川さんが再建した自宅に入居したのは、震災から丸五年が経った二〇一六年三月一二日のことだった。

以上のように、アトリエKは当初、タコのマスコット作りという活動から始まり、その後、ニット製品製造・販売の会社を立ち上げ、マリーさんを代表として並行して活動してきた。タコのマスコット作り、T社の毛糸販売はともに、マリーさんの個人的な経験やつながりが資源となって成立した活動である。そこに、全国からのボタン、T社からの毛糸クズなどの材料の寄付、被災地における人材が労働力として加わった。タコのマスコット作りは多様なプロセスを経ながらも活動を継続し、会社としてアトリエKがメインで活動しているという状況である。

4　手仕事ビジネスの流通支援

本節では、宮城県で生産者と購入者を結びつける流通を支援する団体について検討する。

4-1　みやぎ生協およびNPO法人応援のしっぽ「手作り商品カタログ」

図13-1は、宮城県における手仕事ビジネスの所在地を市町村ごとに集計したものである。本項で言及するみやぎ生協およびNPO法人応援のしっぽの「手作り商品カタログ」と、被災三県(岩手県、宮城県、福島県)の手仕事商品を紹介するウェブサイトである「東北マニュファクチュール・ストーリー」に掲載されている団体を合計したもので、必

ずしも網羅的ではないが八三団体を数える。東北マニュファクチュール・ストーリーとは、一般社団法人つむぎやが東北の手仕事ビジネスを紹介するウェブサイトとして二〇一三年二月から開始したものである。[6] 分布は津波被害のあった沿岸部に集中しており、団体の単位は、仮設住宅、避難所、自宅避難者グループ、旧コミュニティグループ(手芸クラブなど)などが挙げられる。

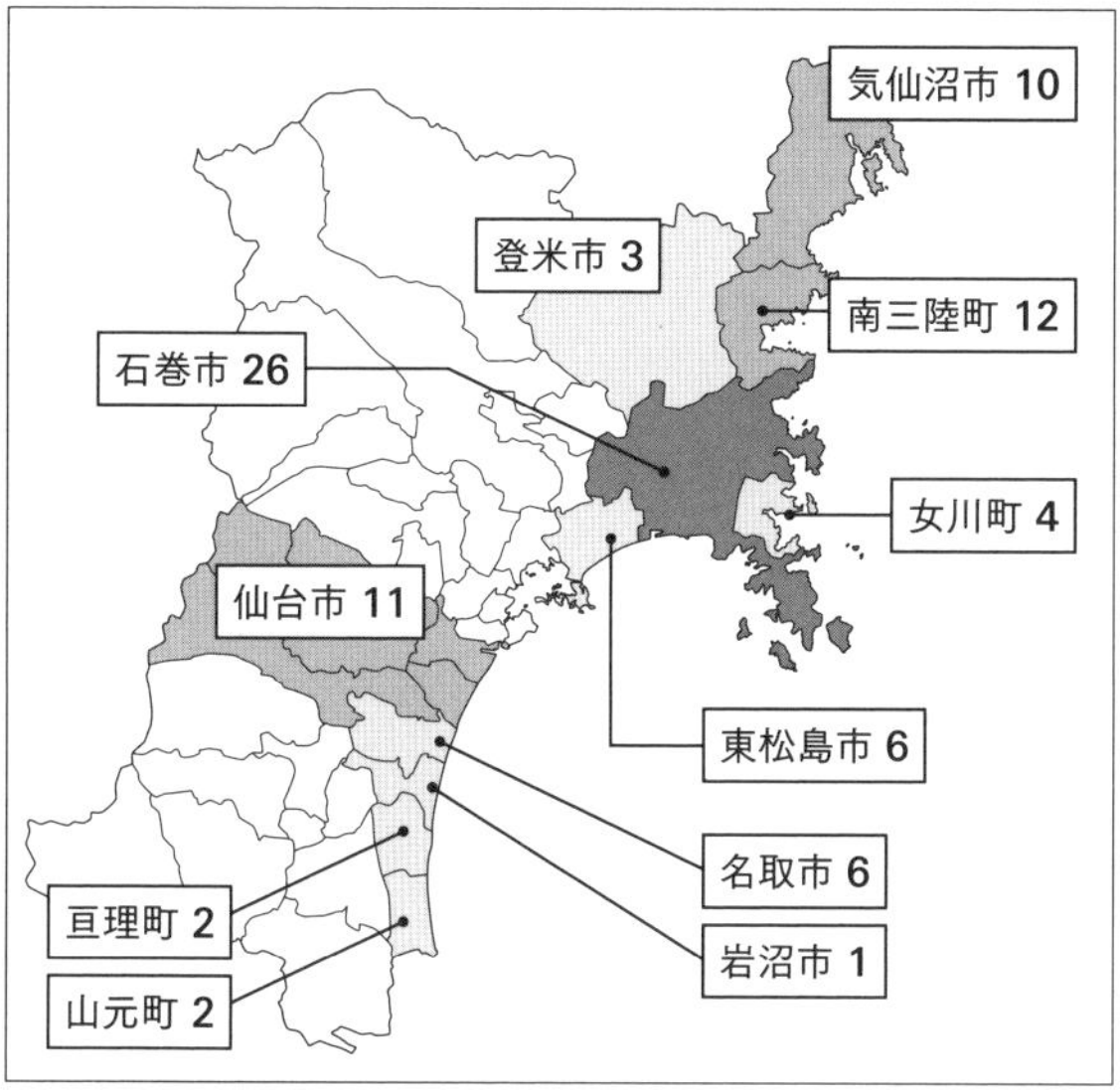

図13−1　宮城県内の手仕事ビジネス団体数

出所：みやぎ生協およびNPO法人応援のしっぽ「手作り商品カタログ」ならびに「東北マニュファクチュール・ストーリー」ウェブサイトの掲載団体を集計し，筆者作成．

前述の小野駅前郷プロジェクトのように、商品のキャラクターがたって人びとを惹きつけられるようになることは珍しく、通常は販路の獲得が大きな課題である。当初は仮設住宅や活動に携わっているボランティア団体などが販売を担当してくれることもあったが、現在では復興市や仮設店舗、道の駅などで販売されている。本項では、販路の一例としてみやぎ生協およびNPO法人応援のしっぽが作成・発行している「手作り商品カタログ」について述べる。[7]

みやぎ生協は二〇一一年五月以降、被災者支援のため宮城県内の四か所(県北、石巻、仙塩、仙南)にみやぎ生協ボランティアセンターを設置した。自治体のボランティアセンターをはじめ、医療機関、社協、仮設住宅での見守り活動を行っている団体、民生委員、各種NPO団体などと連携しながら活動している。活動内容は、ふれあい喫茶、子育てひろば、おゆずり会・バザー、健康相談会、仮設住宅の自治会とのイベント開催などである。以上の支援活動の中で、手作り商品を作っている団体と交流がもたれ、さらにその活動に関わっている人びとが、生協の元エリアリーダーや元理事など生協関係者が多かった。各団体が販路を探している状況や、震災前はイベントやお祭りなどで商品を売っていた福祉作業所が仕事や販売先を失い困っている

表13-1　みやぎ生協およびNPO法人応援のしっぽ「手作り商品カタログ」一覧

タイトル	発行年月,（～有効期限）	参加団体数	備考
手作り商品カタログ	2012.11	24《12/12》	《手仕事ビジネス数／福祉施設数》
手作り商品カタログ Vol.2	2013.3	21《13/8》	同上
手作り商品カタログ Vol.3	2013.7（～2014.1.13）	20《12/8》	同上
新・手作り商品カタログ Vol.1	2014.1（～2014.8.31）	28《27/1》	《宮城県数／福島県数》 NPO法人応援のしっぽが参加, 手数料15％ 注文可能（ファックス，メール）
新・手作り商品カタログ Vol.2	2014.7（～2015.1.31）	34《2/31/1》	《岩手県数／宮城県数／福島県数》 （以下同じ）
新・手作り商品カタログ Vol.3	2015.1（～2015.8.3）	34《3/30/1》	
新・手作り商品カタログ Vol.4	2015.7（～2016.1.31）	27《2/24/1》	オーダーメイド開始 手数料30％
新・手作り商品カタログ Vol.5	2016.1（～2016.8.3）	28《2/25/1》	
新・手作り商品カタログ Vol.6	2016.7（～2017.1.31）	31《4/25/2》	

合計9冊，手仕事ビジネス団体はのべ64団体（内訳：岩手6，宮城56，福島2）

様子をみて、カタログを作ることを思いついた。みやぎ生協が発行したカタログの一覧は、**表13-1**のとおりである。

第一号は二〇一二年一一月に発行されており、三号までは被災者団体と福祉事業所の二部構成となっている。また、同じく三号までは、注文は各団体に直接問い合わせして購入するという方法をとっていた。これは各団体にとって、商品を一個ずつ発送する事務作業に時間がとられ、注文する側にとっても各団体に連絡しなければいけないという煩雑な状況であった。そのため、二〇一四年一月発行の「新・手作り商品カタログ」からは、後述する石巻を拠点に活動しているNPO法人応援のしっぽと連携し、彼らがカタログ編集・発行業務、商品の受注・発送作業を担当することになった。それに伴い、それまで無料だった手数料が一五パーセント発生し、二〇一五年七月発行の「新・手作り商品カタログ」四号からは手数料が三〇パーセントに値上がりした。手数料は、商品の発送料、応援のしっぽの活動資金となっている。当初は手数料が無料であったことは、広告・宣伝費が無料ということであり、三〇パーセントといっても百貨店などに比べたら破格の安さである。これまでのカタログ掲載団体は、手仕事ビジネス団体がのべ六四団体、各県の内訳は岩手六、宮城五六、福島二団体、福祉事業所が二八団体である。

三号までは、みやぎ生協の生活文化部が、掲載団体の選択、取材、交渉、カタログ作成を担当していた。この事業の年間予算は三〇〇万円であり、年二回のカタログの印刷代と発送代、手作り商品関連のイベント代に使われる。この予算は、主に全国の生協から寄せられた支援金で賄われている。[8] カタログは三万部印刷され、みやぎ生協に二万部、応援のしっぽに一万部が分配される。宮城県内では生協店舗、市民活動サポートセンター、シルバーセンターなどにカタログが置いてあり、この他に「こ〜ぷ委員会」、年二回開催される「こ〜ぷのつどい」、「3・11を忘れない」といった集まりの際にも配布される。実際に商品を手にとって購入できる場としては、みやぎ生協文化会館(東日本大震災学習・資料室がある)、石巻市役所内ギャラリーショップ(二〇一七年夏に応援のしっぽ事務局階下に移転)がある。

応援のしっぽとの連携以降、カタログに掲載する条件は、応援のしっぽの規定上、次のとおりである。第一に、単なる内職ではなく、被災地のコミュニティづくりにつながる活動を支援したいという目的があるため、三人以上の団体で顔写真が載せられる団体であること。第二に、カタログの有効期限が半年以上であるため、ある程度の長期的活動が見込める団体であること。また、活動が参加者の生計に寄与していることなどが挙げられた。みやぎ生協には、本事業を通じて金銭的な利益はない。

震災から五年を経て、二〇一六年は変化の時期であった。「被災した人が作ったから売れる」という時期は過ぎ、商品自体の質が問われている。買い手は本当に必要な品物かどうかを考えて購入するようになり、そのために品質を上げると価格も上がり、売上が下がるというジレンマが発生している。みやぎ生協としては、団体に関わる人たちが経済的に自立できるのが一番望ましく、発展的に解散するならいいが、売れなくて活動を終わりにするのは辛いという。活動拠点である仮設住宅は閉鎖になったが、工房を立ち上げたり、会社化した団体もあり、担当者の山川さん(仮名)は可能な限り応援していきたいと考えている。生協のカタログを通した注文が売上の六割を占める団体もあり、生協の支援は大きい。

4-2 NPO法人応援のしっぽ

次に、「新・手作り商品カタログ」から本事業に関わっているNPO法人応援のしっぽはどのような役割を担っているのだろうか。[9] 応援のしっぽは、二〇一一年一〇月に石巻市で設立された。代表を務める広部知森さんは、東日本大震災のボランティアとして二〇一一年六月末に現地を訪れた。もともと地域社会の中で顔の見える相手に支援を行う仕組みづくりに興味があり、一時滞在者としてのボランティアではなく、石巻に拠点を置いて活動するためにNPOを立ち上げた。被災地団体応援ウェブサイトの開設・運営を主な活動として、被災地の状況を英語で読めるようにするための英訳プロジェクト、復興住宅でのコミュニティづくり活動などを行っている。二〇一二年一一月に「復興ものづくり交流会」が石巻で開催され、実行委員会として主催し、以降、事務局団体として参加している。復興ものづくり交流会とは、みやぎ連携復興ネットワークが主催する生活再建ワーキンググループが企画・開催した、手作り商品団体の交流・販売・講習会であった。[10] これが、みやぎ生協との出会いであり、カタログ事業に関わるきっかけであった。

応援のしっぽは、カタログに掲載する団体の募集、審査、商品選択、記事制作、編集、印刷部数の決定などのカタログ編集・発行の実務を担っている。みやぎ生協は、前述したように印刷代の支払い、カタログ配布や広報を担っている。カタログに掲載されている団体は、応援のしっぽが運営している被災地活動団体を支援する「応援もなか」というポータルサイトへの登録を経たものになっている。[11]

応援のしっぽがカタログの編集・発行、受注・発送作業を担うようになってから(「新・手作りカタログ」第一号以降)の売上を示したのが図13-2である。団体の入れ替わりは順次あるが、各カタログにはおおよそ三〇団体前後が掲載され、平均すると一団体あたり月二万円の売上がある。二〇一四年九月の月間売上が約二七九万円と飛び抜けているのは、ある団体へ企業から大口の注文が入ったためである。このように企業向けの名刺入れや学校の卒業式用のコサージュ(襟元につける花飾り)といった大口の注文が入ると売上が伸びる。また、メディアに報道されると注文が殺到する。例えば、二〇一五年二月に英国のウィリアム王子が来日した際、「希望の鶴」という商品が贈られた。その様子はメディアで報道され、日本国内だけでなく海外からも注文が殺到し、注文サイトのサーバーがダウンし、注文に対応するのに五月末までかかった。しかも、その注文の電話は、被災者への思いがこもった話、注文に至った経緯などが三〇分ぐらい続き、電話を無下に切れずに発送作業は大変だったという。

応援のしっぽは、手作り商品団体の教育機関でもあると

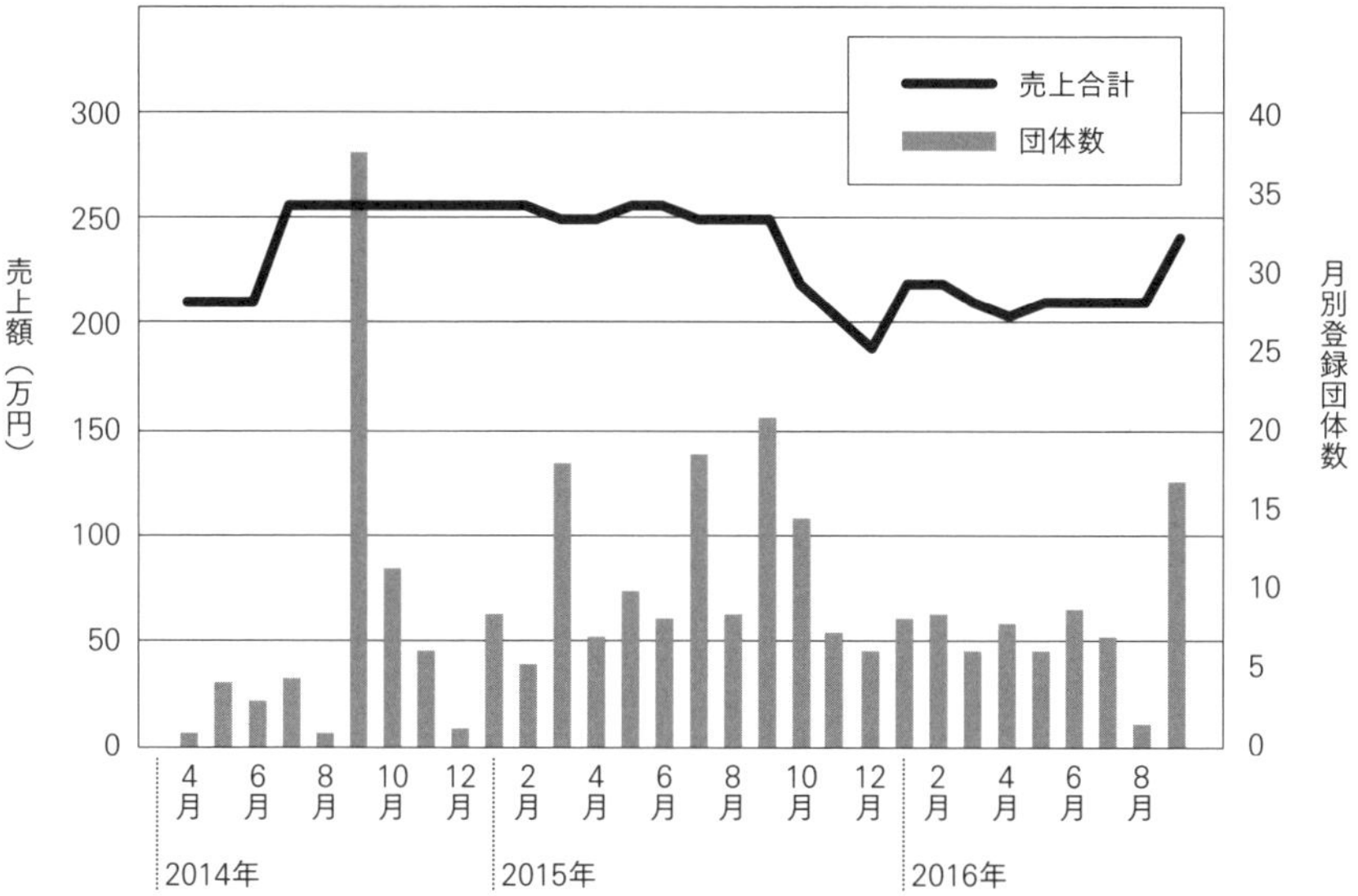

図13-2　「応援のしっぽ」の月別売上（2014年4月〜2016年9月）

広部さんは言う。東日本大震災後に多くの手作り商品団体が立ち上がったが、避難所や仮設住宅にある支援品を利用して手作りしたものも多く、ボランティアへのお礼に配られていた。商品として企画したものも、当初はボランティア団体が販売してくれて売上が手取りになるという状況だった。そこからスタートして、商売の仕組みを理解し、趣味ではなくビジネスとして継続していくという覚悟を育てていく必要があった。被災者も生きていくためにお金が必要であり、お金のやりとりを通して社会に出て、誇りをもって帰ってもらいたいし、自分が作った商品が売れることによって社会に必要とされていると実感できるのだと広部さんは言う。

このような団体による流通面の支援が、宮城県の手仕事ビジネスを支えていたのである。

5　むすび

以上、宮城県内の二つの手仕事ビジネスの事例、流通をサポートする二つの団体の事例をみてきた。

震災を契機として発生した新しい手仕事ビジネスは、多様な外部者との関わりのなかで生まれていたことが明らかになった。気仙沼のアトリエKは京都在住のドイツ人女性マリーさんの支援活動、東松島の小野駅前郷プロジェクトは埼玉県在住の男性によるソックモンキーの寄付から始まった。両者ともに材料として支援品を使っており、その製作を被災地の人びとが担った。継続した活動には、企業や三陸復興トモダチ基金といったNPO団体の支援も寄与している。発足当初のアイデア、技能、原材料、事業運営、IT、流通や販売の補助・代行など多様な外部アクターの「支援」が常に注ぎ込まれていて成り立つ活動であることが浮かび上がってくる（図13-3）。これらの外部からの支援は、「復興支援」であるため無償で行われている。

これらの無償で行われる支援は、しかし、自分たちの生産活動としてのアウトプット回路が保証されているがゆえに喜んで受け入れられる。災害支援の場では、時に「支援に対する抵抗」が看守され［マクジルトン 2013］、無償の一期一会のボランティアに対してはなんとかその場で返礼を試みる事例が報告されている［スレイター 2013］。本章で紹介した手仕事ビジネスの現場では、必ずしも支援者への直接の返礼が行われるわけではないが、積極的に多様な外部者の支援を受けて生産活動を行い、生活を立て直していくという活動が確認できた。

これらの手仕事ビジネスは、震災前の各個人の経験やスキルを利用しながらも、被災を契機として新たに発生したものである。そして、中心人物によるある程度強力なリーダーシップが発揮されている。商品は、思いつきや偶然から始まり、支援品などの手もとにある材料を利用し、作り手の技能で可能な範囲で作られた。従来のコミュニティへの影響としては、各団体において数名から数十名程度の女性の雇用創出、明確な数字化は難しいがメディアの注目、訪問者の増加など、事業に伴う地域の活性化が挙げられる。

毛糸販売会社となったアトリエKは別として、応援しっぽの売上からわかるように、手仕事ビジネスの売上は、働く女性たちを一家を支えうる主たる生計者にはしない。しかし、山口一史ら［2007］が復興CBの特徴として指摘したように、素人でも経営可能であり、多くの中高年女性が持っている手芸スキルを活用し、震災後の生活が苦しい時期に在宅で少しでも現金収入を得られる手段として、これらの手仕事ビジネスは一定の役割を果たしたといえるだろう。そうした意味では、震災前後で女性たちを取り巻く社会的文化的状況は変わりがないかもしれないが、ソックモンキーの事例のように、なかには震災後六年を経ても活動が活発に続き、金銭的にも少なくない賃金を得て、いきい

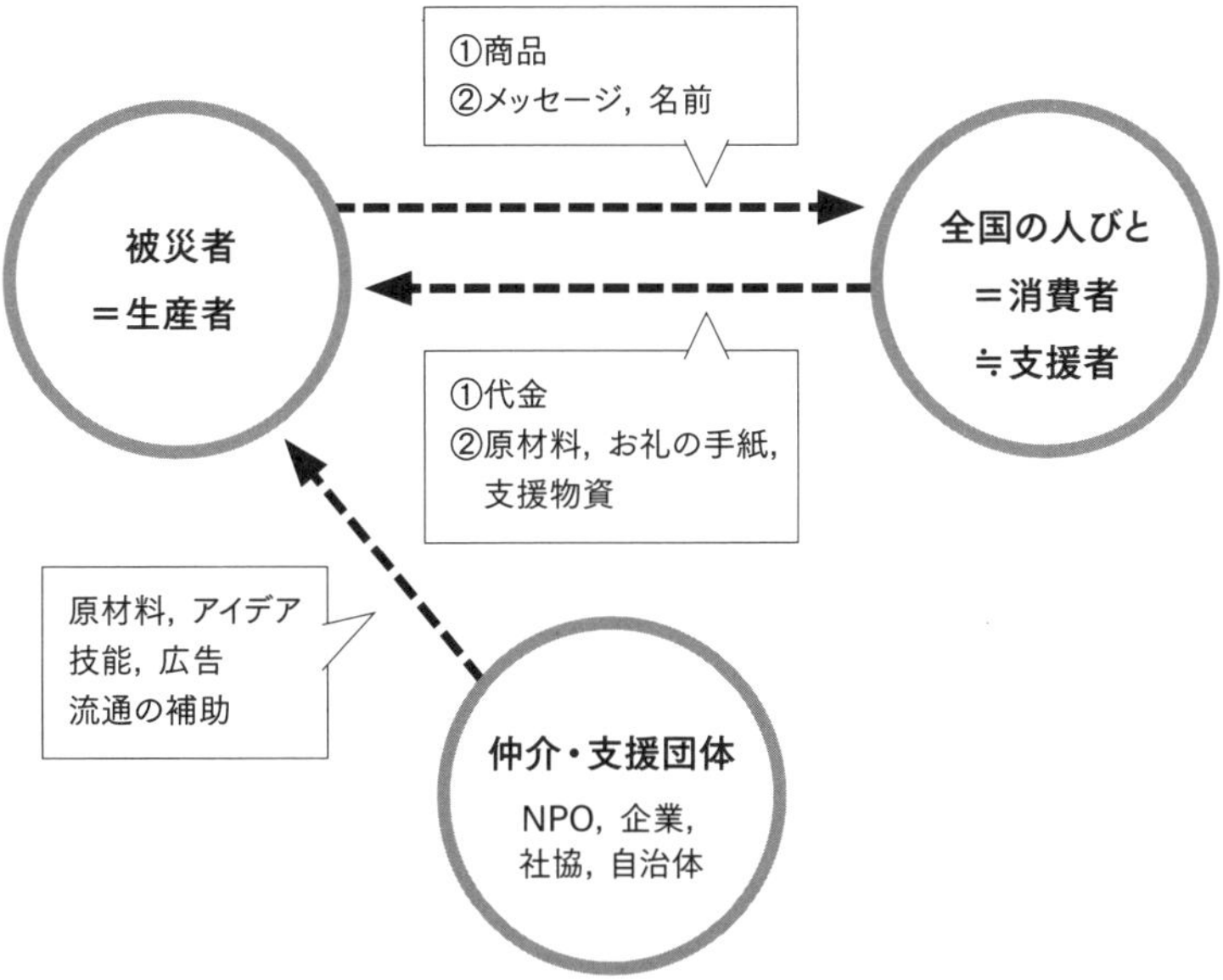

図13–3　手仕事ビジネスのモデル図

きと活動する女性たちが出てきたことも本調査を通じて明らかになった。

また、みやぎ生協およびＮＰＯ法人応援のしっぽ発行の手作り商品カタログは、宮城県における手仕事ビジネスを流通面から支える試みであり、二〇一二年から二〇一七年まで年間三〇〇万円の事業費を全国からの支援金を元手に無償で支出してきた。生協が、「消費者がくらしの全般にわたって協同の輪を広げ、くらしをより良くしていくことを目的とした、「生活の協同」を進める非営利の組織」［日本生活協同組合連合会編 2016: 27］であることに立ち返れば不思議ではないのかもしれないが、こうした流通面の支援の重要性にも目を向ける必要があろう。

そして最後に、これらの手仕事ビジネスで売られているモノには、メッセージや名前といった作り手である被災者の情報が付与され、購入者はそれを含めて支援として買うという特徴が指摘できる。その名前やメッセージを手がかりとして、購入後に生産者へ手紙や支援品の贈与、訪問などが行われる事例が本章では確認できた（図13–3参照）。

つまり、本章でみてきたような手仕事ビジネスに関わるアクターは、通常の市場経済における一回限りの貨幣と商品の交換といった非人格的な交換行為ではなく、生産者と購入者の間に手紙のやりとりや支援品の贈与といった継続的な人格的関係性を築いているといえるのである。その意味で、復興CBとしての手仕事ビジネスは、被災地内のみならず全国や時に世界ともつながる新たな社会関係を築きつつあるといえる。

謝辞

本論はJSPS科学研究費26770298、東北大学東北アジア研究センター共同研究「東日本大震災後の復興過程に関わる地域社会比較と民族誌情報の応用」(二〇一三～一五年度、代表：高倉浩樹)の助成を受けたものです。また、調査にご協力いただいた方々に感謝いたします。

註

(1) 「小野駅前郷プロジェクト」では、二〇一六年一月五日、七日、一一月三〇日にお話を伺った。

(2) マリーさん(五〇代女性)には、二〇一六年一月以降、複数回にわたりお話を伺った。

(3) T社は家族経営のドイツの毛糸メーカーであり、一本の毛糸に何色もの色が付けられている特殊な毛糸を製造・販売している。T社は環境保護活動にも積極的で、羊飼いの支援や熱帯雨林の保護など、テーマにそった毛糸の売上を寄付している。アトリエK独自の「気仙沼カラー」も発売されている。

(4) 「三陸復興トモダチ基金」は、特定非営利活動法人プラネットファイナンスジャパンが東日本大震災において被災者支援活動を手がけている米国NGOメーシーコープ、気仙沼信用金庫と共同で二〇一一年一一月から運営している。地元の中小企業、とくに小規模事業者のサポートを目指し、新規事業創出助成、雇用サポート助成、復興支援融資の利子補給、障がい者のアクセス改善の四事業について、四三二事業者に約二三億六千万円の支援を行った。アトリエKは、新規事業創出助成(初期費用の五〇パーセント、最大一五〇万円)の助成を受けた。「ポジティブプラネットジャパン」ウェブサイトによる(http://planetfinance.or.jp/index.php)[最終アクセス：二〇一七年一月二四日]。

(5) 市川さん(五〇代女性)には、二〇一六年一〇月二〇日にお話を伺った。

(6) 二〇一七年までに七三団体を取り上げ、商品誕生の物語、作り手インタビュー、商品紹介などを行っている。「東北マニュファクチュール・ストーリー」ウェブサイトによる(http://www.tohoku-manufacture.jp/index.html)[最終アクセス：二〇一七年三月一日]。

(7) みやぎ生協の活動については、二〇一六年三月八日に生活文化部の山川さん(四〇代女性)にお話を伺った。みやぎ生協は一九七〇年に設立され、現在は宮城県内に四八店舗を展開し、二〇一六年度は加入者数約七一万人、県内の世帯加入率は七二・九パーセント、供給高約一〇五一億円の規模を誇る。全国の生協の総世帯数対加入率は三六・五パーセントであり、宮城県におけるみやぎ生協への加入率は全国一高い。また、各都道府県内における食品小売シェアも、みやぎ生協は一一・五パーセントであり、コープさっぽろの一一・七パーセントに次いで全国二位である(二〇一四年度、全国平均は五・四パーセント)。日本生活協同組合連合会ウェブサイト「第六六回通常総会議案書参考資料」による(http://jccu.coop/jccu/data/)[最終アクセス:二〇一七年三月一三日]。

(8) 全国の生協店舗、宅配事業などで集められた支援金が被災三県の生協を中心に寄付され、多様な事業にも支出されている。例えばコープデリ連合会では、二〇一一年度一億五九四二万円、二〇一二年度九六二六万円、二〇一三年度六四三五万円、二〇一四年度四七五五万円、二〇一五年度四〇二八万円、二〇一六年度三一三九万円が集まっている。

(9) 「応援のしっぽ」の活動については、二〇一六年一〇月一三日に代表を務める広部知森さん(三〇代男性)にお話を伺った。

(10) 「みやぎ連携復興ネットワーク」とは、震災一週間後の二〇一一年三月一八日に創設された団体間コーディネートを担う団体である。設立当初の構成団体は、(認定特活)ジャパン・プラットフォーム、(一般社団)パーソナルサポートセンター、(特活)せんだい・みやぎNPOセンター、仙台青年会議所、被災者をNPOとつないで支える合同プロジェクトであった。みやぎ連携復興センターウェブサイトによる(http://www.renpuku.org/about/)[最終アクセス:二〇一七年三月一日]。

(11) 「応援もなか」ウェブサイトによる(https://www.oenmonaka.org)[最終アクセス:二〇一七年三月一日]。

文献

金谷美和[2015]「集団移転と生業の再建——二〇〇一年インド西部地震の被災と支援」、林勲男編『アジア太平洋諸国の災害復興——人道支援・集落移転・防災と文化』東京:明石書店、一四〇—一六五頁

ギル、トム/ブリギッテ・シテーガ/デビッド・スレイター編[2013]『東日本大震災の人類学——津波、原発事故と被災者たちの「その後」』京都:人文書院

境新一[2015]「社会的課題解決と協同組合——イタリアとイギリスの社会的企業からの考察」、現代公益学会編『東日本大震災後の協同組合と公益の課題』東京:文眞堂、六五—八八頁

スレイター、デビッド［2013］「ボランティア支援における倫理——贈り物と返礼の組み合わせ」森本麻衣子訳、ギル他編［2013］六三—九七頁

高倉浩樹・滝澤克彦編［2014］『無形民俗文化財が被災するということ——東日本大震災と宮城県沿岸部地域社会の民俗誌』東京：新泉社

日本生活協同組合連合会編［2016］『生協ハンドブック』二〇一六年六月改訂版、東京：コープ出版

マクジルトン、チャールズ［2013］「支援を拒む人々——被災地支援の障壁と文化的背景」池田陽子訳、ギル他編［2013］三一—六二頁

矢口義教［2014］『震災と企業の社会性・CSR——東日本大震災における企業活動とCSR』東京：創成社

山口一史［2004］「コミュニティビジネス」、柳田邦男編『阪神・淡路大震災一〇年——新しい市民社会のために』岩波新書、東京：岩波書店、一一〇—一二五頁

山口一史・菅磨志保・稲垣文彦［2007］「大規模災害時などにおける生活復興への有効な手段に関する調査」、『ヒューマンケア実践研究支援事業研究成果報告書』二〇〇六年度、一九—四二頁。

山口睦［2016］「災害支援と贈与——二〇世紀前半の婦人会活動を事例として」、岸上伸啓編『贈与論再考——人間はなぜ他者に与えるのか』京都：臨川書店、二六一—二八五頁

Hashimoto, Atsuko and David J. Telfer [2013] "Green Tourism Souvenirs in Rural Japan: Challenges and Opportunities," in Jenny Cave, Lee Jolliffe and Tom Baum eds., *Tourism and Souvenirs: Glocal Perspectives from the Margins*, Bristol: Channel View Publications, pp. 119–131.

Hoffman, Susanna M. and Anthony Oliver-Smith eds. [2002] *Catastrophe and Culture: The Anthropology of Disaster*, Oxford: James Currey.（＝2006,『災害の人類学——カタストロフィと文化』若林佳史訳、東京：明石書店）

第十四章

大惨事と自主的判断
――福島原発災害後の「母子避難」の意味を問う

堀川直子

1 はじめに

二〇一一年三月一一日、最大震度七の大地震に伴う津波に襲われた福島県浜通り地方で、双葉町と大熊町にまたがって立地する東京電力福島第一原子力発電所は、その運転開始から四〇年目に津波による電源故障を引き金に大惨事を起こしたのだった。三回の水素爆発、二号機の格納容器の損傷に伴って大量の放射性物質が大気中に放出された。当時の政府は三月一一日一九時三分に「原子力緊急事態宣言」を発令し、福島県は二〇時五〇分、半径二キロメートル圏内の住民に独自の避難指示を出した。政府はその約三〇分後(二一時二三分)に半径三キロメートル圏内の住民に避難指示を出し、翌朝五時四四分には一〇キロ圏内、同日一八時二五分には二〇キロ圏内の住民にも避難指示を出した[高倉・木村監修 2012: 16-17; 福島県 2017]。

そして一か月後の四月二二日に、政府は原発災害地を警戒区域、計画的避難区域、緊急時避難準備区域に設定した。警戒区域は、福島第一原子力発電所から半径二〇キロメートル圏内に位置する富岡町、大熊町、双葉町の全域、浪江町、楢葉町、川内村、田村市、葛尾村、南相馬市の一部を範囲とし、立ち入り禁止にした。計画的避難区域は、半径二〇キロ圏外である飯舘村の全域、警戒区域外の浪江町、葛尾村の全域、南相馬市、川俣町の一部に適用された。緊急時避難準備区域には、半径二〇圏外の広野町、川内村、楢葉町、ならびに田村市、南相馬市の一部が指定されたが、同年九月三〇日には一部を除いて解除された［福島県 2017］。

同年一二月一六日、政府は冷温停止状態を達成したとして、事故の収束宣言をした。そして、避難指示区域の見直しを行った[1]。この未曾有の大惨事は二〇一一年五月には前例のないおよそ一六万人という避難者を生んだことが記録されている［福島県避難者支援課 2014］。そして政府の指示によって避難を余儀なくされた住民たちは強制避難者、区域外からの避難者たちは自主的避難者あるいは区域外避難者と分類されている。政府は二〇一七年三月末をもって残るすべての避難指示解除準備区域の避難指示を解除し、それに伴い、福島県は自主的避難者に対する社会的援助である住宅支援を打ち切ることを決めた[2]。

2 問題の所在と本章の目的・調査方法

資料提供者が筆者に語ったことの中に次のようなフレーズがある。

「政府はなぜ本当のことを私たちに言ってくれなかったのでしょうか」（二〇一四年一〇月、福島市からの母子避難者）。「どうぞ私たちの存在を秘密裏にしないでください。後世に伝えてください」（二〇一四年一一月、郡山市からの母子避難者）。

福島県内外への避難者数は二〇一二年五月のピーク時に一六万四八六五人を記録し、二〇一六年一一月の時点でも八万四二八九人が避難している。そのうち県外への避難者数は、ピーク時の六万二七三六人（二〇一二年四月）から二〇一六年一一月には四万二四五人へと減少の傾向を示しているが、大惨事から五年以上が経過した時点でもなお全国の都道府県に離散している［福島県 2016］。強制避難者は、自宅から避難所へ、避難所から仮設住宅あるいはみなし仮設住宅へ、仮設住宅から復興公営住宅と移動しているのが一般的であるが、自主的避難者の場合は、自宅から避難所、避難所から仮設住宅・みなし仮設住宅へと移動する場合と、自宅から仮設住宅へ移動する場合がある。筆者が調査している東京都圏内の自主的避難者たちの多くは、自宅から親戚宅、避難所から借り上げ住宅である都営住宅、公務員宿舎などで避難暮らしをしている。このように、避難の経路、あるいは避難の時期をみても強制避難者たちとは様相を異にしている。ほんの少しの荷物だけを持って避難所を転々とした年から現在に至るまで、細切れに最初の二年間から二年間の延長、さらに一年間ごとの延長と、いわば将来への生活設計が立てにくい状態にある。政府は、二〇一七年三月末をもって双葉町、大熊町などの帰還困難区域と居住制限区域を除いてすべての被災地の避難指示を解除した。そして、帰還政策が促進されるなかで、自主的避難者たちに対しても同様の措置が取られ、住宅の無償提供の打ち切りによって次の住居を探さざるをえない状況になった。

福島原発避難者に関する先行研究は、社会学的、地理学的、医学・心理学的とさまざまな分野からアンケートを中心とした量的調査研究がなされている。社会学的な視点からの母子避難者を対象とした研究は、山形県の避難者へのアンケート調査をもとに分析したもの［山根 2013: 37–51］、秋田県に避難している自主的避難者の研究［紺野・佐藤 2014: 145–157］、家族の分散避難が発生した現状を考察した研究［原口 2015: 195–200］がある。これらの研究は、避難の困難さ、住宅の確保、経済的負担、生活の不安、孤立感、子育ての精神的・身体的負担、家族離散、福島のコミュニティとのかかわりの持ち方などをテーマとしている。避難当事者が体験をもとに著したもの［森松 2013］や佐賀県鳥栖《とす》市に避難していた六家族の物語を編んだもの［関・廣本編 2014］などからは、避難を受け入れてくれた地域住民への感謝の気持ちや避難元に残した家族や友人を想う気持ちが描かれている。さらには一般書として母子避難をルポルタージュにまとめた作品［吉田 2016］などがある。文化人類学的アプローチとしては、発災後の初期の段階における福島県在住の女性たちへの調査をもとに原発事故後のリスク概念を考察した論考がある［池田 2013］。

本章の目的は、福島原発事故後、関東圏に自主的に避難した「母子避難者」に焦点を当て、彼女たちの視点から、この原発事故がもたらした災害の一つの側面を描き出すことである。なぜすぐに避難しなければならないと思ったのか、その決断の要因は何か、なぜ五年以上が過ぎても夫や祖父母と離れて子どもだけを連れて避難し続けるのか。福島で営んでいた日常生活を捨て、新しい社会環境にどう適応していったのか、家族離散を覚悟しながらの避難とは何を意味するのだろうか。家族形態の変化は一時的なものなのか、彼女たちの行為は日本社会にどのような変化をもたらしたのであろうか。この節の冒頭に紹介した資料提供者のことばにあるような政府に対する不信感から、避難するか否かの選択を自分で判断し行動したことは、ウルリッヒ・ベックが示唆するように、日本社会をリスク社会と個人化のテーマ〔鈴木・伊藤 2011: vi〕において分析できるのかもしれない。自主的避難という行為によって、母親たちが問いかけていることは何だろうか。日本社会、政府そして福島県はどう受けとめるべきなのか、避難者たちにとって本当に必要な支援とは何なのか。彼女たちの考えや視点を通して、この大惨事のある側面を照射し考察する。

本章における調査方法は、当事者に焦点を当てた人物主体の質的調査である。母子避難をした母親たちへのインタビュー音声を反訳したテキストの分析である。資料提供者たちが避難している集住地域に赴き、そこで行われている避難者向けのサロンでの参与観察をする。資料提供者を得ることはたやすいことではない。社会福祉協議会をはじめとする支援者主催の避難者向けのイベントに参加し、そこでパネラーとして発表した避難者たちに連絡を取り、インタビューを実施する。時には、スノーボールサンプリング(3)で資料提供者を得ることもある。インタビューは半構造化形式で実施した。時間は平均して一時間半から二時間で、インタビューの始まる前に、属性をはじめ、避難のプロセスなどについてのアンケートを実施した。インタビューの場所は、最寄り駅近くの喫茶店や集合住宅の集会室などであり、自主的避難者の自宅に招かれることはない。調査者(筆者)のポジショナリティ(立場性)は質的調査において重要な要素である。福島県の出身者であること、子どもたちを対象にした「保養プロジェクト」のボランティア活動をしていたことなどを話したうえで、この調査の目的を説明する。主な質問事項は、避難した理由、経緯、避難先での暮らし、故郷と避難先での人間関係性の変化、原発に対する考え方の変化、社会的支援について、そして今後の生活設計などである。

3 自主的避難者の発生と類型

自主的避難者とは、政府が指定した避難指示区域外の地区から自主的に避難した人びとと、さらには避難指示に従って強制的に避難したのち、避難指示が解除になり帰還を促されたが、避難を継続している人びともその範疇に含まれる。辻内琢也は、自主避難者とは法や制度によってつくられる新たな災害弱者であり、自主避難とは「逃げなくてもよいのに自分で勝手に避難した人々」という意味を含み、自己責任で対処すべきという論理にされてしまう危険性があることを指摘する〔辻内 2016: 27〕。「自主避難者」ではなく「区域外避難者」の用語を用いる論考もあるが、辻内はあえて自主避難の語を使うことでその多義性をあぶりだし、論理を展開している。帰還をめぐる問題のなかで自主的避難者に対してアンケート調査を実施し、避難の要因として環境汚染の問題が多くを占め、子どもへの影響の問題、除染が進まないことへの不満、食品汚染の問題にあると分析している。本章においても、筆者はこの概念規定に同調するので、「自主避難」あるいは「自主的避難者」を使用することとする。

自主的避難者の構造を資料提供者たちの家族構成から類型化してみると、母子避難、家族避難、単身避難、父子避難に分類することができる。家族避難の多くは両親と子どもの核家族世帯であるが、母子避難に始まり、父親が途中で加わって家族で避難する場合もある。大家族で自主的に避難することは少ない。本章で事例として紹介するいわき市からの自主的避難者たちは、最初、祖父母と母親そして子どもという単位で自主的に避難した後、数週間後に祖父母はいわき市に戻っている。「自主的避難者イコール母子避難者」というわけではないが、おそらくその比率は高いとはいえるだろう。次節では「母子避難」に焦点を当て、避難の理由とその時期を考察する。

4 母子避難

母子避難者たちの避難の主要な理由は、子どもへの影響が第一である。子どもを放射能汚染にさらしたくない、守りたい一心であることに集約されるのは疑いのないことであろう。誰のイニシアティブによるのか、まずは二つの事例を見てみよう。

以下に掲げる事例1は、母親自身の即座の判断である。子どもを放射線汚染から守らなければという直感的なものである。それは、メディアが報道する当時の福島第一原子力発電所の爆発の映像や、放射線の専門家による「福島県は危険にさらされている」という発言に影響されて判断した事例である。さらに事例2は、周囲の状況に影響された母親のケースである。彼女は、信頼する職場の人びとや友人たちがどんどん避難する状況を見て何となく焦ってきたと語っている。大惨事のときには人間は周囲の環境に影響を受けやすいことを物語っている。

4-1 被災直後の決断

事例1：母親の判断で

福島市に住んでいたカズさん（三〇代後半）は、当時の様子を次のように語っている。

「二〇一一年三月一四日の福島第一原子力発電所三号機が爆発した映像を見たとき、福島の中通りに住んでいたのですが、二回の爆発が起こったということは、子どもたちを決して外へ出さない、あとは夫といつ避難するかという状況でした。私の家の近くには自衛隊の駐屯地があり、四六時中自衛隊が出動するんです。戦争じゃないかと思うくらいヘリの音が今も耳に残っています。本当に追い詰められた、普段は想像のつかない世界でした。精神的に追い込まれ、何かひどい状況になっているのではないかと思いました。ただごとではないという直感で避難を三月一四日に決めました」。

カズさんは、娘二人が四歳と一歳ということもあって、避難所を転々とするには迷惑がかかると思い、東京に住む夫の親戚宅に家族四人で身を寄せた。福島とはあまりにも状況が異なる親戚宅での暮らしぶりに、東京の現実を知らされたという。だんだんと居心地が悪くなり、二週間ほどで借り上げ住宅へ移動している。夫は当初の避難には一緒に行動したものの、地元の青年団のつながり、会社関係のつながり、さらには両親と同居しているなどの理由から、すぐに福島に戻り、以前と変わらぬ暮らしを始めた。夫からは月々の生活費を仕送りしてもらい、月に一回程度の夫の上京で家族関係を保っていた。カズさんは、自分と夫の違いを、「私は両親が転勤族で、見知らぬ土地で暮らすことに比較的慣れていましたが、夫はもともと地元からあまり離れたことがないし、典型的な田舎の人なのです」と述べている。福島での人間関係は夫ほどには強いわけではない。とにかく娘たちの健康だけを考え、自分の判断で行動し、まったく後悔していないとその決断に自信を持っている。二人の娘が就学前だったこともあって即座に行動できたと言う。

事例2：周囲の環境によって

いわき市に住んでいたユカさん（四〇代前半）は、周囲の状況や友人たちのアドバイスによって避難を決め、娘二人のことだけを考えて即座に行動できたと言う。ユカさんは震災が起こる数か月前に離婚をしていたこともその要因の一つであると言っている。当初は、自宅に待機していれば大丈夫という政府からの情報を信じ、自宅待機していたが、「だけどもう知り合いがどんどん県外に避難して逃げている状態で、友達からもひっきりなしに電話がかかってきて、「早く逃げなさい」と言ってきた。私の場合はもう、友達がほとんどみな避難という選択をしたし、私の両親も「自宅にいればいいいって政府が言ってんだから」と最初は言っていたんだけど、三日間、家にいて水もなくなり、外に水汲みに行かなければならないし、三時間も四時間も長蛇の列に並びながら、年配の父が一生懸命に水汲みに行って、一人でやっているんです。小さい子どもがいるから、外には出せないからって。私たちは子どもを見守りながら自宅待機していたんですが、これがずっと続くなんて思うと……。三月一五日に避難することを決めて、朝、タクシーで親戚の家を訪ねるために東京へ出発しました。東京の親戚宅では家が狭いという理由で断られ、その日はとりあえずホテルに宿泊しました」。

ユカさんはその後、インターネットで見つけた避難所を三回ほど転々として過ごし、現在の公務員宿舎に移動している。「両親は一週間後にはいわき市に戻りましたが、私は二人の娘と一緒に避難生活を続けています。ほんとに着の身着のままの避難から、やっと今、落ち着いてきたところです」。

事例3：父親の判断で

いわき市から避難しているミカさん（四〇代前半）は、夫が放射能に対する意識が高く、強く勧められて母子避難を決めた。

「私は放射能に関する知識はなかったです。夫の方がそういう知識があって、一番考えていました。子どものために、ここの水道も危険水が出ていて危ないかもしれないし、食べるものにしてもどうなるかわからないっていう状況で、早い方がいいという判断で三月一五日に避難しました。まず夫の親戚が住む川崎へ行き、そこで夫はいわき市に戻りました。それから夫の会社の社宅みたいなのがある東京へ行きました。娘二人と私の三人で、そこから赤坂プリンスホテルが避難所になっているという情報を姪っ子が教えてくれて、そこに一か月ほどいて、現在の集合住宅へ避難しました」。

ミカさんは二人の娘と母子避難しているが、長女は大学受験の時期だった。娘は結局、一年浪人した後、大学に入学した。

4-2 被災一年後の決断

事例4：一年後の母子避難

原発災害一年後に母子避難したジュンさん(四〇代前半)は、二〇一二年三月に中通りの本宮《もとみや》市から東京都東久留米市に避難している。なぜ事故から一年後になったのか、その理由を次のように語っている。

「もともと、そんなに放射能汚染に関する知識があったわけではないのですが、一年間が過ぎていくなかで、……何だろう、危ないんじゃないかっていう、わからないんですけど、このままではいけない、本能みたいな感じで、離れた方がいいのかなぁって思い始めて。二〇一一年四月から県の臨時職員で知的障がい者の職業訓練のところで働くっていうのがあって、私がやりたい仕事だったので、すぐに避難っていうのは頭の中に浮かばなかったんですよ。でも、障がい者の介護の仕事をしている間、ときどきインターネットなんかを見ていると、やっぱり避難のこととかが出てくると、気にしているから目につくわけです。それで、いろいろ受け入れ先があるんだな、なんて、自分も常に不安を抱えて生活していたので、関心を持つようになりました。自主的避難ということが頭の片隅にあって、いろんなサイトを見ているうちに、東京で受け入れている、最終だということがあって、行ってみようかなと。やらないでいるより、やって後悔した方がいいというタイプですから」。

ジュンさんは、東京は生活していくにはいいし、親族もいるし、以前に何回か行ったこともあるし、住むことに不安はなかったと語る。夫は年齢的に五〇歳近く、東京での再就職はおそらく難しいと判断し、二重生活になることを覚悟して、母子避難で安全な道を選んだという。最初の一年間は小学生の次女と長男の三人で東久留米市の集合住宅での避難生活を送り、長女は小学校の卒業式まで福島に残り、一年遅れで加わった。

5 避難先での暮らし

このように家族離散を覚悟して自主的に避難した母子たちは、避難先でどのように日々暮らしたのだろうか。本節では、すでに取り上げた例に二事例を加えて、母子避難をした結果について考察してみる。

5-1　母子避難のその後

事例1のカズさんは、避難した当初は夫の仕送りだけを頼りに二人の娘を育てていた。福島では保険関係の事務の仕事に就いていたこともあって、パートでファイナンス関係の仕事を始めて、二〇一六年夏の時点で仕事を二つ掛け持ちしていた。昼は事務職、夕方はコンビニエンスストアでアルバイトをしている。みなし仮設住宅に住んでいるわけではなく、支援者が提供してくれた住宅にいる。彼女は、今後も福島に戻ることはなく、東京で暮らし続けるということである。

事例2のユカさんは、現在シンガーソングライターとして活躍し始めている。いわき市に住んでいたときも、歌手として結婚式場などで歌っていたが、避難して一年が過ぎた頃に電車の中で曲が浮かび上がり、自分の歌を作り、ボランティアの協力を得てCDを制作したという。教会あるいはクラブでのライブ活動が盛んになり、二〇一六年からはフランスでライブ活動をする機会にも恵まれている。フランスでは、福島原発災害の避難者であることをメッセージとして表明しているという。

「前までは、避難者として暮らしてからの二年間は、自分の存在が嫌だったんですよ。その……、逃げてきたっていうふうになって、それで地元に帰っても地元のために力になるわけでもなく、だけど住民票はそのまま置いてきた。避難者住宅に住んでいるっていうのがすごくあって、ほんとにお世話になってばかりみたいな、音楽を本格的に再開して自分の立場がわかってきた感じがします」。

ユカさんは、音楽で自立するようになって、自分のことを避難者であったと表現はするが、社会に何か役立っていると自分で意識したときに当事者意識から離れていると感じると言う。

事例3のミカさんの場合は、現在は求職中のいわば専業主婦であるが、当初は、いわき市で働いていたときの失業保険もあったという。夫からの仕送りだけでは生活が苦しいので、パートの仕事を探しているが、次女が小学生で小さいので、まだ働く予定はないという。

事例4のジュンさんの場合は、東京に避難してすぐに介護関係の仕事を探し、介護福祉士としてフルタイムで働いている。それでも、「やっぱり一年目は様子をうかがって生活していた。二年目はまぁ、少し慣れてきたけど、まだ二年ですから。三年目になって、ちょっと余裕が出てきて、周りに気が向くようになってきたので、子どもだけじゃなくて親もいろいろ活動に参加してみようかな、と」という状態になってきていると話す。

家族離散を覚悟の上で、母子避難者たちは避難生活を続けている。彼女たちは、福島県に住んでいる夫からの仕送りと自らの仕事の両立で生計を立てているものの、決して裕福ではない。住宅支援があるからまだ東京での暮らしが成り立つと主張している人が大半である。

5-2 離婚か家族再結集か

避難の結果がもたらした対照的な事例として、家族離散後の離婚に陥ったケースと、家族が揃って再結成し避難から移住に変化したケースがある。

事例5：避難後の離婚

中通り北部から東京に避難したのち離婚したトモさん(三〇代後半)の事例である。

「震災のとき、私は病気の療養のために福島県中通りの実家におりました。原発の爆発があったとき、夫からメールがあり、とにかく逃げることができるならどこかへ避難しなさい、と。夫の会社は電気関係の工場だったので、爆発したから危ないという情報が出まわっていたんです。牛乳からすごく高い放射線量が検出された。妊娠していたので、県外に避難した方がいいだろうという主人の強い勧めもあって、最初は神奈川県の方へ主人と一緒に避難しました。主人はその後すぐに仕事の関係で福島に戻りました」。

その後、彼女は五か所の避難先を転々として、横浜で出産し、現在の都営住宅で子育てをしている。

「結局、私は離婚しました。もともと主人は年上で、彼の親の面倒を見てほしいために結婚したようなものですから。東京はシングルマザーでもなんとか生きていけます。田舎よりも生きやすい感じがします」と述べている。

事例6：避難から移住へ

郡山市から息子二人を連れて新潟県佐渡市に母子避難したアケミさんは、三年間の避難暮らしの後、夫とともに東京で暮らすことを決めたという。

「佐渡では上の息子が小学校二年になるまで暮らしましたが、最初の頃は夫も月に一回は福島と佐渡を往復してくれたし、私たちも夏休みとかに帰っていたのですが、徐々に少なくなってきました。私は介護の仕事をしながら子どもたちと暮らしていましたが、上の子は何かにつけて父親を恋しがったし、やっぱり家族がバラバラに暮らすのはよくないなぁと思い、夫に東京で仕事を探してもらいました。たまたま夫の会社の寮に住むことができ、家族四人で東京での生活を始めました。その半年後に、中古の家ですけど購入しました」。

アケミさんも介護福祉士として働き始めている。

家族離散の状態が長引くと、いつ福島に戻ってくるのかという夫側の要望に対して、同意できない妻は対立するが、結局、夫のもとに帰る場合が多い。「そうやっていつまで逃げているの」と祖父母に言われ続け、いったん離れた家族内の人間関係や友人関係を修復することも容易なことではない。子どもの健康や教育に対する夫婦間の感覚や考え方の相違が家庭内の対立構造を生むことになる。その結果、夫の不義なども重なり離婚という結果に至る事例もある。

6 自主的避難の合理性

6-1 賠償金と権利

なぜ、福島原発の事故は多くの自主的避難者を生み出したか、吉村［2015］は、法学者の視点から避難に関連する損害賠償の合理性や相当性を考慮する場合に二つの問題があると指摘している。一つは避難行動自体の合理性・相当性の問題、もう一つは避難行動に伴って発生した被害に対するものである［吉村 2015: 210］。避難行動自体の合理性については、国と東電、原発関連団体・組織の情報の混迷、放射線基準値の政治的決定への疑問、不信、不安があり、自主的避難者が放射線被ばくについて「正しい」知識や情報を持っていなくとも、科学的根拠に乏しい「不安」に基づき一般人が危険だと感じることには「社会的」合理性があるとみなすという原子力損害賠償紛争審査会の見解を指摘している［吉村 2015: 211–212］。そして、国が定めた避難指示解除準備区域の年間積算線量二〇ミリシーベルト以下が、いかに被災者の感覚とかけ離れているかに言及している。心理学の知見を引用して、人びとの主観的・直感的なものとしての「不安」は、「恐ろしさ」や「未知性」としてリスク認知できるとして、避難の合理性を説いている。

福島県には、災害救助支援法に基づき仮設住宅やみなし仮設住宅などの支援が適用されている。二〇一二年に超党派の議員が立法・成立させた「子ども・被災者生活支援法」、正確にいえば「東京電力原子力事故により被災した子どもをはじめとする住民等の生活を守り支えるための被災者の生活支援等に関する施策の推進に関する法律」である。この法律は理念法であり、国の避難指示基準の年間二〇ミリシーベルトを下まわる地域で一定の基準以上の放射線量が計測される地域の被災者を対象にしている。避難指示区域等を除く、福島県中通り、浜通り地方を支援対象地域とし、それ以外を準支援対象地域としている。それらの地域に居住する住民は、避難、残留、帰還のいずれの選択をしても等しく支援するものである。このことによって自主的避難者たちがある程度の賠償を得て避難を決断することができたともいえるのだが、自主的避難者の賠償額があまりにも低く、自主的避難者の多くが母子であったことに鑑み、賠償金は福島市、郡山市、南相馬市、いわき市に住む一八歳未満の子ども及び妊婦(白河市や会津地域は対象外)に二〇一一年一二月末までの分として一人当たり四〇万円、それ以外の人には当初八万円を支給した[大友 2016: 176]。福島県は自主的避難者に対して、災害救助法に基づいて二年間の住宅の無償提供を行い、その後一年ずつ延長してきたが、二〇一七年三月をもって終了した。吉村が主張するように、避難する権利を認め、それを実現するための支援を認め、また、とどまる権利も正当なものとしてそれに見合った補償を与える。帰還する権利と移住する権利を認める。さらに、除染の進行や生活回復の状況を見ながら事故の収束を待避する権利を認める。滞在者(さまざまな理由からとどまった人、あるいは一時避難先から帰還した人)にも自主的避難者にも同じように慰謝料を認めることが必要なのだろう[吉村 2015: 222–226]。

6-2 帰還をめぐる葛藤と選択

自主的避難者たちにとって、住宅支援の打ち切りは大きな問題である。再び帰還をめぐってのその選択を強いられている。帰還は避難の裏返しの問題でもある。自主的に避難という決断をし、さらに今度は帰還するかどうかの決断を迫られることになった。国と福島県は、除染の進行度合いによって、環境は整ったとして帰還を進めている。避難者の不安はまだ拭い去ることはできないまま、廃炉に向けた作業も思うように進まぬ状態で、避難者たちのネットワークは支援延長を嘆願し、具体的な活動に移している。それに対し、政治がどう応えていくのかを見守ることが必要である。

被災から四年が経過した後に自主的に山梨県に避難した母子がいる。それまでは毎年、北海道から沖縄まで、「保養プロジェクト」を利用して、長いときは夏休みのあいだ三週間ほど北海道に保養に行っていたという。日頃の閉塞的な空間から解き放たれた息子の喜ぶ姿を見て、最終的には二〇一五年三月に自主避難を決め、周囲からは今頃になって避難してもどうなるのかと言われたが、夫を説得して、二重暮らしを覚悟し、思い切って放射能汚染の少ないといわれる山梨県に決めたという。狭いアパートで息子と二人暮らし、夫は毎月一回、高速道路の無料制度を利用して会いに来る。貧しくつましい暮らしだが、安心しているという。避難の選択という権利は誰にも自由にあるのだと主張する彼女の言葉が印象的である。

ウルリッヒ・ベックは、「日本が世界リスク社会に突入したことは、ヒロシマと福島という二つの重大事件の経験と切り離すことはできない。重要な問題のひとつは、日本人の自己理解がこうした認識にどれだけ開かれているかである」[ベック 2011: 11]と指摘し、原理的な政治決断を迫るとしている。鈴木らは、ベックが著書『リスク社会』で論じているもう一つのテーマ「個人化」に着目している[鈴木・伊藤 2011: vi]。帰属してきた中間集団の解体によって、個人による自己選択の余地が拡大するとともに、ライフコースの脱標準化や、離婚などのリスクを個人が処理しなくてはならないという現象、自己責任とみなされることなど、福島の大惨事における母子避難の行動は、まさに「個人化」を体現しているのではないだろうか。そして、そこには原発災害後の日本社会のありようをみることができる。

7 おわりに

本章では、自主的避難者のうち母子避難に焦点を当てて、避難した理由と、その結果どうなったのかを考察してきた。資料提供者たちは関東圏に避難している母子たちである。受け入れる都道府県によって避難の暮らしの実態は異なるだろう。東京都の場合、都営住宅に避難した母子避難者に対しては、二〇一七年三月末で住宅支援が打ち切りとなったものの、優先的に継続して居住することを可能としている。

ここに事例として挙げた母子避難者たちは、福島県外に出ることで、低線量被ばくから遠ざかって暮らしを営むことを選択した。しかしながら、福島で培った親族を含めた人間関係を断ち切って新しい環境で生きることは容易ではないと述べる。母子避難者の多くは、福島と避難先での二重の暮らしのなかで経済的に困窮の水準にある。家族離散から離婚という結果に陥った事例もある。帰還を望む夫とともに子どもを守るために避難先にとどまる、あるいは、避難から一年後に自宅に戻っている事例もある。

母子避難者たちは、政府と福島県の帰還政策に翻弄され、今後どのような方向へ向かうのだろうか。ジュンさんは、避難先からそう遠くはない都営住宅に入居が決まり、二〇一七年三月に引っ越すことになった。次女の甲状腺精密検査の心配をする母親としての姿を見せる一方で、趣味のサーフィンをまた始めたいと言っている。引っ越し費用の捻出を考えながらも、力強く東京で家族離散のまま母子でしばらくの間生きていくという。ユカさんはシンガーソングライターとしてフランスと日本を往復しながら、今後も東京で生きていく。カズさんは日中のフルタイムの仕事と夕方のパートタイムの仕事の二つをこなしながら、家族離散のまま東京で今の暮らしを続けるという。避難のリスクを負いながらもなおも避難している状態を続けたい母子たちへの支援は継続することが望まれる。そして、彼女たちの放射線に対する不安と恐れをいかに取り除くか、専門家と行政が協働して納得のいく情報を提供することが必須なのではないだろうか。

避難した母親たちの多くは、この特異な体験によって自分が変わるチャンスをもらったと認識しているという。差別の問題などが起きたときに、当事者たちの気持ちが理解できるのは被災者である。自分自身の体験を積極的に話していきたいという母親たちは、市民社会形成のアクターとして存在価値を示すことができるのではないだろうか。一方で、母子避難者の何割かは母子家庭になっていくのかもしれないという現実を直視するとき、この大惨事が引き起こした責任を政治家と企業の経営陣、そして日本社会がきちんと認識しなければならないだろう。

謝辞

本研究はJSPS科学研究費 JP25220403 の助成を受けたものです。

インタビューに応じてくれた資料提供者の方々に感謝する。リストは以下のとおりである。個人情報保護上、すべて仮名とした。括弧内はインタビュー年月。

事例1「カズ」:福島市からの母子避難者(二〇一四年一〇月)、事例2「ユカ」:いわき市からの母子避難者(二〇一四年一二月)、事例3「ミカ」:いわき市からの母子避難者(二〇一五年四月)、事例4「ジュン」:本宮市からの母子避難者

（二〇一五年一月）、事例5「トモ」：中通り北部からの母子避難者（二〇一五年五月）、事例6「アケミ」：郡山市からの母子避難者（二〇一四年一二月）。

註

（1） 区域見直しとは、避難指示区域を放射能汚染の程度によって三つの区域に再編したことである。つまり、避難指示解除準備区域（年間積算線量二〇ミリシーベルト以下）、居住制限区域（年間積算線量二〇ミリシーベルト超）、帰還困難区域（五年を経過しても年間二〇ミリシーベルトを下まわらないおそれのある年間五〇ミリシーベルト超の地域）とし、比較的汚染の少ない地域から住民を戻す計画を立てた。区域見直しは二〇一二年四月より実施され、翌年八月の川俣町の再編で完了した。二〇一四年四月に田村市都路地区で、同年一〇月に川内村の避難指示解除準備区域で避難指示が解除され、同村の居住制限区域は避難指示解除準備区域に再編された［除本 2015: 36–37］。

（2） 受け入れ先の地方自治体によっては住宅支援を延長するところもある。福島県によれば、二〇一六年一〇月の集計で打ち切り対象は一万五二四世帯二万六六〇一人、県外は五二三〇世帯一万三八四四人である。鳥取県などの六道府県が住宅無償提供の延長を発表している（「毎日新聞」二〇一七年一月六日、http://mainichi.jp/articles/20170106/）。

（3） スノーボールサンプリングとは、少数の選ばれた回答者のグループから始めて、さらに連絡先を求めてサンプルを選択する方法である。したがって、無作為のサンプルではなく、母集団の特性の推論をそのような研究からはできない。主に詳細な質的データの収集、明らかなサンプリングフレームがない敏感なトピックや個人的な接触が最良の選択方法である場合に使用される。性的習慣や遺族の経験などの調査に使用されるかもしれない［*Collins Dictionary of Sociology* 1995］。

文献

池田陽子［2013］「「汚染」と「安全」――原発事故後のリスク概念の構築と福島復興の力」、トム・ギル／ブリギッテ・シテーガ／デビッド・スレイター編『東日本大震災の人類学――津波、原発事故と被災者たちの「その後」』京都：人文書院、一六五―二〇〇頁

大友信勝［2016］「自主避難者への社会的支援」、戸田編［2016］一六九―一九五頁

紺野祐・佐藤修司［2014］「東日本大震災および原発事故による福島県外への避難の実態（1）――母子避難者へのインタビュー調査を中心に」、『秋田大学教育文化学部研究紀要』六九：一四五―一五七

鈴木宗徳・伊藤美登里［2011］「はじめに――連続シンポジウム「個人化する日本社会のゆくえ――ベック理論の可能性」

によせて」、ベック他編［2011］v—xii頁
関礼子・廣本由香編［2014］『鳥栖のつむぎ——もうひとつの震災ユートピア』東京：新泉社
高倉浩樹・木村敏明監修、東北大学震災体験記録プロジェクト編［2012］『聞き書き　震災体験——東北大学　九〇人が語る三・一一』東京：新泉社
田中聡子［2016］「漂流する母子避難者の課題」、戸田編［2016］一〇二—一一四頁
辻内琢也［2016］「大規模調査からみる自主避難者の特徴——「過剰な不安」ではなく「正当な心配」である」、戸田編［2016］二七—六四頁
戸田典樹編［2016］『福島原発事故　漂流する自主避難者たち——実態調査からみた課題と社会的支援のあり方』東京：明石書店
原口弥生［2015］「分散避難・母子避難と家族」、関西学院大学災害復興制度研究所・東日本大震災支援全国ネットワーク・福島の子どもたちを守る法律家ネットワーク編『原発避難白書』京都：人文書院、一九五—二〇〇頁
日野行介［2015］「原発避難の発生と経過」、関西学院大学災害復興制度研究所他編［同前］一九—三〇頁
ベック、ウルリッヒ［2011］「この機会に——福島、あるいは世界リスク社会における日本の未来」鈴木宗徳訳、ベック他編［2011］一—一二頁
ベック、ウルリッヒ・鈴木宗徳・伊藤美登里編［2011］『リスク化する日本社会——ウルリッヒ・ベックとの対話』東京：岩波書店
福島県（ふくしま復興ステーション）［2016］「県外への避難者数の状況」、福島県ウェブサイト（http://www.pref.fukushima.lg.jp/site/portal/ps-kengai-hinansyasu.html）［最終アクセス：二〇一六年一二月］
——［2017］「避難区域の変遷について—解説—」、福島県ウェブサイト（http://www.pref.fukushima.lg.jp/site/portal/cat01-more.html）［最終アクセス：二〇一七年九月一一日］
福島県避難者支援課［2014］「福島県避難者意向調査　調査結果」、福島県ウェブサイト（https://www.pref.fukushima.lg.jp/uploaded/attachment/61530.pdf）［最終アクセス：二〇一七年一月二〇日］
森松明希子［2013］『母子避難、心の軌跡——家族で訴訟を決意するまで』京都：かもがわ出版
山根純佳［2013］「原発事故による「母子避難」問題とその支援——山形県における避難者調査のデータから」、『山形大学人文学部研究年報』一〇：三七—五一
除本理史［2015］「被害の包括的把握に向けて」、淡路剛久・吉村良一・除本理史編『福島原発事故賠償の研究』東京：日本評論社、二八—四二頁

吉村良一［2015］「「自主的避難者（区域外避難者）」と「滞在者」の損害」、淡路他編［同前］二一〇―二二六頁
吉田千亜［2016］『ルポ母子避難――消されゆく原発事故被害者』岩波新書、東京：岩波書店
Horikawa, Naoko [2017] "Displacement and hope after adversity: Narratives of evacuees following the Fukushima nuclear accident," Mitsuo Yamakawa and Daisaku Yamamoto eds., *Unravelling the Fukushima disaster*, New York: Routledge.

第十五章

沖縄県における避難者受け入れ過程

及川　高

1　問題の所在

1-1　混乱のなかでの避難

次のテクストは、東日本大震災から一週間後、沖縄の地元紙「琉球新報」朝刊に掲載された社説の一節である。

まず急を要する支援として、県と市町村が実施中の人命救助をはじめ、救援物資の輸送、募金活動などがあるだろう。もう一つ、疎開者の受け入れ態勢を整えることではないか。被災地の東北地方は寒波が到来し、真冬並みの寒さの中で被災者は肩を寄せ合って避難生活に耐えている。完全復旧までには相当の時間がかかるだろう。県や市町村の公営住宅への入居や仮設住宅の建設、学校の体育館の開放、国の宿泊研修施設も利用できるのではないか。思いやり予算で建設された米軍住宅で空き部屋があるなら、この際提供を検討してもらいたい。観光業界も動いている。民泊なら一般家庭でも可能だ。かつて沖縄は沖縄戦を避けてお年寄りや児童を九州や台湾に集団疎開させた経験がある。沖縄戦直後は家に戻れず、しばらく米軍収容所での生活を余儀なくされた。県民は激烈な沖縄戦で肉親を失ったつらさに耐え、支え合って困難を乗り越えてきた。私たちにとって被災者の痛みは人ごとではない。まずお年寄りや子どもたちなど弱者の疎開受け入れを急ぎたい（「琉球新報」二〇一一年三月一八日）。

とくに説明は要しないであろうが、読者に被災者支援、とりわけ避難者の受け入れ体制を整える必要性を訴えた文章である。おそらく、このような意見表明は震災直後、日本各地で相次いだものの一つにすぎないが、ここで注意を促したいのは、この一文に含まれる沖縄ならではの比喩である。例えば、このテクストは避難者を「疎開者」と呼んでいる。言うまでもなく、日本の行政が東日本大震災からの避難を「疎開」と称した事例はなく、この言葉は「琉球新報」によって選び取られている。戦争の経験に基づいたこの比喩はテクストの中で、地上戦の経験や肉親の死、集団疎開の記憶、収容所の暮らし、さらには「思いやり予算」といった語彙に展開され、避難者の受け入れという主張はその先に導かれている。いわば沖縄社会は震災を、戦争体験をめぐるボキャブラリーで翻訳して了解したのである。

本論がこの「翻訳」にひとまず焦点を合わせたのは、震災直後の状況における人間の認識能力の限界をもう一度想起するためである。未曾有の経験としての東日本大震災を目の前にして、われわれの「今起きていること」への認識には大きな制約があった。それは政府やマスメディアの機能不全のためだけではない。欠如していたのは目前に進行する事態を記述するテクストであり、用語法であった。現地社会に到着したてのフィールドワーカーのように、震災の前でわれわれは皆等しく現実を記述するすべを欠いていたのではなかったか。

しかし、それでもわれわれはそうしたなかで動き出さなくてはならなかった。それは具体的な社会のスケールでは避難として、またその受け入れの必要性としてわれわれに迫った。前記の一文は、震災を戦争体験の比喩で翻訳することで眼前の出来事に秩序を与え、だから「人ごとではない」のだと沖縄県内の読者に受け入れを呼びかける。確かに「疎開」という表現は、今の目から見るとまったく違和感なしとはしえない。だがその違和感とは、震災直後という状況が、現時点のわれわれにとって一種の異文化であるがゆえにこそ喚起されるのである。

1-2 本章の課題

沖縄県のケースを通じて本章でみていくのは、この震災直後の初動の混乱のなかで、被災地の外の社会において避難者の受け入れが進められたプロセスである。震災直後には不確かな情報と深刻なストレスのために人間の認識能力は制約され、しかし誰しもそのなかで大きな決断を下していかねばならなかった。その際に被災者たちがどのように行動したかは、当事者からの聞き取りも集積され、検証が進んでいるように見受けられる。だがその一方で、避難の動きに対応し、受け入れに名乗りを上げた社会がそのことをどのように決定したのかは意外に明らかになっていない。とくに見過ごされがちなのは、避難者を受け入れる側の情報も制約されていたという事実である。結局、状況がこれからどう推移するのかわかっていないのは受け入れ側も同様であった。そうした不透明さのなかで避難者を受け入れていった社会の動きとは、避難という状況をつくり出したダイナミズムの一面なのである。

以上の視点に基づき、とくに本章では行政ならびに受け入れを進めた諸団体をアクターとして捉え、沖縄社会が避難者の受け入れに向かったマクロな過程を追っていく。ちなみに、このプロセスはよりミクロなプロセスとしての、被災者—地域社会間の関係構築という問題を含むものの、この点は紙幅の制約からまずは措くこととする。資料としては沖縄ローカル紙である「琉球新報」「沖縄タイムス」の記事をリアルタイム情報とした。また現状に関しては沖縄県庁危機管理課からの聞き取りを中心に、さらに一部避難者からの聞き取りで情報を補っている。最後に付記して強調したいのだが、本論は避難者受け入れのプロセスに対する「評価」は目的とはしていない。議論を先取りすれば、沖縄の避難者受け入れは現在、大きな課題を抱えており、かつそれは受け入れのプロセスそのものに一部起因していると筆者は理解している。ただ、だとしてもそれは関係者の不見識や怠慢によるものではなく、大災害後という状況が引き起こした構造的な問題として捉えるべきだというのが本論の立場である。

議論の前提として沖縄への避難者の概要を述べておきたい。復興庁の集計によれば、二〇一六年一月末の時点で、東日本大震災による避難者は全国総数で一七万七八六六人である。ここでいう避難者とは、何らかの理由で震災前の住所に戻れず、仮設住宅や親類縁者のもとに身を寄せている人びとを指す。その総数のうち、元の県内での避難者数は一二万二六七八人で全体の約六九パーセントを占める（図15-1）。その残数となる避難者の約三割が県外避難者だが、図15-2はその数を避難先県別に整理したものである。受け入れ先は東京や埼玉、神奈川など関東の都市部、および福島に隣接する二県が突出している。他方、東海地方以西への避難は多くとも一県あたり千人前後にとどまっている。こうした傾向のなかで沖縄県の受け入れ数は多く、九州各県と比較してもなお福岡を上まわっている。

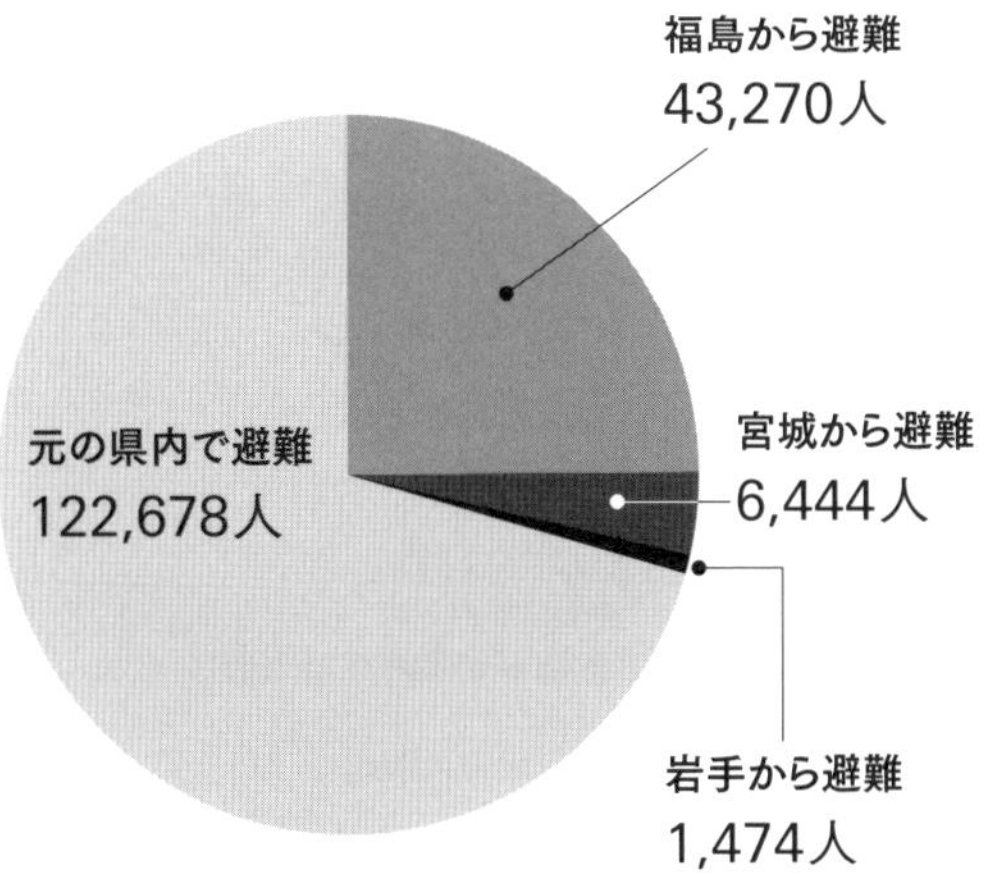

図15-1　避難者の状況別割合

＊2016年1月29日現在.
出所：復興庁調査資料をもとに筆者作成.

沖縄への避難者の層が特徴的であることはすでに指摘がある［南 2014］。それは、例えば避難先が親戚・知人の世帯といった伝手《つて》か、それともそうしたコネクションなく移住した住宅施設であったかという統計データにも表れている。すなわち図15-3に見えるように、沖縄は圧倒的に「親戚・知人の家」の回答が低く、大半が伝手のないなかで逃れてきているのである。この結果は福島の原発事故が避難者の動機づけに大きく影響したことを示している。原発事故の影響については、震災後の混乱のなかでメディアを問わず憶測が飛び交った。混乱が喚起した恐怖感は深刻であり、甚だしくは東日本全域の「壊滅」の可能性さえ訴える者もいた。こうした真偽不明の情報が心を蝕むなかで、特定の避難者から沖縄は「放射能」から逃れる有力な避難先と目されたのである。さらに言えばこうした心の働きに、「楽園」としての沖縄イメージは無関係ではなかったことだろう［多田 2004］。実際、受け入れ団体が被災者に向けた言説には、「癒し」や「ケア」といった用語が高い頻度で見受けられる。原発事故からの避難行為としての合理性はともかく、沖縄への避難という選択が、とくに不安に鋭敏に反応した一部の人びとに選び取られるべき理由は十分にあったと言えよう。

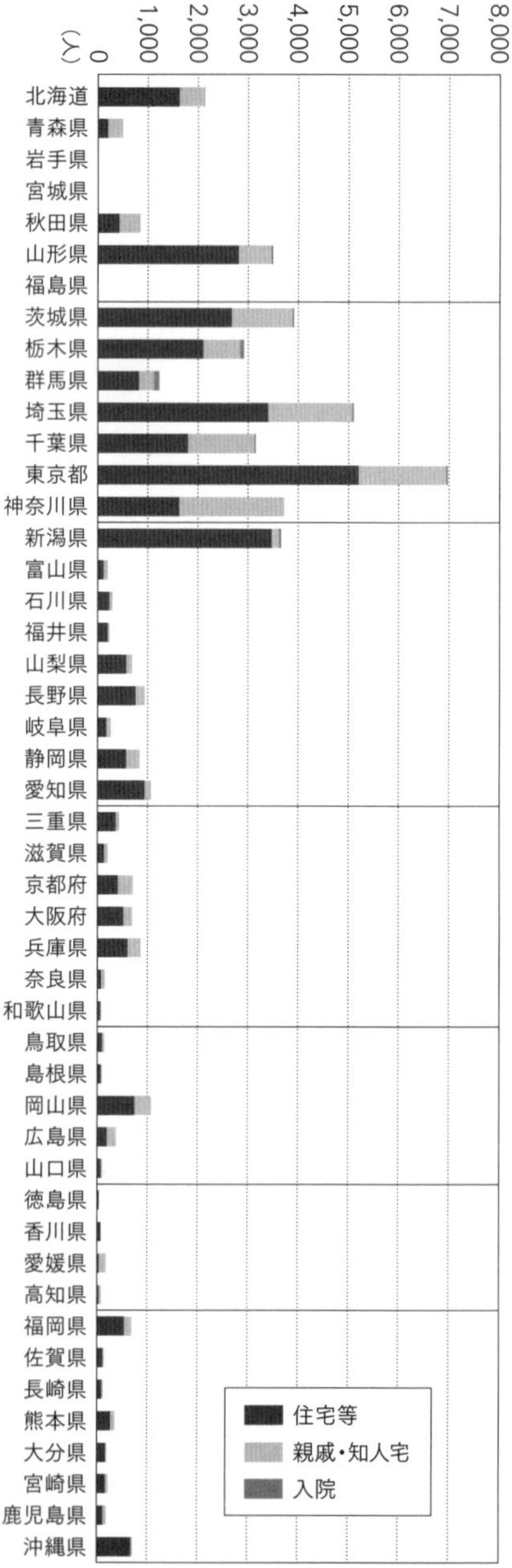

図15-2　県外避難者の数的分布

＊2016年1月29日現在.
出所：復興庁調査資料をもとに筆者作成.

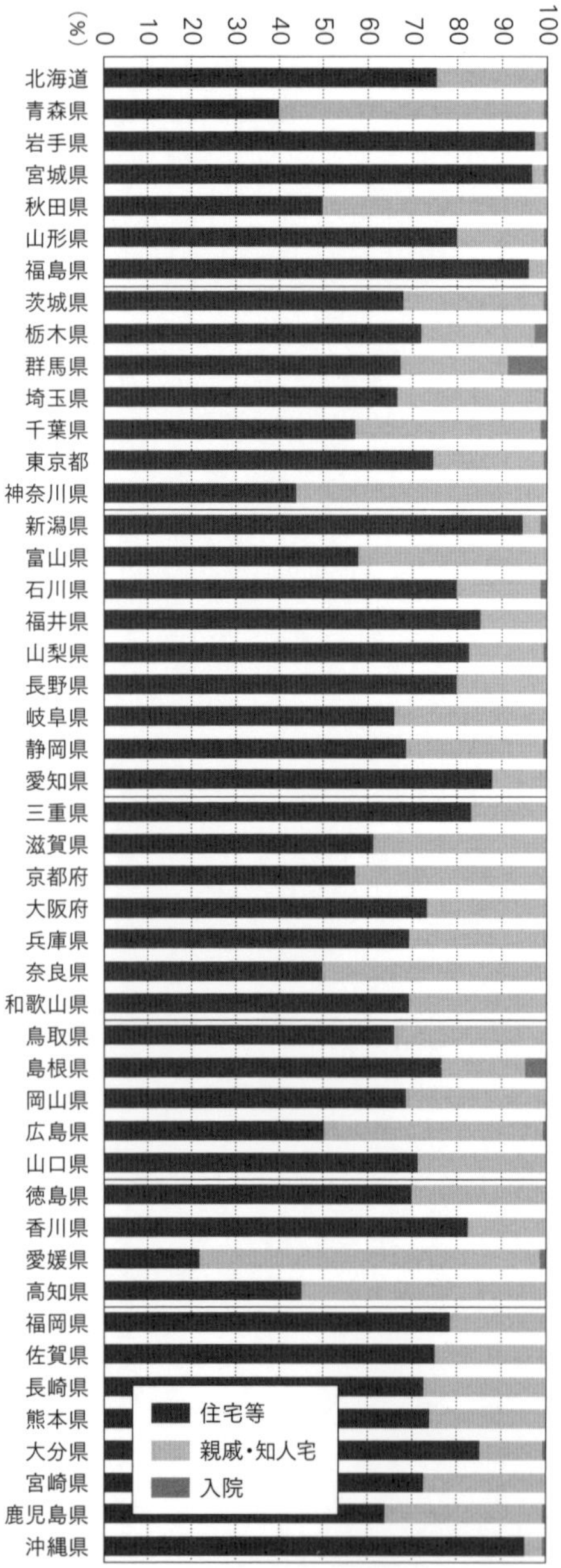

図15-3　避難者の状況別割合

＊2016年1月29日現在.
出所：復興庁調査資料をもとに筆者作成.

2 沖縄県における避難者の受け入れ過程

2-1 民間団体の先行

それでは、そのような避難者を、沖縄県はどのように受け入れていったのだろうか。沖縄の場合、受け入れ事業はまず民間の動きとして現れた。最初に声をあげたのは貸し別荘を扱う県内企業で、二〇一一年五月までを期限に避難者に一部施設を無償提供すると表明し、それは二〇一一年三月一六日付の「琉球新報」朝刊で記事になっている。この動きは一社にとどまらず、記事の中には他にも複数施設が無償や割引での受け入れを検討していることが述べられている。さらに三月下旬以降にはホテルや別荘、ユースホステル等への受け入れだけでなく、不動産業者が滞在施設の提供を申し出るようになる。その最初の記事は三月二六日のもので、空き部屋を五室、六か月間にわたって無償提供する用意がある旨を、ある業者が表明している。

こうした迅速な反応は沖縄が単に観光地であるだけではなく、平素より移住希望者の多い土地柄でもあることを背景としている。沖縄にはマリンスポーツ愛好者などをはじめ恒常的に移住希望者がおり、そうした層は最大半年程度の滞在で現地での生活基盤を構築するのが通例となっている。したがって、沖縄社会にとって中期的な滞在者はもともと珍しくなく、そうした需要に応えられる施設も整っていたのである。加えて、そもそも沖縄での被災者の受け入れには前例もあった。それは一九九五年の阪神・淡路大震災で、このときにも沖縄は少数ながら一時避難者を受け入れている。さらに沖縄県の観光業界では知られたエピソードとして、福島への「恩」もこの判断に寄与したといわれている。それは二〇〇一年九月一一日のニューヨーク同時多発テロ以降、飛行機旅行の落ち込みによって沖縄観光業界が苦境に立たされた際、いち早く沖縄旅行を企画して支援したのが福島の経済団体だったという逸話である。両県の経済界のつながりは以降今日まで続いており、このことが観光業界の受け入れの声を後押ししたという。しかしながら、この時点でこれらの業界は今回の避難がどの程度の期間に及ぶのかを十分には測りかねてもいた。結局のところ、施設の提供は、事態が鎮静化して観光需要が回復するまでの間の措置にすぎない。彼らの支援表明に見える「五月まで」「六か月間」という提案は、不透明な見通しの中で手さぐりに設定された区切りにすぎなかったのである。

一方、宿泊施設の相次ぐ表明に続いたのが、避難者と受け入れ先のマッチング業務を担う団体の結成である。二〇一一年三月一八日の「琉球新報」にはボランティア団体「つなぐ光」の結成が報道され、彼らが県内で空き部屋の提供を募る一方、ウェブサイト等でその情報を避難希望者に提供していく意向であることが発表される。この団体「つなぐ光」であるが、発起人には反戦運動とエコロジー運動に携わるきくちゆみ、代表には軍用地返還訴訟運動で知られる弁護士の金城睦、さらに事務局長にはスピリチュアル系の啓発団体 Mothership Ascension School を主宰し「ゼロ・リセット伝道師」「天地統一体セミナー指導者」の肩書きも持つ中村角司をそれぞれ擁している。彼らはいずれも震災以前からそれぞれの立場で沖縄の社会問題に関わってきた民間の活動家であり、こうしたバックグラウンドは受け入れ後にも避難者にセミナーやセラピー、アクティビティを提供するなどの活動で発揮されていく。言い換えれば、被災者の受け入れ枠組みは沖縄の政治活動や環境運動、自己啓発セミナーなどを先鋭的に牽引してきたアクティビストの人脈を母体として、原型が築かれたのである。沖縄の避難者受け入れ体制の構築は総体としてきわめて迅速に進んだといえるが、その背景にはこうした民間団体による組織化が大きく与っている。さらに付言すれば、こうした民間のネットワークとは、反基地運動を常態化させざるをえない沖縄社会の陰画でもある。彼らはまた沖縄のマスメディアとも親しく連携して呼びかけを拡大し、本章冒頭に挙げた社説にも、そうした民間の活動との共鳴が認められる。

こうした民間の企業・団体の動きに対し、沖縄県の行政による受け入れへの関与は後手にまわった感もある。ただこれはむしろ、沖縄の場合は民間の反応が際立って先行したことの結果であり、行政の動きそのものが鈍かったわけではない。時系列的には沖縄県は震災発生直後、すぐに震災の対策本部を設置している。ただし、その目的は被災地支援ではなく、まずは県沿岸に懸念された津波被害への対応がその役割であった。沖縄県はかつてチリ地震津波で大きな被害をこうむった経験もあり、東日本大震災の津波が及ぶことは十分考えられた。実際、沖縄気象台の発表では宮古島で七〇センチの津波が、さらに本島東沿岸の金武町《きんちょう》で最大一メートル以上の津波が来たとする指摘もある。この津波の恐れが鎮静化した三月一四日、次に対策本部が着手したのは被災地の直接支援であった。これは具体的には医療チームの派遣と支援物資の輸送を指し、県は本部機能を強化して人員と物資の調達を進めていく。これらが現地に送られたのは三月一七日のことである。ちなみに人的支援は県ごとに派遣先を分担する仕組みになっており、沖縄のチームは主に岩手県に向かっている。

県が避難者の受け入れに関与するようになるのは、これらの事業に続いてのことである。前述のように、この時点ですでに民間からは受け入れに向けた動きが上がっており、新たに協力を表明する県内宿泊施設も相次いでいた。一方でそうした情報はインターネットなどを介して被災地にも伝わっており、避難に関する電話等での問い合わせは各所に「殺到」していた。ここで必要とされていたのは、情報を集約し、避難者と受け入れ先を調整する、より大きな枠組みであった。こうして本章冒頭の社説が掲載された三月一八日、仲井眞弘多県知事(当時)は被災者を受け入れる意向を県として正式に表明する。そして三月二二日に発足するのが、今日まで受け入れの母体となる沖縄県東日本大震災協力会議である。

2-2 「官民一体」の体制

東日本大震災支援協力会議の顕著な特徴は、「官民一体」と自称する組織構成にある。会議を構成するのは、主に沖縄県に拠点を置く一八八の団体(二〇一六年二月時点)で、県および市町村のほか、多数の企業、ボランティア団体、大学の研究者やカウンセラーなどの専門団体に至る多様なメンバーである。会議において県は中心的存在であり、県知事が会長を務め、事業全体の調整業務も県の防災危機管理課が担っている。ただし、会議に対して県は、「調整役としての関与」というスタンスを堅持している。こうした姿勢は、会議の母体となる活動予算が、個人から企業に及ぶ善意の寄付によってほぼ賄われていることと関わっている。会議の予算規模は年間二二〇〇万円ほどであるが、その中に税金からの「持ち出し」は一切なく、県庁は県議員・職員の調整業務、および会議室等の施設提供を除けば、財産を拠出してはいない。すなわち支援会議は今日に至るまで、行政主体の事業ではなく、寄付金ベースの「官民一体」の事業体として運営されている。

この会議が避難者に提供しているサービスは多岐にわたるが、大きく分けるとすれば、それは以下のようにまとめられる。①被災者受け入れ業務支援。これは避難者への住居のマッチングのほか、医療福祉・教育等の環境整備支援も含んでいる。②各種団体への助成金配分。会議はカウンセラーやソーシャルワーカーなどによるワーキンググループを擁しており、彼らには必要に応じて活動資金が配分されている。また避難者自身も当事者団体を作ってコミュニティの構築や情報共有に努めており、それらの活動にも会議から予算がまわされている。③民間団体による支援のとりまとめ。企業を主として沖縄の民間団体は独自のサービスを避難者に提供している。特徴的なのは沖縄の海上他界信仰から名前を取った「ニライカナイカード」で、避難者の証明書として提携するスーパーや公共交通機関で提示すると割引が受けられる仕組みとなっている(写真15-1)。

写真15-1　ニライカナイカードの告知
(2016年撮影)

このような多様かつ包括的な支援体制は、企業や専門家といった多様なアクターの積極的寄与によって実現している。つまり沖縄の支援体制は、参加する民間企業・民間団体が情報を共有しながら、それぞれの自主性のもとでサービスを提供しあう仕組みとなっているのである。とくにニライカナイカードは、民間団体の広範な協力なくしては成り立たないサービスであり、沖縄の受け入れ体制の性格を象徴するものと言えよう。

ただし、こうした「官民一体」の体制は、会議設立当初から明確なヴィジョンに沿って構築されたものではなかった。繰り返しとなるが、沖縄の避難者受け入れは企業や民間団体、ボランティア等が先行し、対する行政はその動きを追いかけ、調整するものとして関与を始めている。こうした経緯こそ、民間団体の主体的参加に基づく包括的支援という現状のいわば原点となっている。ただし、その一方で避難が長期化し、震災復興が新たなフェイズに移行するなかで、会議がその性格に起因したある種の手詰まりを迎えつつあるのも事実である。

3　六年の後に

東日本大震災から六年以上を経た今、いかに震災後の生活を再構築し直すかという問いはますます現実的な課題と

表15−1　沖縄への避難者の内訳と推移

	2012年2月（ピーク）	2015年12月	2015年12月 うち住宅支援
岩手県から	8	7	2
宮城県から	161	122	30
福島県から	738	488	397
その他から	155	93	—
合計	1,062	710	429
全国の避難者数	313,329 *1	182,000	—

＊1　2012年3月時点.
出所：復興庁調査資料をもとに筆者作成.

なって、被災地と避難者に突きつけられている。そしてそのことは沖縄の避難者支援体制にとっても無関係ではない。

二〇一六年二月二日に実施された東日本大震災支援協力会議の年次総会で打ち出された方向性とは、明らかに支援体制の幕引きを目指すものであった。例えばここで示された計画の一つがニライカナイカードのサービス終了で、二〇一七年三月末までとすることがこの場で表明された。この対応は補足として、商品券などの提供による避難継続者への個別的支援の枠組みを保留していたが、少なくとも組織的支援からは手を引いていくことが会議全体の方向性であることは明らかであった。一方で、この場で継続・拡充が検討されたのが帰還支援である。その中身は一時帰宅等のための旅費支援（一世帯四万円）、および県外転居地への移転補助（一世帯五万円）からなる。このように五年という時間を経て、支援会議は受け入れと生活支援から、帰還（あるいは沖縄定住）をゴールとした生活再建支援へと方針を移行したのである。

しかしながらこうした会議の方針は、沖縄の避難者の意向と噛み合っていたとはいえない。**表15−1**は沖縄への避難者の内訳を時系列とともにまとめたものであるが、ここからはいくつかの傾向が見いだされる。一つは全国平均（マイナス四二パーセント）に比べて避難者数の減少率が低い（マイナス三四パーセント）ということである。すなわち、全国的には避難者の帰還や定住が進むなか、沖縄に関してはその動きがいまだ鈍いのである。第二に指摘できるのは、避難者の内訳として福島から来た者が突出して多く、かつ住宅支援を受けている割合も高いという点である。こうした傾向は結局、前述したように沖縄への避難者の多くが、放射性物質に対する恐怖感を動機としていることにちなむものである。さらに、こうした層は放射線障害の問題により過敏であるという事情から小児を伴う世帯の割合が高く、このことも帰還を困難にする要因となっている。沖縄の避難者の感情の上では、帰還はいまだ決して現実的な選択肢ではないのである。

　一方で県の把握では、こうした避難者のうち、避難指示区域からやって来た者は二〇一六年二月時点で実に八世帯にとどまっている。すなわち、それ以外の避難世帯とは、法律上は震災前の居住地に戻ることは妨げられていない、ということである。もちろん、こうした法的基準の適用が合理的であるかは、避難者の放射性物質に対する恐怖感が合理的であるかという問題とともに、本論が価値判断を差しはさむことは控えたい。ただ、少なくとも「帰還か定着か」を迫る会議の方針と、放射性物質に不安を抱え、生活再建にも課題を抱える避難者の間にズレ、もっと言えば溝が生じつつあることは実情として踏まえておく必要がある。

4　避難とは誰の問題か？

　実のところ会議はこうしたズレをよく認識しており、支援体制の解消を目標としつつも、現時点では形式主義的な支援打ち切りには慎重姿勢を取っている。こうした態度は、重ねて会議の「官民一体」の体制に裏付けられた柔軟性によるものである。とはいえ、これは法的・客観的な基準を準用できないという会議の性格と表裏でもある。加えて、会議は組織内での合意形成の手続きやイニシアティブを明確にしてもおらず、何者かのリーダーシップで事業をまとめるような仕組みも持たない。端的に言ってしまえば、会議は判断を下すための権限の配分や、拘束力のある規範、ガイドラインを欠いた体制なのである。

　そうした体制が必然的に抱えざるをえない課題が典型的に表れた例として、ニライカナイカードに関する扱いの問題が挙げられる。サービス終了が検討されるにあたり、会議はカードの利用状況と参加企業の意向調査を行っている。それによると、二〇一六年時点で全体的には利用者数が低下しており、スーパーや公共交通機関では利用が続く一方、宿泊業やレンタカーでは利用実態がほぼない、という結果が出た。興味深いのは、こうしたデータを踏まえて「やめるべきかどうか」という意向調査がなされた際、参加企業の大半は「一企業では判断しかねる」との回答を返している点である。CSR（企業の社会的責任）が問われる現代の企業環境を勘案しても、大方が何らかの意向を出さなかったことは、会議の意思決定の性質を鮮やかに示すものといえる。実際、企業側からの明確な意思表示がなかったため、会議は避難者の意向を優先し、サービスの二〇一六年度いっぱいの継続が決議された（二〇一七年三月をもって終了）。しかし総体としてみれば、会議に参加する企業の意向は、明らかに終了に傾いていたのである。

このケースに典型的であるように、会議を動かしているのはコンセンサスや何らかのリーダーシップではなく、いわば構成する諸団体の間にある「空気」とでも称すべきものである。繰り返しとなるが、会議は集権的ないし合議的な意思決定の仕組みを持たず、実務面でこそ情報が集約される県庁がとりまとめているものの、それらですら責任や権限が伴っているわけではない。そもそも五年目あるいは六年目といった時期を節目に、支援体制の解消が目指されていることさえ、確かに国の復興ロードマップが反映されてはいるにせよ、何らかの主体が責任をもって検討し判断した指針ではないのである。

このような会議の今日の方向喪失とは、震災直後から続いてきた「受け入れ」の枠組みそのものの帰結として位置づけられる必要がある。すでにみてきたように、沖縄県への避難者受け入れは、観光産業という基盤と社会運動人脈を土壌に、民間のアクターの動きが先行した。このことが避難者の迅速な受け入れと包括的な支援体制の構築につながったことはこれ以上繰り返さない。ただそうしたメリットの一方で、そのように進められた受け入れは、何らかの事業の全体的ヴィジョンについてのコンセンサスを伴うこともなかった。本論は先ほど「空気」という言葉を用いたが、結局そのような空気こそが沖縄への避難者受け入れの母体であったのである。もちろん震災後の流動的な状況下では何らかの合意やルールの形成は困難であっただろうし、その中で沖縄が社会全体で受け入れに前向きな空気を醸成し、支援に尽力したことを否定的に評価すべき理由はない。ただ、そうした空気に任せて支援を続けたことが、長期的には避難という状況へのコントロールを困難にしたことは、支援体制の構築をめぐる教訓として記憶されてよいだろう。

踏み込んだ言い方をすれば、沖縄だけではない多くの社会において「受け入れ」ということ自体に当事者性が伴ったか、という点は再考されるべき問題であるように思われる。ここで言う当事者性とは、避難という状況を形成するアクターとしての自覚はあったか、ということを念頭に置いている。避難とはしばしば「被災者の問題」としてのみ捉えられがちで、それゆえに支援もまた避難者の要望に対する受動的対応としてのみ進行しかねない。もちろん被災者の主体性を尊重すれば、受け入れと支援は受動的態度とならざるをえないことは一面の事実であろう。ただ、そうした「主体性の尊重」とは、避難という状況の解消というゴールを探す過程を、避難者自身の努力、あるいは自己責任に委ねることでもある。翻って「ともにゴールを探すことまでが受け入れなのだ」と言うとすれば、それは受け入れ側の社会に過剰な負担を求めるがごとき主張としても聞こえよう。だとすればどうするべきなのか。本論はその答えを持たないが、被災者支援をめぐる無数の積み残しの課題の一つとして提起し、このケーススタディを閉じたい。

文献

多田治[2004]『沖縄イメージの誕生――青い海のカルチュラル・スタディーズ』東京：東洋経済新報社

南裕一郎[2014]「沖縄における東日本大震災被災者への支援と自主避難者の生活」、『Zero Carbon Society 研究センター紀要』二・三：一九―二四

第十六章

災害時における外国人被害者に対する通訳の役割と問題点
――二〇一一年クライストチャーチ震災に学ぶ

スーザン・ブーテレイ

1 はじめに

通訳者は災害時にどのような役割を演じることができるのか、また、複数の関係機関と連絡を取るときに直面する課題とは何なのか。通訳者に焦点を当てた検討を通して、災害への対応能力にどのような洞察を与えることができるのか、本章では、二〇一一年のクライストチャーチ地震の際に活動した地元の日本人またはニュージーランド人の通訳の役割と、彼ら彼女らが直面した課題を考察して、将来への展望を見いだすことを目指している。

論考は、二〇一一年二月二二日に起きたクライストチャーチ地震と地震後の出来事を時間の流れに沿って、筆者自身の経験や他の通訳者の経験を引き合いに出しながら見ていく。最後にいくつかの反省点と将来に向けて学ぶべき点と方向性を示唆したいと思う。

2 二〇一一年クライストチャーチ地震

二〇一一年のクライストチャーチ地震は、マグニチュード六・三であったが、震源が市の中心部に比較的近く、しかも五キロメートルと浅かったため大きな揺れを引き起こし、建物やインフラストラクチャーに大きな被害をもたらした。クライストチャーチの多くの歴史的建造物を含む市街地の大部分を破壊し、市の一部の地域を壊滅させた。

死者数は一八五人にのぼり、その半数が英語圏以外の国籍の外国人であり、約三分の二にあたる一一五人の死者は英語学校が入っていたCTVビル(カンタベリーテレビ局)で犠牲となった。その中でも死者に占める日本人の割合が一番高く、二八人のすべての日本人犠牲者がCTVビルで死亡した。多くの古い建造物が倒壊したが、比較的新しい近代的なビルで倒壊したのは二つだけであり、CTVビルはそのうちの一つであった(写真16―1〜16―4)。

3　通　訳

3-1　「日本の外務省」

地震発生から五日間ほどの間に、CTVビル崩壊に巻き込まれた日本人学生死亡者と行方不明者に関係する日本人家族約七〇人がクライストチャーチに集まった。まだ余震が続いていたので、家族の人たちには二次災害を避ける目的で当初クライストチャーチから西へ約九四キロメートルの小さな町メスベンの宿泊施設があてられた。メスベンはクライストチャーチから車で約一時間半の距離にあり、家族の人たちにはクライストチャーチ市内で行われた毎日のブリーフィング(経過報告会)前後のチャーターバスでの行き帰りが疲労と苦痛をもたらした。その後、彼らの要求に応じて、家族の人たちはクライストチャーチ市中心部に近いホテルに移動となった。そこはレッドゾーン(人びとが近寄るにはあまりにも危険であると考えられ、立ち入り禁止とされた地域)から一キロメートルほどの場所であった。

生存者を救出する可能性が低くなるにつれ、救助活動は徐々に「遺体の回収」へと移っていった。ニュージーランド外務省(以下、「NZ外務省」)職員と協力して、日本国外務省(在ニュージーランド日本大使館員およびオーストラリアの大使館または領事館から応援のために派遣されたと思われる外務省職員を指す。以下、「日本の外務省」と省する)が日本の家族のためにブリーフィングを実施した。この「日本の外務省」の中には、クライストチャーチ領事館事務所の職員は含まないこととする。彼らは日本から駆けつけた家族たちのために毎日のバスの手配、宿泊施設の手配はもとより、ありとあらゆる日々の業務に追われていた。また、地元出身の通訳たちとも良好な関係にあったが、通訳者募集の手配や通訳への指導、ある

写真16-1　地震直後のクライストチャーチ市街地遠望
撮影：Gillian Needham

写真16-2　地震後のクライストチャーチ市内
撮影：Don Scott / Fairfax Media NZ: The Press

写真16-3　崩壊前のCTVビル
撮影：Phillip Pearson

写真16-4　崩壊後のCTVビル
撮影：Carys Monteath /
Fairfax Media NZ: The Press

いはブリーフィングにおけるやりとりとは関わりがなかったからである。そしてまた、この領事館の職員たちも、後述するが、通訳たちと同様に地震被害の犠牲者でありながらも、日々の業務をこなしていたのであった。

「日本の外務省」主催のブリーフィングは、クライストチャーチ領事館事務所が臨時に事務所を移した市内のホテルで行われた。説明会では、急遽日本から派遣された外務省政務次官と日本大使館の大使が議長を務めた。ブリーフィングの主な焦点は、警察とNZ USAR（Urban Search and Rescue，以下「捜索・救助隊」）の関係者からの進捗状況の報告であった。初回のブリーフィングでは、「NZ外務省」によって地元の日本人通訳が手配された。この最初の通訳は、最初のブリーフィング後に辞めた。その後、やはり地元の別の日本人通訳が手配されたが、彼女も同様に、二回目のブリーフィング後に辞めた。

私は、この通訳のうちの二人目にインタビューを行った。匿名とし、Nさんとする。Nさんは「NZ外務省」によって手配され、ブリーフィングに先立ち「NZ外務省」のスタッフに会い、「日本の外務省」のメンバーに紹介された。ブリーフィング・セッションの前にNさんが質問をすると、「日本の外務省」のスタッフは「知っておく必要事項はとくに何もない」と答えたが、事前ブリーフィングがいかに重要かつ必要であったかを通訳の場に立たされてすぐに痛感した。

ブリーフィングが行われたホテルの部屋には、七〇人の家族、「日本の外務省」関係者（二〇人以上）、「NZ外務省」のスタッフ、家族の人たちがクライストチャーチに到着して以来その支援をしてきていた地元の若手ボランティアなどが多数集まった。人びとは部屋の両サイドの通路と後ろにも立ち、ドアの外にもこぼれ出ていた。通訳を任されたNさんは非常に緊迫した空気を感じ取り、家族の方々の深い悲しみと重い空気が支配しているなかで、愛する子どもたちが救出されないかもしれないという不安にかられた怒りに近い感情と、彼らの「日本の外務省」に対する不信感がにじみ出てきていることを感じたと語っていた。

3-2 初期段階での問題

救助と収容作業がまだ進行中であったCTVビル周辺の地域を含む市の中心部が完全に閉鎖されていたため、家族の人たちはCTVビルの現場を訪問することができなかった。家族からの強い要請に応えて、ブリーフィングでCTVビルの「前」と「後」の画像が示されたが、CTVビルの瓦礫と化した「崩壊後」のイメージが現れた途端、苦痛の叫びが部屋に満ちた。そして、CTVビルが地震で完全に崩壊したたった二つの近代的な建物の一つであることがわかっていくにつれ、家族の人たちの深い悲しみの底から、なぜそうなったのかという当然の疑問と怒りとが湧き上がってきて、それをひしひしと感じ取ることができた、とNさんは言う。

NZ警察発表を担当した係官は、Nさんを介して、遺体識別のためのDNAサンプルが収集できるように、また、歯並びなどが識別のヒントになるかもしれないとのことで、行方不明者に属するなんらかのもの、または写真(できれば歯が見えるように笑っているときのもの)を提供するようにと要請した。

Nさんは、地元のボランティアの通訳であることを家族の人たちにまったく紹介されていなかったために、家族の人たちからは「日本の外務省」の者と見られていたようで、「極度に緊張した空気のなか、ご家族の厳しい目がいっせいに私に向けられていました。また、通訳する内容も非常にヘビーな内容で、言葉を相当慎重に選ばなければならず、思わず絶句してしまったシーンもありました」と、そのときの模様を語っている。

また、Nさんは、次のようにも語った。「そのようななかで、私の周りにはかなりの数の「日本の外務省」の方々がおられましたが、誰ひとりとして私の手助けをしてはくれませんでした。むしろ、私が間違えて訳すと、それを大声であげつらうようなことをされました。一度などは、私が正しく伝えた死者数を、私の隣に座っておられた方——大使だったのでしょうか。まったく紹介もされませんでしたので存じませんが——に、非常に失礼な態度で訂正され、結局はその訂正が間違っていたというような見苦しい事態もありました。「とくに何もない」どころではなく、私に前もって伝えておかなければいけないことはたくさんあったはずでした」。

Nさんはブリーフィングが終わってから、「NZ外務省」のスタッフからとても上手にできたと大変感謝をされ褒められたが、「日本の外務省」からは言葉をかけてもらえなかったと言う。そもそも、このような事態のときにこそ実際に訓練を受けているはずの「日本の外務省」の側が、多くのスタッフを派遣しておきながらなぜ一人も通訳者を出さなかったのかという疑問が当然起こってくる。

Nさんは、次の朝目覚めたとき、なんとも言えない嫌な気分が胸の中に残っていたと語り、ブリーフィングでの通訳の役割を辞退して、被災家族を支援する一人のボランティア通訳として家族の人たちに直接向き合うことを決心した。家族の人たちを支援していた地元の若手ボランティアたちも、このような非常に扱いの難しい内容を通訳することに自信が持てないと辞めてしまった。

3-3 通訳の補充

翌日、「NZ外務省」は、ウェリントン事務所から専属の日本人通訳をブリーフィングのために連れてきた。それと同時に「NZ外務省」は、被災家族のそれぞれにボランティア通訳を割り当てることを決めた。しかし、若い日本のボランティアたちが去ってしまったため、通訳が不足していた。筆者が関わったのはこの時点だった。以下の記述は、筆者を含め、他の地元の日本人またはニュージーランド人の通訳たちの経験に基づいている。

私が参加した夜、ボランティアの通訳たちは家族の人たちや警察官とペアになり、次のような計画に向けて動き出すことになった。(a)日本の家族の人たちのために「日本の外務省」がブリーフィングを夕方に開催する。(b)これに続き、ボランティアの通訳たちが指定家族および警察官と協力して、一方では家族の側に警察の要望を伝え、他方、家族の懸念および警察や諸機関への質問を伝えるという非公式のセッションを設ける。この計画はこのあと約一〇日間続けられた。

4 「日本の外務省」のブリーフィング

夕方からのブリーフィングでは、NZ警察の広報担当者が、救助／遺体収容に関する最新の動向を報告し、NZ警察の要請を発表した。NZ警察の係官は、混乱の余地が残らないように直接的に情報を提供した。これは「NZ外務省」の専属日本人通訳によって日本語に翻訳された。この通訳はとても熟練した通訳だったが、通訳中にいくつかの重要な情報を正確に(直截に)伝えていないことが明らかであった。

例えば、(a)救助任務はすぐに「遺体の回収」に移行していた。警察の広報担当者はブリーフィングでこれを明らかにしたが、捜索と遺体回収は明らかに異なるため、「NZ外務省」の専属日本人通訳はこれを家族に伝えることを控えた。また、「日本の外務省」スタッフはこれを補正・追加・訂正しなかった。(b)CTVビルは巨大な瓦礫と化したが、瓦礫の一部から火災も発生した。警察の広報担当者は、当初から、遺体を無傷で発見する可能性、または遺体を発見することすら可能性は低いと明らかにしていた。したがって、警察は家族から歯科記録をできるだけ早く出すように要請していたわけである。しかし、「NZ外務省」の専属通訳者は、歯科記録の要請を伝えたが、遺体が元どおりに回復できない可能性があること、また、遺体の発見すら可能性が危ぶまれていることは知らせなかった。「日本の外務省」は歯科記録の必要性を遺族(これ以後「遺族」とする)に再度伝えたが、それ以上のことは詳しく述べなかった。遺族には、遺体が遺体として見つからないかもしれないということはまったく伝えられなかったのである。

言い換えれば、「NZ外務省」の専属通訳と「日本の外務省」スタッフの両方が、おそらく遺族の気持ちを思いやり、微妙な問題を避けて、最も重要な点の一部を伝えないということが起こったと考えられる。

5 通訳たちの苦しみ

しかし、このことは、この微妙かつ重大な情報を伝える作業が個々のボランティアの通訳に委ねられたことを意味していた。通訳たちは、「NZ外務省」専属通訳と「日本の外務省」スタッフが避けたように、微妙かつ重大な点を遺族に伝えるのを控えるべきか、それとも事実をそのまま伝えるべきかどうかの判断を迫られたのである。通訳たちにとってこれは大変難しい気の重い課題となった。NZ警察が提起した重要なポイントが家族に伝達されていなかったので、遺族とNZ警察官との間には理解に大きな乖離があった。

例えば、筆者の場合、専属の警察官は、生存者がいないということと、遺体回収すらきわめて難しいということをはっきりと理解していた。彼は歯科記録提出の要求とともに、私にこれを伝えてほしいと要請した。一方で遺族の一員は、娘の携帯電話がまだ鳴っていること、そして彼女がまだ生きている可能性があることを警察に伝えるように私に懇願した。この状況を橋渡しすることは言語を絶するような困難に立ち向かうことを意味した。

私たちは、このような微妙かつ重大で厳しい状況に対処するためにはあまりに無防備であった。そこで通訳たちは独自の裁量で伝えるかどうかを迫られることになった。ということは、当然、通訳たちのそれぞれの判断に任されたわけであるから、すべての遺族が同じ情報を受け取ったことにはならず、情報を逐一交換していたであろう遺族にとって、この問題は大変な不安と不満を引き起こした。

全般的に、家族のための「日本の外務省」のブリーフィングは漠然としていて、情報が不足しすぎていた。各ブリーフィングの終わりには、急遽駆けつけた日本の外務副大臣が家族の質問に答えたが、彼の返答ははっきりとせず、状況を好転させるどころか、家族から失望と怒りを買うのみであった。

6 情報収集能力の欠如

国内外すべての犠牲者の家族のために、「コミュニティのためのブリーフィング」がニュージーランド・シビル・ディフェンス（各地域にある災害救助などに当たる機関）によって毎日昼頃に開催されていた。これには、警察、市長、「捜索・救助隊」、および法医学鑑定チームの代表者らが出席し、最新の動向や遺族からの質問を受け付けていた。日本の家族のためだけに開催された「日本の外務省」のブリーフィングは、日本の遺族にも最新の情報が提供できるように、このコミュニティ・ブリーフィングの後、夕方に計画されていたのである。私ともう一人の通訳は「コミュニティ・ブリーフィング」にほぼ毎日出席し、家族を援助するためのさらなる情報を収集できるかどうかを確認することにした。その結果、「日本の外務省」のブリーフィングはここでの新たな情報をほとんど伝えていないということがわかった。

例えば、ニュージーランドの首相がその日の朝に発表し、新聞にも出ていた、遺族のための資金面での援助については、「日本の外務省」の夕方のブリーフィングでは発表されず、遺族から「何か援助はもらえないのか」と質問が出たときも、当然のことながら返答はできなかった。昼の「コミュニティのためのブリーフィング」に参加したボランティアの通訳が、「援助が出ることが今朝、ニュージーランドの首相から発表された」というニュースを伝えるというようなありさまであった。

また、「コミュニティのためのブリーフィング」で、家族は翌朝にバスでCTVビルの現場に連れて行ってもらえることが発表された。これは家族のための最初の現場訪問になる。家族がどこにいつ集まるべきかの詳細は、明確に発表されていた。しかし、「日本の外務省」のブリーフィングでは、日本の家族は次の日にCTVビルの現場を訪問する機会があるかもしれないが、これはまだ確認されていないと通知されてしまった。この最新の動向を、ブリーフィングの休憩時間に私が「日本の外務省」のスタッフに知らせていなかったら、約九四キロメートル離れた町に滞在していた家族は翌朝午前一〇時に間に合わなかったはずであり、初めて許可された現場訪問の機会を逃した可能性が十分にある。

遺族はどんなに小さなものであれ、いかなる情報にも当然ながら必死になってしがみつこうとしていた。「日本の外務省」のブリーフィングでの情報不足と自粛は、家族の間に強い不満と怒りを引き起こした。ブリーフィング・セッションはますます緊迫し、感情的になった。「日本の外務省」はこの状況を見越していたのか、それ以前に日本から外務副大臣を送り込み、怒りを鎮めようとしたが、前述したとおり彼は前任者である政務次官になんら優るところもなく、家族が外務副大臣に怒りを直接ぶつけるという場面すらあった。

「日本の外務省」は家族の対応に苦慮した。状況の詳細に合わせて柔軟に対応する能力を欠いているようにも見えた。通訳の一人が、「「日本の外務省」のスタッフはマニュアルに従って動いているとしか思えない」と言っていたのが象徴的であった。

一つの例を挙げるが、ほとんどの遺族たちが、亡くなった犠牲者たちの遺体と対面することなく三月初めには日本へ帰国しなければならない状況となった。この直前に、遺族の一人から「何か石ころ一つでもよいから手に持って帰れるものが欲しい」という声があがり、その日の「日本の外務省」のブリーフィングの際にそのことが質問のかたちで出された。「日本の外務省」のスタッフの返答は、「日本入国の際に検疫に引っかかるから無理ではないか」というものであり、遺族の中から「交渉できないのか？」という声があがっていたが、そのままになってしまった。

次の日に、私ともう一人の通訳とで「コミュニティのためのブリーフィング」に参加したときに、NZ警察の署長にこの遺族の思いを伝えたところ、彼はすぐに遺族の気持ちが理解できたようで、「何とかする」と約束をしてくれた。次の日、遺族たちが「日本の外務省」のブリーフィング後、バスに乗りかけていたとき、NZ警察の警察官たちが、CTVビルの残骸の中からいくつもの石ころを拾って持ってきてくれたのである。しかも、段ボール箱ではあったが石ころを入れられるように白い小さな箱まで全員分用意して、駆けつけてきてくれたのであった。これを見た「日本の外務省」のスタッフは対応に苦慮していたが、一人の通訳から「何をしているんだ！　せっかく持ってきてくれたものを今渡さなかったら渡す機会がないじゃないか。日本の検疫を説得するのはそちらの役目だろうが！」と言われ、遺族にそれを配布し始めた。遺族の思いを汲んで大急ぎで集めてくれたNZ警察の人びとの気持ちと、帰国にあたって石ころを握り締めることによってわずかでも救いを得ようとする遺族の気持ちが生かされなくなるところであった。

この話からも推察できるとおり、「日本の外務省」のスタッフは自己判断で責任を負って行動することがなかなかできなかった。官僚である以上、当然と言われればそれまでだが、外務副大臣がわざわざ日本から来たのはこのような場面で即座に判断を下せるようにするためではなかったのかと、大いに疑問に思った。

7 通訳のその後

「日本の外務省」のブリーフィングから出てきた遺族たちは多くの質問と懸念を抱えており、通訳たちは、全力を出して専任の警察官とともにこれらのことに立ち向かわなければならなかった。通訳たちは、前述したことに加え、種々の問題について支援をしなければならなかった。これらの問題の中には、赤十字社の見舞金支給の申し込み方法、遺体が発見された遺族の場合は遺体を日本へ持ち帰れるかといった問題、火葬、葬儀に関する質問、死亡者が未使用の旅行予約のキャンセルや払い戻し、保険の支払いのことなど、ありとあらゆることに及んでいた。通訳たちは、警察と遺族が円滑に対話ができるように、また、相互理解が深まるように文化的背景を提供する「文化使節」としても機能したのである。

遺族たちはいったん、東日本大震災の数日前に日本に帰国した。ほとんどの人は遺体や遺骸が見いだせないまま帰宅し、数週間後、遺体や遺骸が発見・確認されてから再び戻ってこなければならなかった。クライストチャーチに戻ってきたとき、彼らは再び通訳たちの世話を受けることになった。

家族が日本に帰国した直後、「NZ外務省」は通訳たちに感謝の気持ちを伝えるメッセージを送った。しかし、この件に関する反省会や会合はまったく行われなかった。他方、「日本の外務省」は七月中旬まで沈黙していた。七月に通訳たちに送られた手紙の中で、「日本の外務省」は、「遺族たちから通訳者への深い感謝と何らかの感謝の意を表明したいと多くのメッセージを受けている」と知らせてきた。それゆえ、「日本の外務省」は各通訳たちに感謝状を送ったという。しかしながら、この感謝状を取りに行くことを拒否した者も数名いた。

それから六年以上が過ぎても、ほとんどの遺族が通訳たちとの関係を維持している。毎年二月には慰霊の式典が行われる。参加できた遺族と通訳たちとの再会は毎年微笑ましい情景となっている。出席できない遺族のために、何人かの通訳たちは慰霊祭に出席し、花輪を敷き、犠牲者とその遺族を思い涙を流す。多くの遺族にとって、通訳たちはニュージーランドの土地で亡くなった愛する家族との唯一のつながりとなっている。

通訳たちのための報告会は行われなかった。カウンセリングは提供されなかった。あれから六年以上が経ち、遺族の方々を除いて、災害後の通訳たちが果たした重要な役割は忘れ去られてしまったように見える。

8 学ぶべき教訓と今後の方向性

8-1 通訳とは

災害時における通訳の役割に関連する研究論文の数はきわめて少ない。しかし、以上見てきたようなクライストチャーチ震災後の通訳たちの経験談や海外での災害時の通訳の問題に関するいくつかの論文に見られるように、災害時における通訳の役割は、ある言語を単純に他言語に置き換えるというようなグリーンストーンのいう単純な「言語機械」[Greenstone 2010: 80]とよばれる領域をはるかに超えるものである。

二〇一〇年のハイチ地震におけるボランティアの通訳者を対象とした研究を行ったパウルとパグリアラ＝ミラーによると、通訳たちは、被災者の治療、手術などの場面にあたって、診断や治療の説明、治療や手術の事前承諾などを担当した。また、家族との再会の手配をしたり、死を迎える患者や家族を失った遺族への慰めをも担当し、医療関係者たちがハイチ文化への理解を深めるためにも重大な役割を果たしたという[Powell and Pagliara-Miller 2012: 37]。

シウ＝ソーントンらも、多言語や多文化が錯綜し災害の対応に大きな障害となりかねない状況のなかで、通訳たちはその「橋渡し役」として不可欠であると指摘している[Shiu-Thornton et al. 2007: 467]。そして、そのような役割が十分に発揮できるよう、事前訓練やオリエンテーションが大事であると指摘している。

8-2 準備

二〇一〇年のハイチ震災時に動員されたボランティアの通訳者たちの中で、災害訓練を受けたことのある人は五〇パーセント、また事前オリエンテーションを受けた人数は九五パーセントにものぼるという［Powell and Pagliara-Miller 2012: 40–41］。

クライストチャーチ震災時の通訳たちは、災害対応の事前訓練およびオリエンテーションを受けていない地元ボランティアだった。準備や訓練なしに、彼ら彼女らは非常に緊迫した対応が難しい状況に直面し、死と遺族への対応という災害の最も困難な場面に対処しなければならないことになった。このような事態は事前の警告なしに突然発生する。そして、それこそが災害といわれるものであるのだが、予測できなかったからといって準備がまったくなされないということが正当化されるわけではない。

多くの時間、エネルギー、お金が、国家、地方レベルで災害対応分野に投資されている。システムの弱点の調査、将来の災害時の対応策の改善方法の検討などが続けられている。

ますますグローバル化している世界では、外国人が災害に巻き込まれる可能性はこれまで以上に高く、この傾向は続いていくと思われる。パウルとパグリアラ＝ミラーが、また、一九九九年のトルコ地震の際に捜索・救助隊の援助をした通訳者の役割を考察したブルトとクルルティらも指摘しているように［Bulut and Kurultay 2001: 249］、私たちはこれら外国人被災者のニーズに対応するために十分な準備をしておかなければならない。

その準備の中でも、とりわけ通訳たちが果たす役割は、地方や国レベルでの将来の災害対応管理計画の一部としてその重要性が認識されそこに組み込まれる必要がある。「災害時を想定した訓練を受けた通訳や災害時に働いた経験のある通訳たちは、将来の災害発生の準備に向けての重要な人材となる」［Powell and Pagliara-Miller 2012: 46］。そのような計画が当然その目的に向けて準備されることにより、訓練された通訳たちのネットワークの確立ができると筆者は考える。

8-3 カウンセリング

前述したようなオリエンテーションが、ボランティアの通訳たちの疲労やトラウマといった精神的負担の軽減にも大変役立つと、パウルらは論じている［Powell and Pagliara-

Miller 2012: 44]。そうしたオリエンテーションを受けた場合でも、ハイチ地震に携わった通訳たちの中で何らかのかたちでカウンセリングが必要とされた者は約四〇パーセントもいたと報告されている。

ニュージーランドでは、学校の生徒が死亡したときなどは、担任教師とそのクラスの他のすべての生徒がカウンセリングを受けることになっている。そのような支援は、今回の通訳たちには提供されなかった。通訳たち自身、クライストチャーチ地震の被害者であり、多くは損傷した家屋に住み、一部は水やその他の基本的なライフラインが断たれたなかで暮らしていた。遺族の日本人家族のための支援活動に参加するということは、精神的にもさらなる負担となっていたはずである。いまだにNさんは、そのときのことを思い出して苦しむことがあるという。私も同様であり、関わったすべての通訳たちにもトラウマとして残っている部分が確実にある。全員がカウンセリングを受ける必要があると考えられる。

多くの報告会が、二〇一一年のクライストチャーチ地震の対応に関わったさまざまな機関によってほぼ確実に開催されてきている。しかし、地震後の「最前線」で働いていたグループの中にいたにもかかわらず、通訳たちとの会議や報告会は行われていない。もちろん、カウンセリングも行われていない。

8-4 コミュニケーション

「日本の外務省」、NZ外務省、NZ警察、現地通訳たち、クライストチャーチの日本領事館の職員など、複数の関係者が震災で亡くなった日本人の遺族の支援をしていた。コミュニケーションの崩壊は、さまざまなレベルで、そしてさまざまな関係者の間に現れた。

最も密接に関わっていた集団は、遺族、警察官、地元の通訳たちの三者によるグループであり、通訳たちは、遺族と警察官との間のコミュニケーションを取り持ち、ニュージーランドと日本の文化的背景の違いに橋を渡すという重要な役割を果たしながら仕事を遂行した。また、NZ外務省も通訳たちと頻繁に連絡を取っていたため、大きなコミュニケーションの問題は引き起こさなかった。

しかし、残念ながらいくつかの問題点が次の分野でとくに顕著であった。第一に、「日本の外務省」と遺族との関係。遺族に配慮したためでもあろうか、「日本の外務省」は漠然とした情報しか提供せず、伝えにくく、かつ微妙な表現を要することではあるが、最も重要な情報の一部を遺族に伝えることを控えた。これは急速に「日本の外務省」への不信感につながり、遺族の間では、彼らの懸念や疑問を直接個別の通訳者と警察官と話し合う方を好むこととなった。このような最も難しい状況のなかであっても、敢然と事実を報告できる勇気と器量を持つことこそが外務省職員に求められる資質ではないのか。そこを避けて、ボランティアの通訳たちにその負担を与えるというのはまったく逆転しているとしか考えられない。さらに事態を悪化させたのは、「日本の外務省」が家族の懸念や疑問の一部について助言を与えるべき立場にあった通訳たちとは何の関係も持とうとしなかったことである。したがって、当然のことながら「日本の外務省」は家族のニーズに適切に対応することができていなかった。

第二に、CTVサイトへのバス訪問や、NZ政府機関による遺族への資金援助の申し出の件について前述したように、「日本の外務省」は情報収集に遅れがあったと言える。これは、「日本の外務省」と他のニュージーランドの団体の間でのコミュニケーションの崩壊を示唆している。あるいは、おそらくこれは逆転して見てみると、ニュージーランドの機関から外国の大使館への情報の流れが崩壊したり遅れたりしたということになるかもしれない。

これらの他のレベルでのコミュニケーションの問題は、より詳細に調査する必要がある。しかし、これは別の機会にあらためて論じるべきテーマであり、本章は災害後の通訳たちの役割と直面している課題を検討することを目的としているので、ここまででとどめたい。

9 おわりに

二〇一一年のクライストチャーチ地震後における通訳たちの事例の考察を通して明らかになったことは、災害時において通訳たちの果たす役割の重要性がこれまで認識されてきておらず、そのことを今後の災害対策に組み込まなければならないということである。このプロジェクトはまだまだ初期の段階にすぎないが、将来的には、外国人が関わっている災害時の通訳たちの重要な役割に対する意識を高め、災害対応能力を向上させることにつながれば幸いであると考える。

文献

Al-Shaqsi, Sultan, Robin Gauld, Sarah Lovell, David Iain McBride, Ammar Al-Kashmiri and Abdullah Al-Harthy [2013] "Challenges of the New Zealand Healthcare Disaster Preparedness Prior to the Canterbury Earthquakes: A Qualitative Analysis," *The New Zealand Medical Journal*, 126(1371): 9–18.

Bulut, Alev and Turgay Kurultay [2001] "Interpreters-in-Aid at Disasters: Community Interpreting in the Process of Disaster Management," *The Translator*, 7(2): 249–263.

Cretney, Raven Marie [2016] "Local Responses to Disaster: The Value of Community Led Post Disaster Response Action in a Resilience Framework," *Disaster Prevention and Management*, 25(1): 27–40.

Greenstone, James L. [2010] "Use of Interpreters with Crisis Intervention Teams, Behavioral Health Units, and Medical Strike Teams: Responding Appropriately and Effectively," *International Journal of Emergency Mental Health*, 12(2): 79–82.

MacLean, Ian, David Oughton, Stuart Ellis, Basil Wakelin and Claire B. Rubin [2012] *Review of the Civil Defence Emergency Management Response to the 22 February Christchurch Earthquake*, Wellington: New Zealand Ministry of Civil Defence and Emergency Management (http://www.civildefence.govt.nz/assets/Uploads/publications/Review-CDEM-Response-22-February-Christchurch-Earthquake.pdf).

Powell, Clydette and Claire Pagliara-Miller [2012] "The Use of Volunteer Interpreters during the 2010 Haiti Earthquake: Lessons Learned from the USNS COMFORT Operation Unified Response Haiti," *American Journal of Disaster Medicine*, 7(1): 37–47.

Rodríguez, Havidán, Enrico L. Quarantelli and Russell R. Dynes eds. [2007] *Handbook of Disaster Research*, New York: Springer.

Shiu-Thornton, Sharyne, Joseph Balabis, Kirsten Senturia, Aracely Tamayo and Mark Oberle [2007] "Disaster Preparedness for Limited English Proficient Communities: Medical Interpreters as Cultural Brokers and Gatekeepers," *Public Health Reports*, 122(4): 466–471.

The Press eds. [2011] *Earthquake: Christchurch, New Zealand, 22 February 2011*, Auckland, N.Z.: Random House.

編者あとがき

本書に収載した論考は、序論で説明したとおり、宮城県沿岸部の被災無形民俗文化財調査（二〇一一～二〇一三年度）に引き続き、東北大学東北アジア研究センターのプロジェクト研究の研究会活動に参加した研究者によるものである。調査事業から継続して被災地とのつながりを保っている研究者、新たに調査地やテーマを設定した研究者など、被災地との関わり方は一様ではないが、東日本大震災後の六年以上にわたって被災した地域社会に関心を持ち続けてきたことは共通している。

私自身は、二〇一一年度の調査事業に参加したものの、その後、仙台を離れたこともあり、宮城県丸森町筆甫《ひっぽ》地区の放射線問題を中心に被災地と関わってきた。二〇一五年に再び仙台に戻り、東北アジア研究センターに教育研究支援者として在籍するにあたり、本格的に被災地調査に携わるようになった。着任当時は地震発生後五年目に入っており、さまざまな分野における多くの被災地調査の熱気が落ち着き始め、緊急調査からより深く被災地に関わるテーマや海外の事例との比較などへと、また、東日本大震災だけに着目した視点から「文化財防災」「災害学」といった普遍的な傾向へと変化がみられる時期だった。

この六年以上の間には、被災された方々の状況に即していえば、避難所から仮設住宅へ、そして復興公営住宅への入居や自宅再建などといった大きな流れがあった。なかでも、仮設住宅の閉鎖は一つの区切りとなった。さまざまな支援が打ち切られ、より一層の自立が求められているのである。避難所ではある意味において被災者は平等であったともいえるが、そこから先は各世帯、個人のさまざまな状況が反映して、いち早く生活再建を果たす人、災害復興公営住宅への入居を待つ人、自主避難している人、戻る人など多様である。

本書は、この被災した地域社会と人びとの多様な状況を反映した内容となっている。人は一人で生きているのではなく、何らかの集団、社会との関わりのなかに生きている。被災地における民俗芸能の復興・継承、慰霊と心理的ケア、記念事業、被災者・避難者と支援が行われる地域社会の関係、経済活動、ボランティア、災害時の通訳など、災害時、復旧、復興期における多様な活動における人びとの関わりが浮かび上がってきた。東日本大震災は千年に一度の大地震であるといわれ、過去に体験した者のいない出来事ではあったが、この事態に対応したのは既存の社会システムであった。この未曾有の事態に対応するにあたり、新しいシステムもつくられたわけだが、それは震災前にもあった既存の何かを利用し、土台にしたり、付け加えたり、改変したりしたのである。ひとことで言えば、レジリエンス(社会の回復力)と表現されるもののプロセスを示せたと考える。そこで必要とされたもの、そして何が役に立ち、どのような仕組みが働いたのか、といった教訓は、今後の防災、減災対策に寄与するであろう。

二〇一七年四月から縁あって山口大学で働くことになり、被災地から遠く離れた本州の西端においても、東北からの避難者がおり、支援団体があり、東日本大震災について研究する人びとがいることを知った。二〇一六年四月の熊本地震もあり、災害研究は各地で活発化している。そのようななか、山口大学で災害と人類学について講義するにあたり、二〇一一年度に山元町で行った被災した民俗文化財調査の報告書を見返す機会があった。報告書の末尾に調査者用の感想コメント欄があり、そこに私は「踊りどころではない」という当事者の気持ちがあり、笠浜甚句《かさはまじんく》について踊っていたメンバーに対して調査を行うことに抵抗を感じるというか、疑問も感じる。民俗調査は、直接、震災後の日々の生活や、震災後の心持ちについて手助けにつながる調査ではないと思う」と記していた(二〇一一年一二月一二日、山元町調査報告)。

無形民俗文化財が地域の再生に果たす役割や機能については、本書の各章で展開されており、ここでは繰り返さない。調査に適した時期などについては、被災地の無形民俗文化に関わる方の状況にもよるが、今なら、これらの調査に意義があると確信を持って言うことができる。それは、無形民俗文化財が、災害によってダメージを受けた地域社会の、その土地に固有の文化を象徴するものの一つであり、多くの人びとが身体的、心情的、経済的に関与する協同労働だからである。それによって人びとのつながりがつくられているからである。震災によって形を変えながらも守られ、新たにつくられていくこの人びとのつながりこそが被災地の暮らしの文化であり、フィールド災害人文学が明らかにしていくべきものである。

＊　＊

本書の完成までには多くの方々にお世話になった。まずもって、調査に協力いただいた被災地の多くの方々にお礼を申し上げたい。水にも食料にも金銭にも化けない調査に貴重な時間を割いていただき、ありがとうございました。また、各研究会やシンポジウムにご参加いただき、貴重な発表やコメントをいただいた皆様にもお礼を申し上げたい。そこには、災害後の一時的なユートピアではない確かな災害人文学コミュニティが存在していると感じた。

なお、本書は東北大学東北アジア研究センターの助成によって、「東北アジア研究専書」の一冊として刊行されるものである。専書として刊行するにあたり、東北アジア研究センター編集出版委員会の二名の専門家による査読を受けたことも付記しておく。

最後になるが、新泉社編集部の安喜健人氏には、本書の出版にあたりご尽力とご助言をいただいた。深く感謝申し上げたい。

二〇一七年一二月　山口市にて

山口　睦

執筆者一覧

I

第一章……小谷竜介　こだにりゅうすけ……東北歴史博物館学芸員
第二章……今石みぎわ　いまいしみぎわ……東京文化財研究所無形文化遺産部主任研究員
第三章……久保田裕道　くぼたひろみち……東京文化財研究所無形文化遺産部無形民俗文化財研究室長
第四章……俵木　悟　ひょうきさとる……成城大学文芸学部准教授

II

第五章……稲澤　努　いなざわつとむ……尚絅学院大学表現文化学科准教授
第六章……呉屋淳子　ごやじゅんこ……沖縄県立芸術大学音楽学部准教授
第七章……一柳智子　いちやなぎともこ……郡山女子大学短期大学部教授
第八章……高倉浩樹　たかくらひろき……編者

III

第九章……川島秀一　かわしましゅういち……東北大学災害科学国際研究所教授
第十章……セバスチャン・ペンマレン・ボレー　Sébastien Penmellen Boret……東北大学災害科学国際研究所助教
第十一章……福田　雄　ふくだゆう……日本学術振興会特別研究員（PD）
第十二章……黒崎浩行　くろさきひろゆき……國學院大學神道文化学部教授

IV

第十三章……山口　睦　やまぐちむつみ……編者
第十四章……堀川直子　ほりかわなおこ……福島大学うつくしまふくしま未来支援センター特任研究員
第十五章……及川　高　おいかわたかし……沖縄国際大学総合文化学部講師
第十六章……スーザン・ブーテレイ　Susan Bouterey……カンタベリー大学文化言語学部准教授

編者紹介

高倉浩樹（たかくらひろき）

一九六八年生まれ。

東北大学東北アジア研究センター教授。専門は社会人類学、シベリア民族誌。

著書に、『極北の牧畜民サハ――進化とミクロ適応をめぐるシベリア民族誌』（昭和堂、二〇一二年）、『極寒のシベリアに生きる――トナカイと氷と先住民』（編著、新泉社、二〇一二年）など。

震災関連の業績に、『聞き書き　震災体験――東北大学　90人が語る3・11』（東北大学震災体験プロジェクト編、高倉浩樹・木村敏明監修、新泉社、二〇一二年）、『東日本大震災に伴う被災した民俗文化財調査　二〇一一年度報告集』（高倉浩樹・滝澤克彦・政岡伸洋編、東北大学東北アジア研究センター、二〇一二年）、『東日本大震災に伴う被災した民俗文化財調査　二〇一二年度報告集』（高倉浩樹・滝澤克彦編、同前、二〇一三年）、『無形民俗文化財が被災するということ――東日本大震災と宮城県沿岸部地域社会の民俗誌』（高倉浩樹・滝澤克彦編、新泉社、二〇一四年）など。

山口　睦（やまぐちむつみ）

一九七六年生まれ。

山口大学人文学部准教授。専門は文化人類学、日本研究。

主要業績に、『贈答の近代――人類学からみた贈与交換と日本社会』（東北大学出版会、二〇一二年）、「ミリタリー・ツーリズム――零戦の展示から学ぶもの」（高山陽子編『多文化時代の観光学――フィールドワークからのアプローチ』ミネルヴァ書房、二〇一七年）、「災害支援と贈与――二〇世紀前半の婦人会活動を事例として」（岸上伸啓編『贈与論再考――人間はなぜ他者に与えるのか』臨川書店、二〇一六年）、「県境を越えたもの、越えなかったもの――宮城県丸森町筆甫地区における放射線対策」（『東北文化研究室紀要』五七、二〇一六年）。

東北アジア研究専書

震災後の地域文化と被災者の民俗誌

――フィールド災害人文学の構築

二〇一八年一月三一日　初版第一刷発行

編　者……高倉浩樹・山口　睦

発行所……株式会社　新泉社
東京都文京区本郷二―五―一二
電話　（〇三）三八一五―一六六二
FAX（〇三）三八一五―一四二二
振替　00170-4-160936

印刷・製本……萩原印刷

ISBN978-4-7877-1801-3　C1039